FOKUS BIOLOGIE

D1998036

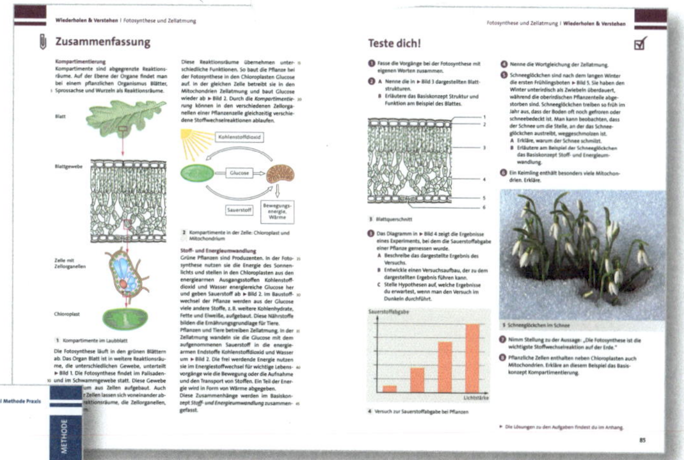

ZUSAMMENFASSUNG

Mithilfe der Basiskonzepte werden die Inhalte des Kapitels zusammengefasst. Sie helfen dir, die Informationen zu ordnen und Zusammenhänge herzustellen.

TESTE DICH!

Mit diesen Aufgaben kannst du testen, ob du alles verstanden hast und das erworbene Wissen anwenden kannst. Die Lösungen zu diesen Aufgaben stehen im Anhang des Buches.

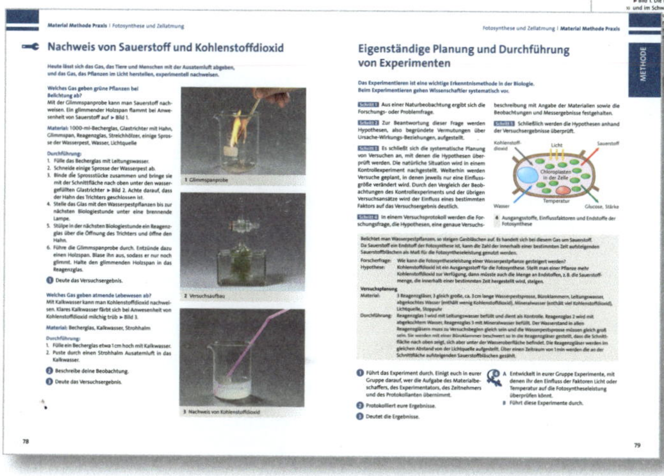

MATERIAL METHODE PRAXIS (MMP)

Die Methodenseiten führen dich Schritt für Schritt in wichtige Arbeitsweisen ein. Auf den anderen MMP-Seiten wendest du Arbeitsweisen an oder du bearbeitest Aufgaben mithilfe verschiedener Materialien.

FOKUS BIOLOGIE

Cornelsen

Autorinnen und Autoren: Julia Budde, Meerbusch; Hans-Jürgen Janßen, Oldenburg; Judith Jeuck, Rödermark; Heike Schaal, Oldenburg; Markus Schönke, Südergellersen; Jutta Schulz, Guderhandviertel; Yvonne Schwerdtfeger, Hannover; Astrid Wolf, Hanau

Redaktion: Andrea Weber

Illustration und Grafik: diGraph Medienservice Maryse Forget & Robert Fontner-Forget; Jörg Mair, München; Karin Mall, Berlin; Heike Möller; Bettina Nutz, Mainz; www.biologiegrafik.de; Stephan Winkler

Gesamtgestaltung und technische Umsetzung: EYES-OPEN, Berlin

www.cornelsen.de

Soweit in diesem Lehrwerk Personen fotografisch abgebildet sind und ihnen von der Redaktion fiktive Namen, Berufe, Dialoge und Ähnliches zugeordnet oder diese Personen in bestimmte Kontexte gesetzt werden, dienen diese Zuordnungen und Darstellungen ausschließlich der Veranschaulichung und dem besseren Verständnis des Inhalts.

1. Auflage, 1. Druck 2015

Alle Drucke dieser Auflage sind inhaltlich unverändert und können im Unterricht nebeneinander verwendet werden.

Druck: Mohn Media Mohndruck, Gütersloh

ISBN 978-3-06-013624-7

PEFC
PEFC/04-31-1033

PEFC zertifiziert
Dieses Produkt stammt aus nachhaltig bewirtschafteten Wäldern und kontrollierten Quellen.

www.pefc.de

FOKUS
BIOLOGIE 7/8

NIEDERSACHSEN G9

Cornelsen

Inhalt

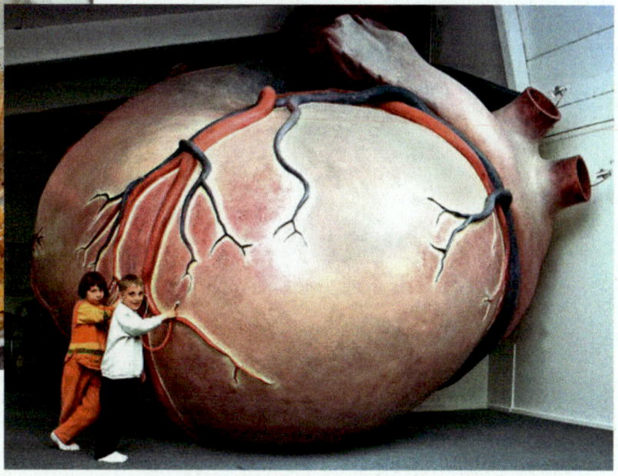

Stoffwechsel des Menschen

Um Leistungen zu vollbringen, benötigt der Körper Energie. Unsere Nahrung liefert diese Energie. Bei der Verdauung werden die Nahrungsbestandteile zerlegt. Der dafür benötigte Sauerstoff wird über die Lunge aufgenommen und über den Blutkreislauf im Körper verteilt.

Warum wir essen

1 Beispiele für gemeinsames Essen

Nahrung liefert Energie In unserer Gesellschaft, aber auch in anderen Kulturen nimmt das Essen eine zentrale Rolle ein. Menschen treffen sich oft zum gemeinsamen Frühstück, Mittag- oder Abendessen. Familien sprechen am Esstisch gerne darüber, was sie am Tag erlebt haben und tauschen sich dabei auch über wichtige Themen aus. Schüler sitzen beim Essen in der Schulmensa zusammen, unterhalten sich über ihren Schultag, ihre privaten Erlebnisse oder über das Essen, das vor ihnen steht. Manchmal verbringen wir mehrere Stunden mit gemeinsamem Essen und genießen dabei auch das Zusammensein ▶ Bild 1.

Essen ist mehr als reiner Genuss. Wir essen, weil wir Hunger haben. Nahrung dient uns in erster Linie zur Energieaufnahme.

Die Energiemenge wird weltweit in der Einheit Joule (J) angegeben. Bei uns ist allerdings die ältere Einheit Kilokalorie (kcal) gebräuchlicher ▶ Bild 2. Auf Lebensmittelverpackungen ist in der Regel die im Lebensmittel enthaltene Energiemenge aufgeführt. Neben dem absoluten Energiegehalt findet man hier auch den Anteil an Kohlenhydraten, Fetten und Eiweißen ▶ Bild 3. Dies sind die Nährstoffe, aus deren Energiegehalt sich der Gesamtenergiegehalt eines Lebensmittels zusammensetzt.

1000 Joule = 1 Kilojoule (kJ)
1000 Kalorie = 1 Kilokalorie (kcal)

1 Kalorie = 4,19 Joule

2 Umrechnungsfaktoren Joule – Kalorie

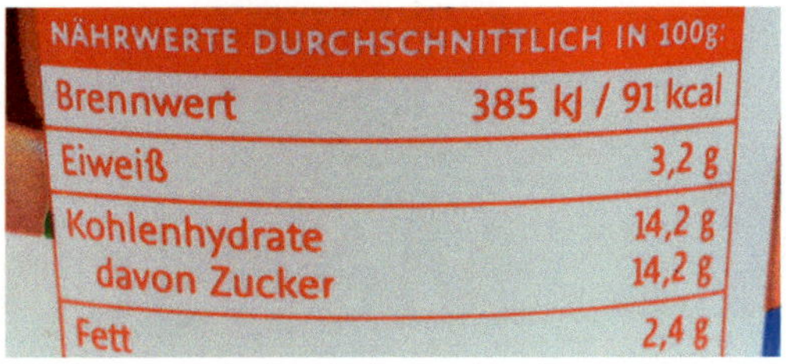

3 Energiegehalt und Anteil der Nährstoffe

Unser Körper – ein Energiewandler Nahrung liefert dem menschlichen Körper die Energie für verschiedenste Tätigkeiten. Für uns deutlich sichtbar ist die Umwandlung dieser chemischen Energie der Nährstoffe in Bewegungsenergie. Nur wer genug gegessen hat, ist in der Lage, große sportliche Leistungen zu vollbringen. Auf der anderen Seite fühlt sich jemand, der länger nicht gegessen hat, schnell matt und nicht leistungsfähig. Die Energie, die für die Bewegung zur Verfügung gestellt wird, müssen wir durch Nahrung aufnehmen.

Energie wird aber auch für weniger sichtbare Vorgänge im Körper benötigt. Alle Stoffwechselvorgänge brauchen Energie. Dazu gehören z. B. das Schlagen des Herzens, die Bewegung der Atemmuskulatur und die Verdauung der Nahrung. Auch geistige Arbeit benötigt Energie, denn das Gehirn arbeitet ebenfalls. Für die Konzentration ist es deswegen wichtig, dem Körper regelmäßig Energie in Form von Nahrung zuzuführen.

Grundumsatz und Leistungsumsatz Der Energiebedarf, also die benötigte Energiemenge, ist bei allen Menschen unterschiedlich. Er hängt unter anderem vom Alter, Geschlecht und von der körperlichen Tätigkeit ab. Die Energie, die bei völliger körperlicher Ruhe benötigt wird, bezeichnet man als *Grundumsatz*. Der Grundumsatz ist vor allem von Alter und Gewicht abhängig. Für die Berechnung kann man folgende Formel verwenden, die einen Durchschnittswert liefert:

Grundumsatz (GU) =
4,2 kJ × Zeit (in Std.) x Körpergewicht (in kg)

4 Berechnung des Grundumsatzes

Bei körperlicher oder geistiger Anstrengung steigt der Energiebedarf, man spricht nun vom *Leistungsumsatz*. Dieser ist bei unterschiedlichen Tätigkeiten ebenfalls verschieden hoch ▶ Bild 5. Der *Gesamtumsatz* ergibt sich aus der Summe von Grundumsatz und Leistungsumsatz und gibt an, wie viel Energie ein Mensch innerhalb von 24 Stunden benötigt ▶ Bild 6.

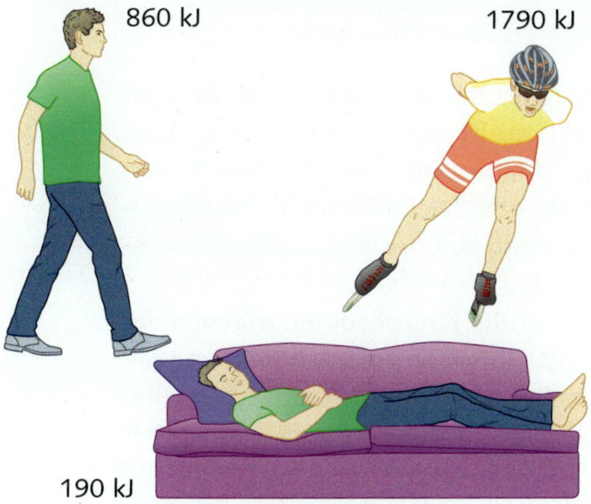

5 Leistungsumsatz pro Stunde bei verschiedenen Tätigkeiten

Durchschnittlicher Energiebedarf in kJ pro Tag		
Alter	**Jungen ♂**	**Mädchen ♀**
10–13	9 400	9 000
13–15	10 500	9 800
15–19	12 600	10 000
19–25	10 900	9 200

6 Energiebedarf, abhängig vom Alter

Energiespeicher Enthalten die mit der Nahrung aufgenommenen Nährstoffe mehr Energie als der Körper benötigt, so wird diese Energie in Form von Speicherstoffen im Körper gespeichert. Überschüssige Fette werden in Fettzellen im Körper eingelagert. Dabei werden vorhandene Fettzellen aufgefüllt oder es werden neue Fettzellen gebildet. Das ist der Grund, warum es zur Gewichtszunahme kommt. Kohlenhydrate werden vom Körper in Fette umgewandelt und somit ebenfalls gespeichert.
Wenn der Körper weniger Energie zu sich nimmt, als er benötigt, dann wird die im Fett enthaltene Energie dem Körper wieder zur Verfügung gestellt, die Fettreserven werden abgebaut. Der Körper sollte allerdings nicht zu lange auf die Zufuhr von Nährstoffen verzichten, da es sonst zu Mangelerscheinungen kommen kann.

1 **A** Beschreibe die Fotos in ▶ Bild 1.
B Stelle Vermutungen darüber auf, welche Bedeutung „Essen" für den jeweils dargestellten Personenkreis hat.

2 **A** Erkläre den Unterschied zwischen Grundumsatz und Leistungsumsatz.
B Berechne deinen Grundumsatz für 24 Stunden ▶ Bild 4.
C Erkläre, warum der Körper auch bei völliger Ruhe Energie benötigt.

3 Auf verschiedenen Lebensmittelverpackungen findest du folgende Angaben: Schweineschnitzel (100 g): 230 kcal; Blumenkohl tiefgefroren (100 g): 25 kcal; Spaghetti (100 g): 361 kcal; Vollmilchschokolade (100 g): 525 kcal.
A Ermittle jeweils den Energiegehalt in J und kJ.
B Berechne, wie viel du von den jeweiligen Lebensmitteln essen müsstest, um deinen Gesamtenergiebedarf für einen Tag zu decken. Gehe dabei von einem durchschnittlichen Gesamtenergiebedarf aus ▶ Bild 6.

Nährstoffe – Lieferanten der Energie

Nährstoffe Verschiedene Lebensmittel weisen unterschiedlich hohe Energiegehalte auf, da in ihnen Fette, Kohlenhydrate und Eiweiße in unterschiedlichen Anteilen enthalten sind. Diese *Nährstoffe* sind die Energielieferanten. Pro Gramm beinhalten sie eine bestimmte Menge an chemischer Energie, die der Körper nutzen kann. Man spricht vom Energiegehalt der Nährstoffe ▶ Bild 1. Die Zuordnung eines Stoffes zu Fetten, Kohlenhydraten oder Eiweißen erfolgt aufgrund seines Aufbaus. Dieser ist für jeden Nährstoff charakteristisch.
Für eine ausgewogene Ernährung ist eine Versorgung mit allen drei Nährstoffen äußerst wichtig.

Energiegehalt der Nährstoffe

Fette: 38,9 kJ/g
Kohlenhydrate: 17,2 kJ/g
Eiweiße: 17,2 kJ/g

1 Energiegehalt der Nährstoffe

Fette Fette bilden mit einem Energiegehalt von 38,9 Kilojoule pro Gramm die energiereichste Nährstoffgruppe. Viele tierische Lebensmittel wie Wurst, Käse oder Sahne enthalten als vorrangigen Nährstoff Fett. Fette sind aber auch in vielen pflanzlichen Produkten wie Oliven oder Erdnüssen enthalten. Diese dienen unter anderem zur Gewinnung pflanzlicher Öle.
Ein Fettmolekül besteht aus Glycerin und drei Fettsäuren ▶ Bild 2. Die Art der Fettsäuren bestimmt dabei die Eigenschaften des Fettes, z. B. den Aggregatzustand und die Schmelztemperatur. Tierische Fette sind meist fest, während

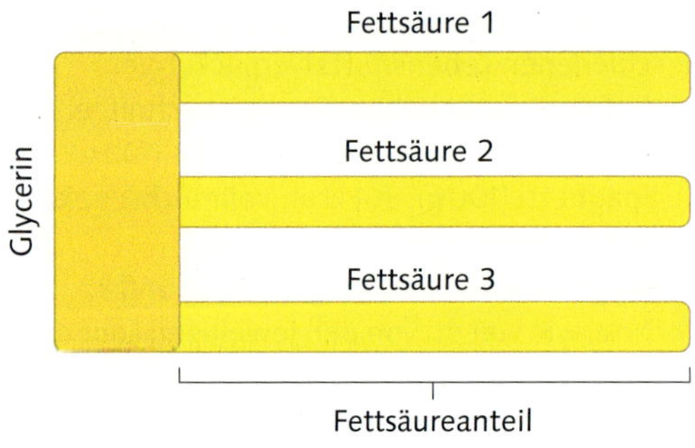

2 Symbolhafte Darstellung eines Fettes

pflanzliche Fette gewöhnlich in Form von Ölen vorkommen, also flüssig sind. Feste pflanzliche Fette wie Margarine wurden industriell gehärtet.
Der Mensch ist auf die Zufuhr von Fetten angewiesen. Fette werden im Körper für den Aufbau von Zellmembranen oder Hormonen benötigt. Auch viele Vitamine können ihre wichtige Funktion nur erfüllen, wenn man mit der Nahrung genügend Fett aufgenommen hat. Eine Fettunterversorgung kann daher zu einem Mangel an fettlöslichen Vitaminen führen, da der Körper diese dann nicht aufnehmen kann.

Kohlenhydrate In die Gruppe der Kohlenhydrate gehören die Zucker. Zucker können aus mehreren Bausteinen bestehen. Der einfachste Baustein ist der Einfachzucker ▶ Bild 3.
Honig und viele Früchte enthalten Traubenzucker (Glucose) und Fruchtzucker (Fructose). Diese zählen zu den Einfachzuckern.

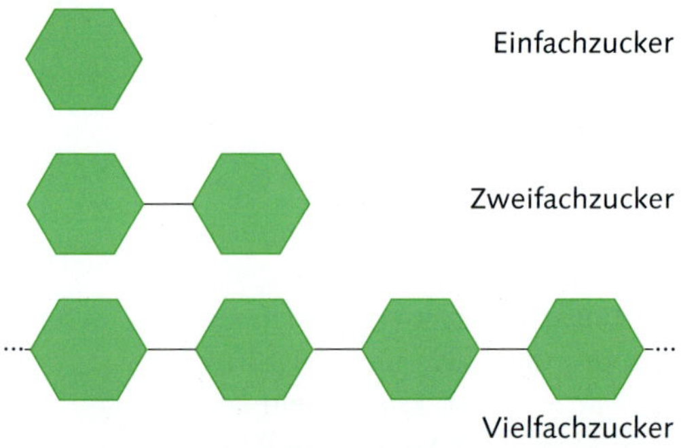

3 Symbolhafte Darstellung von Einfach-, Zweifach- und Vielfachzuckern

Die Saccharose, der aus der Küche bekannte Rübenzucker, ist ein Zweifachzucker. Auch Malzzucker (Maltose) und Milchzucker (Laktose) zählen zu den Zweifachzuckern. Sie bestehen aus zwei miteinander verknüpften Einfachzuckern.
Sind mehr als 10 Einfachzucker miteinander verbunden, dann spricht man von einem Vielfachzucker. Beispiele hierfür sind Stärke und Cellulose. Stärke ist ein wichtiger pflanzlicher Speicherstoff und kommt z. B. in Kartoffeln und Getreide sowie in vielen daraus hergestellten Produkten wie Nudeln oder Brot vor. Cellulose ist der Hauptbestandteil von pflanzlichen Zell-

wänden. In der Ernährung spielen Vielfachzucker als Ballaststoffe eine wichtige Rolle. Im Gegensatz zu den Einfach- und Zweifachzuckern schmecken diese allerdings nicht süß.

Wir benötigen Kohlenhydrate in erster Linie für die Zellatmung, den Vorgang, in dem die Energie für den Körper bereitgestellt wird. Bei einem langfristigen Mangel an Zucker kann die Funktionsfähigkeit der Zellen beeinträchtigt werden. Auch Konzentrationsschwierigkeiten können die Folge einer Unterversorgung mit diesem Nährstoff sein.

Eiweiße Die dritte Nährstoffgruppe bilden die Eiweiße oder Proteine. Grundbausteine der Proteine sind die Aminosäuren. In einem Protein sind meist über 100 Aminosäuren kettenförmig aneinandergereiht ▶ Bild 4.

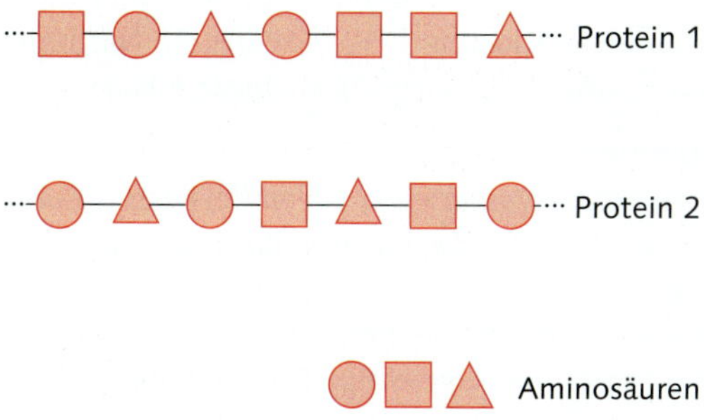

4 Symbolhafte Darstellung eines Proteins

Es gibt verschiedene Aminosäuren. Die Eigenschaften eines Proteins ergeben sich aus der unterschiedlichen Anordnung dieser Aminosäuren.

Der menschliche Körper besteht zu 15–20 % aus Proteinen, wobei diese ständig auf- und abgebaut werden. Da der Körper nicht alle Aminosäuren selbst herstellen kann, sind wir auf die Zufuhr von Proteinen aus der Nahrung angewiesen. Einen besonders hohen Proteinanteil haben Hühnereier und Milch, aber auch Fisch und Fleisch. Proteine werden im Körper für zahlreiche Funktionen benötigt, z. B. für Aufbau und Funktion der Muskulatur. Eine wichtige Rolle spielen Proteine auch bei der Abwehr von Krankheiten. Eine Unterversorgung mit diesem Nährstoff führt vor allem während des Wachstums zu körperlicher und geistiger Unterentwicklung. Bei ungenügender Proteinzufuhr sinkt auch die Widerstandfähigkeit gegen Krankheiten.

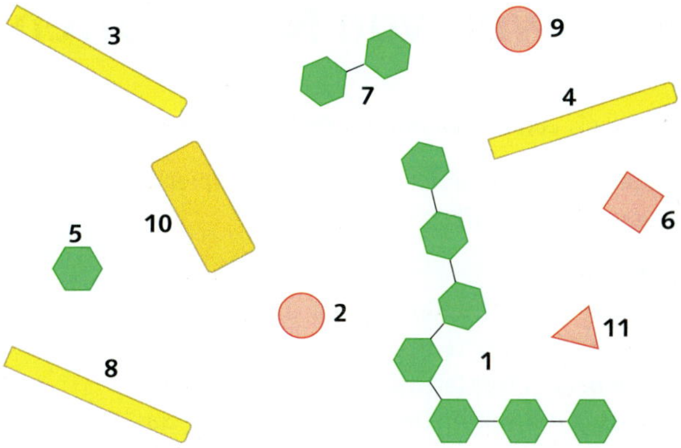

5 Symbolhafte Darstellung verschiedener Nährstoffe

1 Nenne die Bausteine der Fette, Kohlenhydrate und Eiweiße.

2 Ordne die Bausteine den drei Nährstoffgruppen zu ▶ Bild 5.

3 Erkläre, warum der menschliche Körper Energie in Form von Fetten speichert und nicht in Form von Kohlenhydraten. Verwende dafür die Informationen in ▶ Bild 1.

4 **A** Stelle Vermutungen darüber auf, welcher Nährstoff in den folgenden Lebensmitteln vorrangig enthalten ist: Vollkornbrot, Eistee, Würstchen, Quark, Frischkäse, Reis, Butter, Vollmilchschokolade. Fertige eine Tabelle an.

B Überprüfe deine Vermutungen, indem du auf den entsprechenden Lebensmittelverpackungen nachschaust.

5 Berechne, wie viel Energie in 100 g Brot bzw. Butter durch Kohlenhydrate, Fette und Proteine geliefert wird ▶ Bild 6.

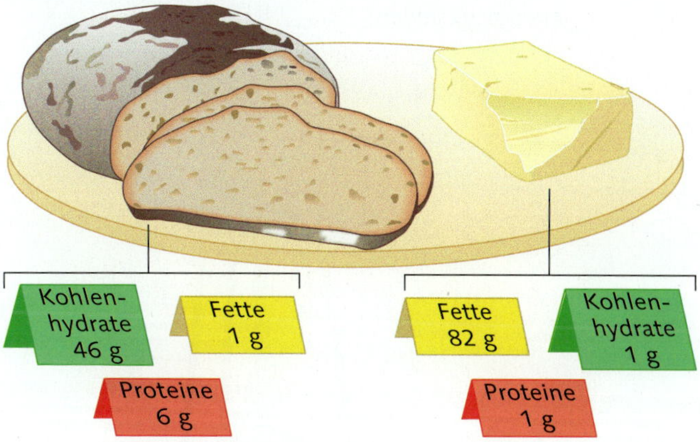

6 Nährstoffgehalte von Brot und Butter je 100 g

Nachweis von Nährstoffen

Nachweis von Fetten mit der Fettfleckprobe

Material: Löschpapier oder Filterpapier, Pipette, Wasser, Öl, Bleistift

Durchführung:
1. Gib je einen Tropfen Wasser und Öl auf eine Ecke des Löschpapiers bzw. Filterpapiers und markiere die beiden Tropfen mit dem Bleistift.
2. Lass die Tropfen trocknen und halte das Papier gegen das Licht.

Nachweis von Kohlenhydraten

A Nachweis von Traubenzucker (Glucose) mit der Fehlingprobe

Material: Becherglas (400 ml), Reagenzglasklemme, Spatel, Reagenzglas, 2 Pipetten, Bunsenbrenner, Dreifuß mit Drahtnetz, Fehling-I-Lösung (GHS07), Fehling-II-Lösung (GHS05), Traubenzucker, Wasser

Durchführung:
1. Fülle das Becherglas etwa zur Hälfte mit Wasser und erwärme es über dem Bunsenbrenner.
2. Fülle 2 ml der blauen Fehling-I-Lösung in ein Reagenzglas.
3. Gib ebenfalls 2 ml der farblosen Fehling-II-Lösung dazu.
4. Gib eine Spatelspitze Glucose zu dem Gemisch und schüttle es leicht.
5. Stelle das Reagenzglas in das nun heiße Wasser ▶ Bild 1. Erhitze die Lösung, bis du eine deutliche Veränderung feststellen kannst. Das Wasser soll die ganze Zeit mit dem Brenner erhitzt werden, aber nicht sieden!

1 Versuchsaufbau zur Fehlingprobe

B Nachweis von Stärke

Material: Reagenzglas, Spatel, Glasstab, Petrischale, Wasser, Stärke, Iod-Kaliumiodid-Lösung (GHS07)

Durchführung:
1. Fülle das Reagenzglas zur Hälfte mit Wasser.
2. Gib eine Spatelspitze Stärke dazu und rühre gut um.
3. Gib 2–3 Tropfen Iod-Kaliumiodid-Lösung in das Reagenzglas.

Nachweis von Proteinen mit der Biuret-Probe

Material: 2 Bechergläser (400 ml), Reagenzglas, Teelöffel, Pipetten, Bunsenbrenner, Dreifuß mit Drahtnetz, Kupfersulfatlösung (5 %) (GHS07|09), Natriumcarbonatlösung (10 %) (GHS07), Kochsalz, Eiklar

Durchführung:
1. Gib zu 150 ml Wasser etwa 3 Teelöffel Kochsalz und rühre gut um. Gib das Eiklar in die Salzlösung und rühre erneut um.
2. Gib etwa 1–2 ml von der hergestellten Lösung in ein Reagenzglas und füge einige Tropfen Kupfersulfatlösung dazu.
3. Nun füge 5 Tropfen Natriumcarbonatlösung dazu und schüttle vorsichtig.
4. Stelle das Reagenzglas für 5 min in ein mit Wasser gefülltes Becherglas, das bis kurz vor dem Sieden erhitzt wird.

1 Notiere je einen Merksatz für den Nachweis von Fetten, Traubenzucker, Stärke und Proteinen.

2 Bei dir in der Küche findest du folgende Lebensmittel: Käse, ein hart gekochtes Ei, Toastbrot, Salami, Mehl, Kartoffeln und Kartoffelchips.
- **A** Stelle eine Hypothese darüber auf, welche Nährstoffe in diesen Lebensmitteln enthalten sind.
- **B** Plane ein Experiment, mit dem du deine Hypothese überprüfen kannst. Vergiss dabei die Kontrollexperimente nicht. Schreibe dazu ein Versuchsprotokoll.
- **C** Führt das Experiment für ein Lebensmittel in Gruppen durch.

Nährstoffe allein reichen nicht

Krankheit unter Seefahrern Zur Zeit des CHRISTOPH KOLUMBUS ernährten sich Seefahrer oft monatelang von Zwieback, getrocknetem Brot und anderen Lebensmitteln, die lange haltbar waren. Ihr Energiebedarf konnte dadurch gedeckt werden. Dennoch fielen viele Seefahrer nach einigen Monaten auf See einer meist tödlichen Krankheit zum Opfer. Die Seeleute verloren zunächst durch faulendes Zahnfleisch ihre Zähne. Innere Blutungen und eine Schwächung des Körpers folgten. Der britische Seefahrer JAMES COOK war der erste Kapitän, dessen Mannschaft nicht erkrankte. Er versorgte sie auf hoher See regelmäßig mit Sauerkraut.

Vitamine Heute weiß man, dass Sauerkraut im Gegensatz zu Zwieback und Brot viel Vitamin C enthält. Die Seefahrer litten an der Krankheit Skorbut, die Folge einer Unterversorgung durch Vitamin C sein kann. Vitamin C ist in vielen Zitrusfrüchten und Gemüsesorten enthalten ▶ Bild 2. Bei ausreichender Aufnahme schützt es uns unter anderem vor Infektionen und fördert die Bildung von Knochen.

Neben dem Vitamin C gibt es noch 12 weitere bekannte Vitamine. Vollkornprodukte, Fleisch und Nüsse haben z.B. einen hohen Anteil an bestimmten B-Vitaminen. Diese sind unter anderem an der Bildung der roten Blutzellen beteiligt.

Vitamine sind Stoffe, von denen unser Körper nur kleine Mengen benötigt. Dennoch sind sie lebensnotwendig, weil sie für viele Vorgänge in unseren Zellen wichtig sind. Bei ausgewogener Ernährung nehmen wir Vitamine in ausreichender Menge durch die Nahrung auf. Da unser Körper Vitamine nicht selbst herstellen kann, kommt es bei fehlenden Vitaminen zu Mangelerscheinungen.

2 Zitrusfrüchte enthalten viel Vitamin C.

Mineralstoffe Zu den *Mineralstoffen* zählen Eisen, Calcium und Magnesium. Mineralstoffe benötigt unser Körper ebenfalls in geringen Mengen, die wir mit der Nahrung aufnehmen. Einen hohen Eisengehalt weisen z.B. Fleisch und Gemüse auf. Eisen ist wichtig für die Blutbildung. Abgeschlagenheit und Mattheit können die Folgen eines Eisenmangels sein. Calcium ist wichtig für den Aufbau von Knochen und Zähnen. Milchprodukte enthalten viel Calcium.

Ballaststoffe Einige Kohlenhydrate wie die Cellulose sind *Ballaststoffe*. Vollkornprodukte, Obst und Gemüse (▶ Bild 3) enthalten meist viel Cellulose und gelten daher als besonders ballaststoffreich. Ballaststoffe können von unserem Körper nicht verdaut werden. Dennoch sind sie unerlässlich für die Verdauung, weil sie den Transport der Nahrung durch den Darm unterstützen.

Wasser Unser Körper verliert ständig Wasser durch Verdauungsprozesse und Schwitzen. Stoffwechselvorgänge benötigen Wasser, wir müssen unseren Körper also ständig mit Wasser versorgen. Je nach körperlicher Anstrengung benötigen wir 2–3 Liter Flüssigkeit am Tag.

3 Vollkornprodukte, Obst und Gemüse sind ballaststoffreich.

1. Erläutere die Bedeutung von Vitaminen, Mineralstoffen und Ballaststoffen.
2. Informiere dich über die Vitamine, die im Text nicht aufgeführt sind. Fertige ein Lernplakat über diese Vitamine an.

Gesunde Ernährung

Grundlagen gesunder Ernährung Pizza, Pommes frites und Hamburger – bei vielen Kindern und Jugendlichen könnten solche Gerichte jeden Tag auf den Tisch kommen. In den meisten Familien gehören sie allerdings nicht zum täglichen Speiseplan. Warum eigentlich nicht?
Fast Food und Fertigprodukte sind schnell zubereitet, schmecken gut und sind oftmals auch ein willkommener Imbiss zwischendurch. Da Hamburger und Co. jedoch zu einem großen Anteil aus Fetten und Kohlenhydraten bestehen und meist wenig Gemüse enthalten, ist eine einseitige Ernährung mit diesen Produkten auf Dauer nicht gesund.
Ernährungswissenschaftler haben in den vergangenen Jahren immer wieder versucht, Grundlagen einer gesunden Ernährung zusammenzustellen. Dabei unterscheiden sich die Empfehlungen zwar geringfügig, in einem sind sich Wissenschaftler aber einig: Gesunde Ernährung heißt, sich ausgewogen zu ernähren. Ausgewogen bedeutet dabei, dass der Körper mit allen Nährstoffen ausreichend versorgt wird und dabei zusätzlich alle wichtigen Vitamine, Mineralstoffe und Ballaststoffe erhält. Dann schadet es auch nicht, gelegentlich zu Fast Food und Fertiggerichten zu greifen.

Ausgewogene Ernährung Die Empfehlungen für eine ausgewogene Ernährung richten sich nach Alter, Geschlecht und den jeweiligen Lebensbedingungen. So benötigt ein Ausdauersportler überdurchschnittlich viele Kohlenhydrate, die Nahrung von Säuglingen hingegen sollte aufgrund ihres hohen Energiebedarfs besonders reich an Fetten sein.
Durchschnittswerte geben an, aus welchen Nährstoffanteilen sich der Gesamtenergiebedarf zusammensetzen sollte ▶ Bild 1. Eine gesunde und somit ausgewogene Ernährung besteht also aus reichlich Gemüse, Kartoffeln und Brot sowie aus wenig Fleisch und fetthaltigen Lebensmitteln.
Auch für Vitamine und Mineralstoffe gibt es Richtwerte. Bei einer abwechslungsreichen Ernährung tritt in der Regel aber kein Vitamin- oder Mineralstoffmangel auf.

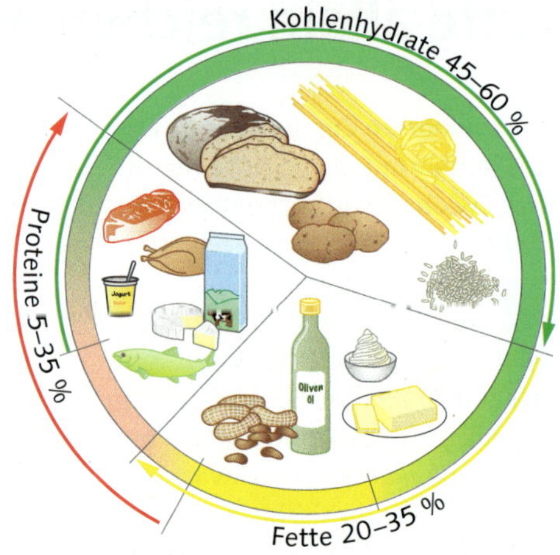

1 Ausgewogenes Verhältnis der Nährstoffe

Fett macht fett? Viele Jugendliche verzichten bewusst auf bestimmte Lebensmittel, aus Angst an Gewicht zuzunehmen. Bei einer ausgewogenen Ernährung in Kombination mit ausreichend Bewegung besteht in der Regel aber kein Grund für eine unkontrollierte Gewichtszunahme. Ausgewogen ist eine Ernährung mit viel Obst und Gemüse. Ein kompletter Verzicht auf fetthaltige Lebensmittel ist jedoch nicht ratsam, da es dadurch zu Mangelerscheinungen kommen kann.

1. Beschreibe die Grundlagen für eine ausgewogene Ernährung.
2. Erläutere die in ▶ Bild 2 vorgeschlagenen Regeln für eine gesunde Ernährung.

Regeln für eine gesunde Ernährung

1. Vielseitig essen!
2. Reichlich Getreideprodukte und Kartoffeln
3. Gemüse und Obst: Nimm 5 am Tag!
4. Täglich Milch- und Milchprodukte; 1- bis 2-mal in der Woche Fisch; Fleisch, Wurst und Eier in Maßen
5. Wenig tierliche Fette und wenig fettreiche Lebensmittel
6. Zucker und Salz in Maßen
7. Reichlich Flüssigkeit
8. Gerichte schmackhaft und schonend zubereiten
9. Sich Zeit nehmen und das Essen genießen
10. In Bewegung bleiben

2 Vorschläge für eine gesunde Ernährung

Ernährungsempfehlungen

In der Schulmensa werden drei Gerichte angeboten ▶ Bild 3. Diese bestehen aus einem unterschiedlich hohen Anteil an Fetten, Kohlenhydraten und Proteinen und unterscheiden sich daher auch in ihrem Energiegehalt.

A

B

C

Schweineschnitzel mit Pommes frites	Chef-Salat	Putenschnitzel mit Reis
93,8 g Kohlenhydrate 57,6 g Eiweiß 55,6 g Fett	8,4 g Kohlenhydrate 18,4 g Eiweiß 7,2 g Fett	48,6 g Kohlenhydrate 46,2 g Eiweiß 15,2 g Fett

3 Ausgewählte Gerichte der Schulmensa

1. Berechne den jeweiligen Energiegehalt der drei Gerichte.
2. Bestimme den Anteil der Energie aus Kohlenhydraten, Fetten und Proteinen in Prozent.
3. Berechne, wie viel Prozent deines Gesamtenergiebedarfs du durch das Gericht A decken kannst.
4. Erläutere, welches Gericht am ehesten den Empfehlungen für eine ausgewogene Ernährung entspricht.

Für eine ausgewogene Ernährung gibt es viele Empfehlungen. Oftmals werden diese Empfehlungen in Form eines Ernährungskreises dargestellt.

5. Beschreibe den Ernährungskreis ▶ Bild 4.
6. Du hast dich in der Mensa für den Salat entschieden ▶ Bild 3 B. Beschreibe, wie dein Frühstück und Abendessen aussehen sollten, damit deine Ernährung für diesen Tag den Empfehlungen einer ausgewogenen Ernährung entspricht ▶ Bild 4.

- Getreideprodukte und Kartoffeln
- Gemüse
- Obst
- Milch und Milchprodukte
- Fleisch, Fisch
- Butter, Öl

4 Beispiel für einen Ernährungskreis (DGE)

Falsches Essverhalten

Gestörtes Verhalten zum Essen Henrike ist 15, als ihre Mutter zum ersten Mal bemerkt, dass sie immer dünner wird. Beim Mittagessen isst sie fast nichts und auch Süßigkeiten zwischendurch lehnt Henrike ab. Nachdem sie zum Geburtstag ein paar neue Joggingschuhe bekommen hat, steht sie jeden Morgen eine Stunde früher auf, um vor der Schule Sport zu treiben. Als ihre Mutter sie auf ihr geringes Gewicht anspricht, weicht ihre Tochter aus, sie habe keinen Hunger und sei darüber hinaus auch zu dick. Als Henrike immer mehr an Gewicht verliert, macht ihre Mutter sich Sorgen und geht mit ihr zum Arzt. Dieser stellt fest, dass Henrike neben Untergewicht auch an Mangelerscheinungen leidet. Er diagnostiziert bei Henrike die Krankheit Magersucht.

Magersucht Wie Henrike erkranken immer wieder vor allem junge Mädchen, aber auch Jungen, Männer und Frauen an Magersucht. Wie der Name sagt, handelt es sich dabei um ein Streben, eine Sucht nach einem dünnen, mageren Körper. Die Betroffenen zeigen dabei eine auffällige Gewichtsabnahme und halten daraufhin ein extrem niedriges Gewicht. Sie haben ständig die Befürchtung, zu dick zu werden. Manche Betroffene treiben täglich und sehr ehrgeizig Sport, um die Gewichtsabnahme noch zu verstärken.
Magersucht ist eine *psychosomatische Krankheit*, das bedeutet, dass die körperlichen Symptome psychische Ursachen haben. Diese können sehr vielfältig sein: Bei einigen Jugendlichen führen z.B. Probleme im Elternhaus, in der Schule oder Liebeskummer dazu, dass sie den eigenen Körper nicht als schön empfinden.

Folgen der Magersucht Magersucht ist eine ernst zu nehmende Krankheit. Durch die verminderte Nahrungsaufnahme bekommt der Körper nicht mehr die Nährstoffe, Vitamine und Mineralstoffe, die er benötigt. Die Betroffenen leiden unter Mangelerscheinungen. Die bewusste Nahrungsverweigerung kann in extremen Fällen bis zum Tod führen. Der Mensch verhungert dann regelrecht.

1 Zu dick?

Essstörungen Neben der Magersucht gibt es noch weitere Krankheiten, die auf einem falschen Essverhalten beruhen. Meist führen psychische Ursachen dazu, dass die Betroffenen ein gestörtes Verhältnis zu ihrem Körper und ihrer Ernährung entwickeln. Manchmal liegt auch das Streben nach falschen Vorbildern aus Werbung, Fernsehen oder Ähnlichem der Essstörung zugrunde. Bei einer Essstörung dreht sich ein Großteil des Alltags um das Essen. Die Magersüchtigen beispielsweise zählen jede Kalorie, um nicht zuzunehmen.
Als Essstörung gelten auch Essattacken mit anschließendem Schuldgefühl, wie es bei der Ess-Brech-Sucht, der Bulimie, der Fall ist. Darüber hinaus kann auch die übermäßige Aufnahme von Kalorien Anzeichen einer Essstörung sein. Die Folge ist starkes Übergewicht, das bis zur Fettleibigkeit, der Adipositas, führen kann. Alle Essstörungen müssen ernst genommen werden, denn die Betroffenen schaffen es oftmals nicht, ohne ärztliche Hilfe wieder gesund zu werden.

1 **A** Beschreibe ▶ Bild 1.
B Erkläre die Bedeutung von ▶ Bild 1.

2 Suche nach Werbeanzeigen, in denen bestimmte Vorstellungen als schön angesehen werden, und beschreibe diese.

3 Erkläre, warum man Essstörungen als psychosomatische Krankheiten bezeichnet.

Essstörungen

Essstörungen können sich auf vielfältige Weise äußern und verschiedenste Ursachen haben. Im Folgenden sind ein Tagebucheintrag eines an Bulimie erkrankten Mädchens und ein Brief eines adipösen Jungen abgedruckt.

Liebes Tagebuch,
heute hab ich in einer Zeitschrift wieder etwas über eine neue Diät gelesen. Ich brauch das alles nicht. Ich kann nicht einfach auf Essen verzichten. Mama hat neulich zu mir gesagt, ich hab immer richtige „Fressattacken". Sie freut sich, dass ich dabei noch eine normale Figur behalte. Wenn die wüsste ...
Heute hatte ich wieder zwei solcher Anfälle. Danach hab ich mich wie immer richtig schlecht und vor allem total fett gefühlt. Also bin ich nach dem Essen gleich wieder ins Bad. Mittlerweile bin ich schon richtig geübt: Das dauert nicht länger, wie wenn ich auf die Toilette müsste. Ich weiß noch, wie ich mich die ersten Male davor geekelt habe.
Ach ja, ich war heute beim Zahnarzt. Der meinte, in der letzten Zeit sei ich ganz schön oft da gewesen, meine Zähne seien sehr kariesanfällig geworden ... Ach, das vergeht bestimmt wieder. Auf dem Weg nach Hause ist mir dann schon wieder so schwindlig geworden. Meine Mutter meint, ich soll wegen meiner Kreislaufprobleme mal zum Arzt gehen. Dann kann der auch gleich was gegen meine Verdauungsbeschwerden unternehmen. Diese ständigen Verstopfungen, gefolgt von Durchfall, seien ja auch nicht normal, meint sie. Mir macht das alles nicht so viel aus. Hauptsache, ich bin schön schlank!

Tagebucheintrag der 13-jährigen Franziska

Hallo Mama und Papa,
mir geht es gut hier. Hier bin ich endlich nicht mehr der Einzige, der so dick ist. Keiner guckt blöd oder macht dumme Sprüche. Die sagen hier, wir haben kein normales Essverhalten. Neulich mussten wir uns alle zusammen in einen Kreis setzen und jeder musste erzählen, wann er am liebsten isst.
Das werdet ihr nicht glauben, einige haben gar keine Hobbys, die essen echt aus Langeweile. Manche haben auch was Schlimmes erlebt und essen so viel aus Frust oder Kummer. Zu mir haben sie gesagt, ich habe falsch anerzogene Essgewohnheiten und hätte nie gelernt, aufzuhören, wenn ich satt bin. Wir haben wohl alle falsche Ernährungsgewohnheiten, das heißt, wir essen das Falsche. Heute war ein Arzt zu Besuch. Er hat uns erklärt, was passiert, wenn wir so weitermachen und immer dicker werden: Übergewicht belastet alle Organe. Das Herz kann krank werden und man kann davon zuckerkrank werden. Und wisst ihr noch, dass ich in letzter Zeit immer so schlecht geschlafen habe? Das kann auch vom Übergewicht kommen. Ich vermisse euch,
euer Martin

Brief des 14-jährigen Martin aus einer Klinik für übergewichtige Kinder und Jugendliche

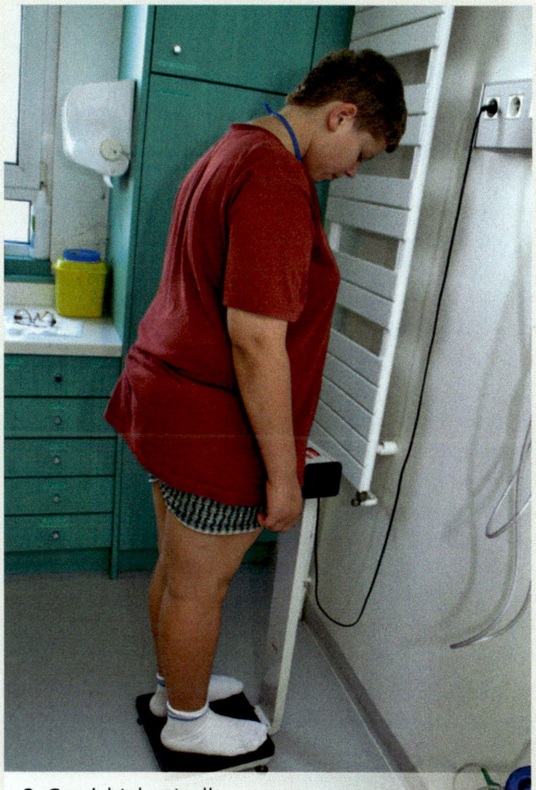
2 Gewichtskontrolle

1 **A** Beschreibe die Anzeichen und die Folgen von Bulimie und Adipositas.
B Nenne Gründe, die bei Franziska und Martin zu einer Essstörung geführt haben könnten.

2 Du hast den Verdacht, einer deiner Mitschüler leidet unter einer Essstörung. Diskutiere mit deinem Sitznachbarn, was ihr tun könnt.

Unser Verdauungssystem

Weg der Nahrung durch den Körper Ein Müsliriegel ist ein schneller Energielieferant. Um die in ihm steckende Energie für unseren Körper nutzbar zu machen, müssen die enthaltenen Nährstoffe zerlegt werden. Dies geschieht während der *Verdauung*. Sie bezeichnet den schrittweisen Abbau der Nährstoffe in ihre Bausteine auf dem Weg durch den Körper.
Zwischen dem Abbeißen und Kauen und dem Ausscheiden unverdaulicher Nahrungsbestandteile durchlaufen die Bestandteile des Müsliriegels die verschiedenen Verdauungsorgane. Dort werden die Nährstoffe gespalten und die Bausteine somit für den Körper verwertbar gemacht. Die Nahrung passiert die Organe Mund, Speiseröhre, Magen und Darm. Andere Organe wie die Leber, die Gallenblase und die Bauchspeicheldrüse unterstützen die Verdauung ▶ Bild 1.

In der **Mundhöhle** wird die Nahrung mit den Zähnen zerkleinert. Durch den Speichel der **Speicheldrüsen** wird ein Teil der enthaltenen Kohlenhydrate vorverdaut.

Die **Speiseröhre** ist ein Muskelschlauch, der den Nahrungsbrei von der Mundhöhle in den Magen transportiert.

Die **Bauchspeicheldrüse** gibt Verdauungssäfte an den Zwölffingerdarm ab, die die Verdauung unterstützen. Dadurch werden z. B. Fette in Fettsäuren und Glycerin gespalten.

Von der Speiseröhre gelangt der Nahrungsbrei in den **Magen**. Dieser ist ein etwa 30 cm langer Muskelschlauch, in ihm werden bis zu 2 Liter Speisen und Getränke mehrere Stunden gesammelt. Während die Magenmuskulatur den Nahrungsbrei durchknetet, beginnt auch die Verdauung der Proteine. Der Nahrungsbrei wird schließlich durch den Pförtner, den Magenausgang, portionsweise an den Dünndarm weitergegeben.

Der erste Abschnitt des Dünndarms ist etwa so lang wie 12 Finger breit sind und heißt **Zwölffingerdarm**. Hier werden die Nährstoffe gespalten, bevor sie im **Dünndarm** weiter abgebaut und ihre Bausteine ins Blut aufgenommen werden. Im Dünndarm sind zudem zahlreiche Bakterien angesiedelt, die wichtig für die Abwehr von Krankheitserregern sind.

Der **Dickdarm** bildet den letzten Teil des Verdauungstrakts. **Blinddarm** und **Mastdarm** sind Abschnitte des Dickdarms. Auf dem Weg durch den 1–2 m langen Muskelschlauch wird der Nahrung das Wasser entzogen und die nun eingedickten und unverdaulichen Nahrungsreste werden durch den **After** ausgeschieden. Wie der Dünndarm beheimatet auch der Dickdarm wichtige Bakterien.

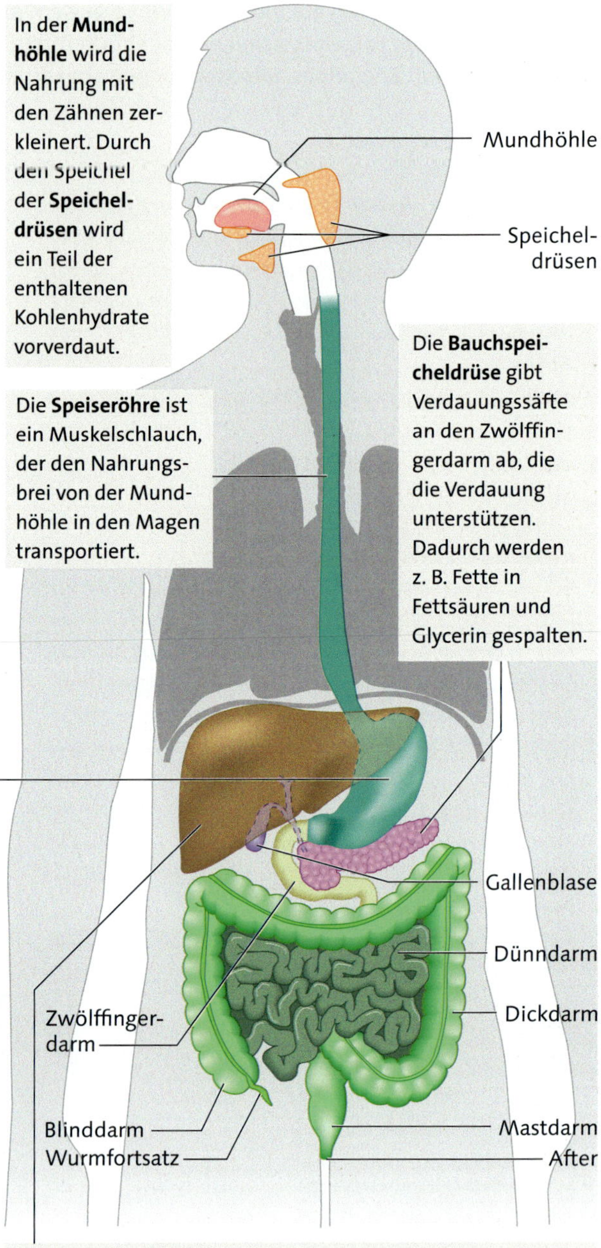

Die **Leber** produziert – ähnlich wie die Bauchspeicheldrüse – Verdauungssäfte. Diese werden in der Gallenblase gespeichert und von dort ebenfalls an den Zwölffingerdarm abgegeben. Sie bewirken, dass Fette in Form von kleinen Tröpfchen in den Dünndarm gelangen.

1 Übersicht über das Verdauungssystem beim Menschen

1 Beschreibe den Weg der Nahrung durch den Körper.

Entstehung von Karies

Karies oder auch Zahnfäule ist eine der häufigsten Zahnerkrankungen beim Menschen. Bei ihrer Entstehung sind verschiedene Faktoren beteiligt: In der Mundhöhle befinden sich Bakterien, die sich von Zucker ernähren. Je mehr kohlenhydrathaltige Nahrung wir zu uns nehmen, desto besser können sich die Bakterien vermehren. Sie bauen den Zucker ab, um ihn für sich nutzbar zu machen. Dabei scheiden sie Stoffwechselprodukte aus, die sich zusammen mit den Bakterien und Speichelresten als Zahnbelag absetzen. Eine solche Plaqueschicht lässt sich durch Zähneputzen kaum noch entfernen.
Weitere Bakterien siedeln sich jetzt an, die beim Abbau von Zucker Milchsäure ausscheiden. Durch die Säure werden die Plaqueschicht und der darunterliegende Zahnschmelz angegriffen. Es kommt zu weißen oder braunen Flecken, die Vorstufe der Karies. Eine frühzeitige Behandlung durch den Zahnarzt kann den Prozess jetzt stoppen, bevor der Zahn stark geschädigt ist. Geschieht das nicht, kann die Zerstörung des Zahns fortschreiten und der Zahnschmelz wird dauerhaft geschädigt. Es entsteht Karies.

1 Beschreibe den Aufbau des menschlichen Zahns ▶ Bild 2.

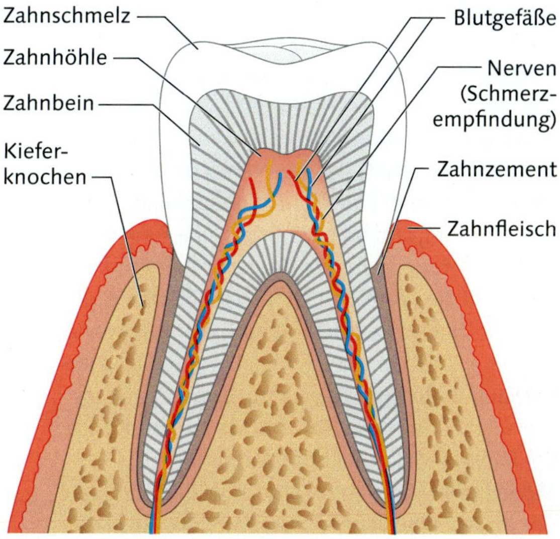

2 Aufbau des menschlichen Zahns

2 Erstelle ein Fließschema zur Kariesentstehung.

3 Erkläre, warum ein Loch im Zahn meist nicht sofort entdeckt wird, sondern erst nach einer gewissen Zeit Schmerzen bereitet. Verwende dazu ▶ Bild 2.

Struktur und Funktion der Speiseröhre

Wenn unsere Nahrung vom Mund in den Magen transportiert wird, gelangt sie durch die etwa 25 cm lange Speiseröhre. Da diese ein langer Muskelschlauch aus einer Längs- und Quermuskulatur ist, funktioniert der Transport auch entgegen der Schwerkraft. Der Nahrungsbrei wird durch abwechselndes Zusammenziehen der Längs- und Quermuskeln weitertransportiert. Durch diese peristaltische Bewegung ist es z. B. möglich, im Handstand ein Glas Wasser zu trinken. Die Funktion der Speiseröhre kannst du mit einem Modellversuch verdeutlichen.

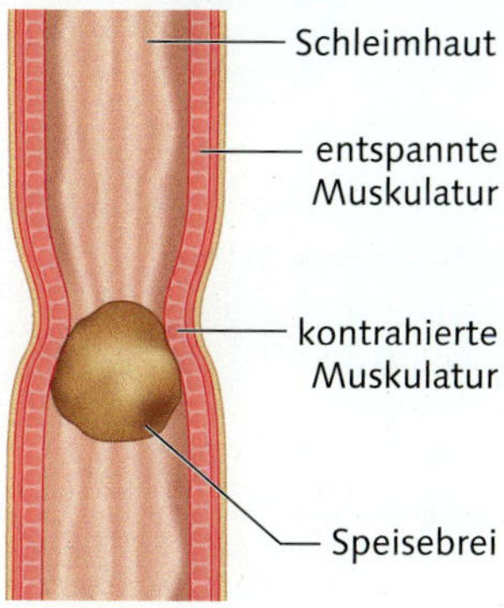

3 Aufbau der Speiseröhre

Forscherfrage: Warum gelangt die Nahrung auch entgegen der Schwerkraft durch die Speiseröhre in den Magen?

Material: Fahrradschlauch (ca. 25 cm lang), Tischtennisball (alternativ: Walnuss), Speiseöl

Durchführung:
1. Fette den Tischtennisball (bzw. die Walnuss) mit dem Speiseöl ein.
2. Drücke den Tischtennisball in den Fahrradschlauch.
3. Befördere ihn nun durch den Schlauch, sodass er am anderen Ende wieder zum Vorschein kommt. Beobachte dabei genau, was du tun musst.

4 Gib an, für welche Strukturen in der Wirklichkeit der Fahrradschlauch und der Tischtennisball Modell stehen.

5 Schreibe ein Versuchsprotokoll. Beantworte dabei auch die Forscherfrage.

Enzyme helfen bei der Verdauung

Nährstoffe werden durch Enzyme zerlegt Durch das Kauen im Mund wird die Nahrung mechanisch zerkleinert, also in kleinere Stücke zerlegt. Die Bausteine der Nährstoffe können aber durch unsere Zähne nicht voneinander getrennt werden. Die Spaltung der Nährstoffketten ist eine chemische Reaktion, die normalerweise nur sehr langsam abläuft. Damit die Bausteine für den Körper verfügbar gemacht werden können, wird die Spaltung hier durch Hilfsstoffe, die Enzyme, beschleunigt. Verdauungsenzyme sind Proteine, die im Körper gebildet werden und die Verdauung unterstützen. Man bezeichnet *Enzyme* auch als Biokatalysatoren, da sie chemische Reaktionen im Körper beschleunigen.
Modellhaft kann man sich ein Verdauungsenzym wie eine Schere vorstellen, die die Nährstoffe an ihren Verbindungen trennt. Kohlenhydrate, Fette und Proteine werden auf ihrem Weg durch den Körper schrittweise durch verschiedene Enzyme immer weiter abgebaut, bis am Ende die Einzelbausteine übrig bleiben.

Enzyme sind substratspezifisch In unserem Magen befindet sich unter anderem das Enzym Pepsin. Pepsin spaltet lange Eiweißketten in kürzere Ketten ▶ Bild 1.

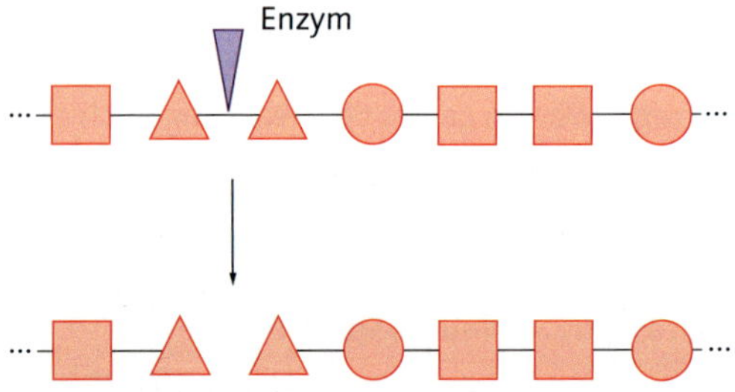

1 Modellvorstellung für die Zerlegung von Proteinen durch Pepsin

Fette und Kohlenhydrate werden durch Pepsin nicht gespalten. Jedes Enzym kann aufgrund seines Aufbaus immer nur einen spezifischen Stoff, sein *Substrat*, spalten. Man sagt auch, Enzyme sind substratspezifisch. Oftmals lässt schon der Name des Enzyms auf sein spezifisches Substrat schließen. Das Enzym, das für die Spaltung des Milchzuckers, der Lactose, zuständig ist, heißt Lactase. Saccharrose, der Rübenzucker, wird durch die Saccharase abgebaut.

Schlüssel-Schloss-Prinzip Für die Substratspezifität der Enzyme sind die jeweils einzigartige Struktur des Enzyms und des Substrats verantwortlich. Das Enzym Amylase kann sich passgenau an ein Stärkemolekül anlagern, da dessen Bau, also seine Struktur, genau zur Struktur des Enzyms passt. Man sagt auch, Enzym und Substrat passen zusammen, so wie ein Schlüssel in sein entsprechendes Schloss passt. In der Biologie findet man weitere Beispiele für solche Passgenauigkeiten und hat daher ein biologisches Prinzip formuliert: das *Schlüssel-Schloss-Prinzip*. Trifft ein anderes Enzym auf ein Stärkemolekül, so findet keine Spaltung statt, da Enzym und Substrat nicht zusammenpassen.

Ablauf einer Enzymreaktion Jede Reaktion zwischen einem Enzym und seinem Substrat läuft nach einem bestimmten Schema ab ▶ Bild 2. Trifft ein passendes Substrat auf ein Enzym, so bindet das Substrat an dieses Enzym. Jetzt kann das Enzym das Substrat spalten, indem es die Verbindungen zwischen einzelnen Bausteinen trennt. Das Produkt hat eine andere Struktur als das Substrat. Enzym und Produkt passen nicht mehr zusammen, und das Enzym trennt sich vom Produkt. Es kann jetzt das nächste Substrat binden und spalten. Enzyme werden also bei Reaktionen nicht verbraucht.

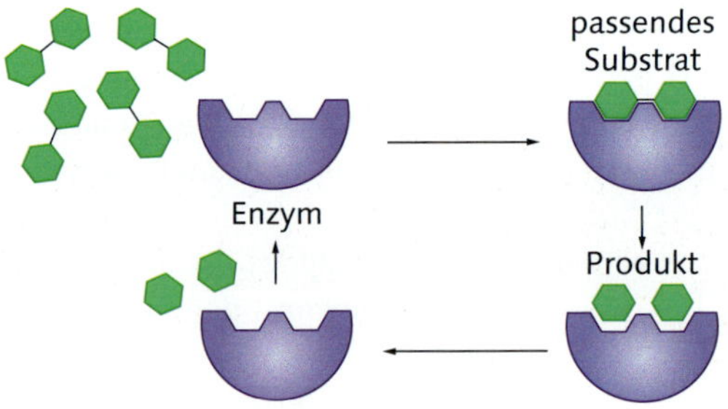

2 Ablauf einer Enzymreaktion

1 Beschreibe den Ablauf einer Enzymreaktion. Übertrage dazu ▶ Bild 2 in dein Heft. Ergänze die einzelnen Bilder durch Textfelder.

2 Erkläre mithilfe des Schlüssel-Schloss-Prinzips, warum Enzyme substratspezifisch sind.

3 Das Enzym Amylase spaltet Stärke in den Zweifachzucker Maltose. Stelle diesen Vorgang ähnlich wie in ▶ Bild 1 modellhaft dar.

Abbau von Nährstoffen

Wenn wir lange genug auf einem Stück Brot kauen, können wir feststellen, dass es nach einiger Zeit süß schmeckt. Brot enthält Stärke, die allerdings nicht süß schmeckt. Was passiert mit der Stärke im Mund? Mit einem Modellexperiment kannst du das herausfinden.

3 Was passiert mit der Stärke im Mund?

Stärkenachweis mit Iod-Kaliumiodid-Lösung

Material: 2 Reagenzgläser, Reagenzglasgestell, Stopfen, 3 Pipetten, kleines Becherglas, Wasser, 1%ige Stärkelösung, Iod-Kaliumiodid-Lösung (GHS07), ggf. Amylaselösung

Durchführung:

1. Sammle in einem kleinen Becherglas etwa 1 ml Speichel und verdünne diesen mit der gleichen Menge Wasser. Alternativ kannst du auch eine Amylaselösung als künstlichen Speichel verwenden.
2. Fülle in zwei Reagenzgläser jeweils 10 ml Stärkelösung.
3. Gib zu einer der beiden Lösungen deine Speichellösung und schüttle kurz. Die Stärkelösung in dem zweiten Reagenzglas dient als Kontrolle.
4. Gib nun in jedes Reagenzglas noch einen Tropfen der Iod-Kaliumiodid-Lösung.

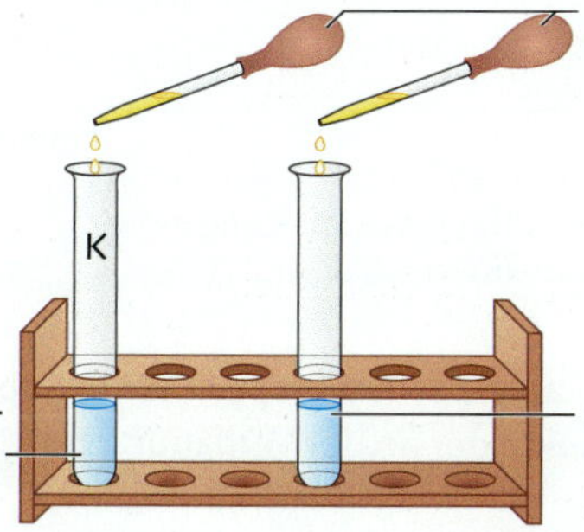

4 Versuchsansätze zum Stärkenachweis

Nachweis von Einfach- und Zweifachzuckern mit der Fehlingprobe

Material: 4 Reagenzgläser, Reagenzglasgestell, Reagenzglasklemme, Stopfen, kleines Becherglas, Becherglas (250 ml), 4 Pipetten, Wasser (ca. 60 °C), Stärkelösung, Fehling-I-Lösung (GHS07), Fehling-II-Lösung (GHS05)

Durchführung:

1. Sammle in einem kleinen Becherglas etwa 1 ml Speichel und verdünne diesen mit der gleichen Menge Wasser. Alternativ kannst du auch eine Amylaselösung als künstlichen Speichel verwenden.
2. Gib in zwei Reagenzgläser jeweils 6 ml Stärkelösung.
3. Gib zu einer der beiden Stärkelösungen deine Speichellösung. Das zweite Reagenzglas dient als Kontrolle.
4. Gib nun zu beiden Stärkelösungen jeweils 2 ml der Fehling-I-Lösung und der Fehling-II-Lösung und schüttle kurz.
5. Stelle die beiden Reagenzgläser für ca. 2 min in das mit heißem Wasser gefüllte Becherglas.

1 Schreibe für beide Versuche ein vollständiges Versuchsprotokoll. Beantworte dabei auch die Forscherfrage.

2 Ein Mitschüler behauptet, Enzyme arbeiten nicht bei jeder Temperatur gleich gut.

A Plane ein Experiment, mit dem du diese Aussage überprüfen kannst. Vergiss dabei das Kontrollexperiment nicht. Folgende Materialien stehen dir zur Verfügung:
3 Reagenzgläser, Reagenzglasgestell, Stopfen, 3 Pipetten, kleines Becherglas, Wasser, Stärkelösung, Iod-Kaliumiodid-Lösung (GHS07), 3 Wasserbäder (5 °C, 30 °C und 60 °C).

B Führt das Experiment in Gruppen arbeitsteilig durch und wertet es aus.

Verdauung der Nährstoffe

Kohlenhydrate Manchmal läuft einem schon beim bloßen Anblick eines leckeren Essens das Wasser im Mund zusammen. Das hat einen Grund: Im Mundspeichel befindet sich das Enzym Amylase. Amylase hilft bei der Verdauung der Kohlenhydrate, es spaltet den Vielfachzucker Stärke. Stärke befindet sich in vielen Lebensmitteln wie Mehl, Kartoffeln und Brot. Als Produkt entsteht Maltose, ein Zweifachzucker. Zusammen mit dem Speichel und den anderen Bestandteilen der Nahrung wird die Maltose dann durch die Speiseröhre in den Magen transportiert. Nach einer gewissen Zeit gelangen die Zweifachzucker in den Dünndarm. Dort befinden sich weitere Enzyme, die die Maltose, aber auch andere Kohlenhydrate wie Saccharose und Lactose weiter zerlegen, bis schließlich nur noch Einfachzucker wie Glucose und Fructose vorliegen ▶ Bild 1. Diese sind klein genug, um in die Blutbahn überzugehen und zu den Zellen transportiert zu werden.

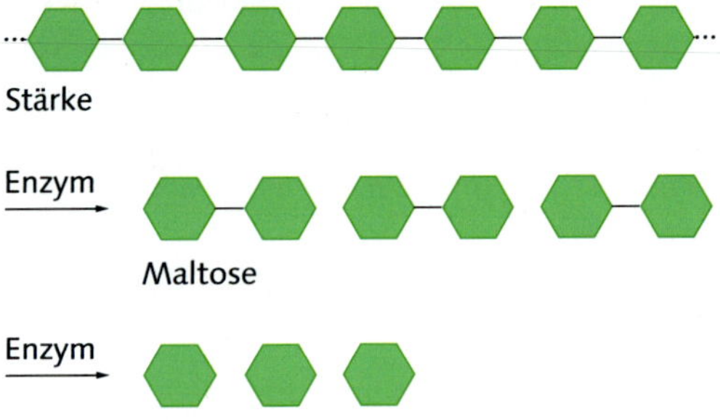

1 Modellhafte Darstellung der Stärkespaltung in Maltose und Glucose

Fette Fette sind in Wasser nicht löslich. Die Beobachtung hat schon jeder einmal gemacht, der versucht hat, Wasser und Öl zu vermischen. In unserem Körper laufen die meisten Reaktionen, so auch die Verdauung der Nährstoffe, in wasserhaltiger Umgebung ab. Damit die Fette verdaut werden können, müssen sie sich in Wasser lösen lassen. Dazu werden die mit der Nahrung aufgenommenen Fette zunächst emulgiert: Es entstehen dabei kleine Fetttröpfchen, die sich im Wasser fein verteilen können. Dies geschieht mithilfe der Gallenflüssigkeit, die von der Leber produziert und an den Dünndarm abgegeben wird.

Im Magen und Dünndarm befinden sich Lipasen. Diese Enzyme spalten Fettmoleküle in Fettsäuren und Glycerin ▶ Bild 2. Die hauptsächliche Verdauung der Fette findet durch die Lipase im Dünndarm statt, nachdem die Fette emulgiert wurden. Fettsäuren und Glycerin sind wesentlich kleiner als ein Fettmolekül und können jetzt in die Blutbahn übertreten.

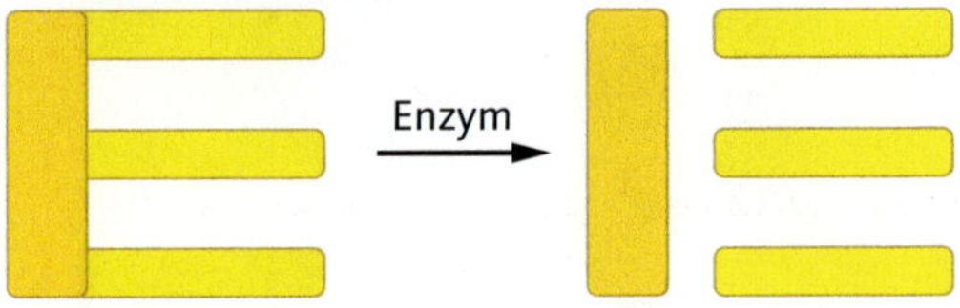

2 Modellhafte Darstellung der Spaltung eines Fettes in Glycerin und drei Fettsäuren

Proteine Die Verdauung der Proteine beginnt im Magen durch das Enzym Pepsin. Dafür benötigt es die Magensäure. Die Bauchspeicheldrüse sondert das Enzym Trypsin in den Zwölffingerdarm ab, das die Aminosäureketten weiter abbaut. Die entstandenen Verbindungen aus wenigen Aminosäuren gelangen mit dem Nahrungsbrei in den Dünndarm. Dort werden sie durch andere Enzyme weiter verdaut und so in ihre Bausteine, die Aminosäuren, zerlegt ▶ Bild 3. Die Aminosäuren gehen nun in die Blutbahn über.

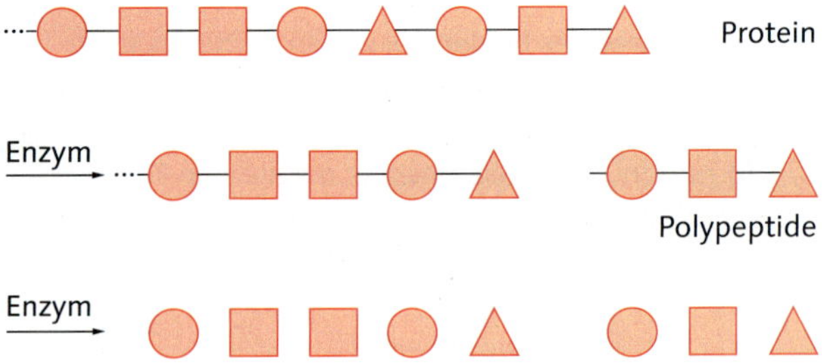

3 Modellhafte Darstellung der Spaltung eines Proteins in Aminosäuren

1. Stelle in einer Tabelle Wirkort, spezifisches Substrat und Spaltprodukte der an der Verdauung beteiligten Enzyme dar.
2. Erkläre den Begriff Emulgieren.

Versuche zur Verdauung

Verdauung der Proteine

Die Verdauung der Proteine beginnt bereits im Magen und wird im Dünndarm fortgesetzt. Durch folgendes Experiment sollen die Vorgänge im Magen nachvollzogen werden.

Material: 5 Reagenzgläser, Becherglas, Glasstab, Spatel, Bunsenbrenner, Dreifuß mit Drahtnetz, Hühnerei, Pepsin, verdünnte (10 %ige) Salzsäure (GHS07), Amylase

Durchführung:

1. Trenne das Eiweiß vom Eigelb und koche das Hühnereiweiß über dem Bunsenbrenner so lange, bis du eine deutliche Trübung erkennen kannst. Achte darauf, dass das Eiweiß nicht fest wird.
2. Verteile das Eiweiß gleichmäßig auf 5 Reagenzgläser.
3. Gib zu den 5 Versuchsansätzen Pepsin, Salzsäure und Amylase nach der in der Tabelle angegebenen Verteilung ▶ Bild 4. (Ein – bedeutet, dass du diesen Stoff nicht in das jeweilige Reagenzglas geben sollst.)

1 **A** Stelle eine Hypothese zu den Versuchsergebnissen auf.
B Führe den Versuch durch. Notiere deine Beobachtungen.
C Deute deine Beobachtungen.
D Erkläre die Bedeutung von Versuchsansatz 1.

Bedeutung der Gallenflüssigkeit

Material: 2 Reagenzgläser mit Stopfen, Pipetten, Speiseöl, Wasser, Gallensaft oder getrocknete Galle

Durchführung:

1. Fülle ein Reagenzglas zur Hälfte mit Wasser und gib mit einer Pipette 5 Tropfen Speiseöl dazu. Schüttle das Reagenzglas kräftig durch und lass es dann 5 min stehen.
2. Fülle das zweite Reagenzglas ebenfalls zur Hälfte mit Wasser und gib 5 Tropfen Speiseöl dazu. Füge eine Spatelspitze getrocknete Galle (oder einige Tropfen Gallensaft) hinzu. Schüttle erneut und lass das Reagenzglas ebenfalls 5 min stehen.

2 **A** Führe den Versuch durch. Beschreibe deine Beobachtungen.
B Fertige eine Skizze deiner Beobachtungen an.
C Erläutere die Bedeutung der Gallenflüssigkeit für die Verdauung von Fetten.

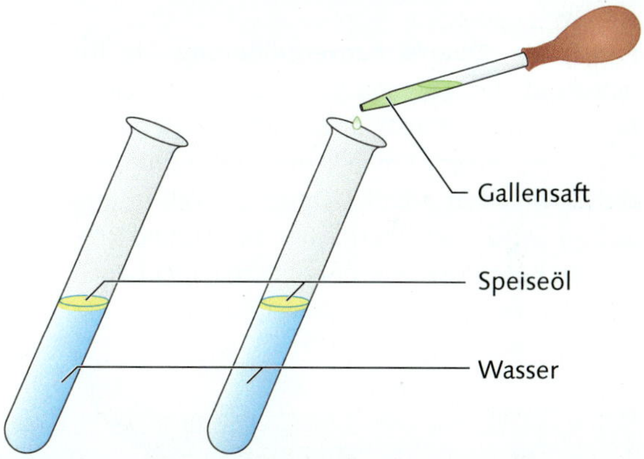

5 Versuch zur Bedeutung der Gallenflüssigkeit

Versuchsansatz	1	2	3	4	5
Eiweißlösung	5 ml	5 ml	5 ml	5 ml	5 ml
Pepsin	–	1 Spatelspitze	1 Spatelspitze	–	–
Salzsäure (= Magensäure)	–	–	4 ml	4 ml	–
Amylase	–	–	–	–	1 Spatelspitze

4 Versuchsansätze: Verdauung der Proteine

Aufnahme der Nährstoffe im Darm

Resorption Aus dem Magen gelangt der Nahrungsbrei in den etwa 3 m langen Dünndarm. Der Dünndarm ist ein Muskelschlauch mit einer inneren Ring- und einer äußeren Längsmuskulatur. Beide Muskelschichten ziehen sich, ähnlich den Muskelbewegungen in der Speiseröhre, abwechselnd zusammen. Diese Darmperistaltik schiebt den Nahrungsbrei langsam durch den Darm.

Im Dünndarm werden letztlich alle Nährstoffe bis in ihre Bausteine zerlegt. Die für die Verdauung notwendigen Enzyme werden von der Bauchspeicheldrüse und dem Dünndarm selbst gebildet. Die jetzt vorhandenen Einfachzucker, Aminosäuren, Fettsäuren und das Glycerin werden nun *resorbiert*, das heißt in den Körper aufgenommen. Die einzelnen Bausteine sind so klein, dass sie über die Dünndarmwand in das Blut gelangen und dadurch zu allen Zellen des Körpers transportiert werden können.

Prinzip der Oberflächenvergrößerung Die Innenwand des Dünndarms besitzt zahlreiche Falten. Betrachtet man diese Falten unter einem Mikroskop, erkennt man kleine Ausstülpungen, die Darmzotten ▶ Bild 1. Durch die Falten und Zotten wird die Oberfläche der Dünndarmschleimhaut stark vergrößert. Man spricht auch vom Prinzip der Oberflächenvergrößerung.

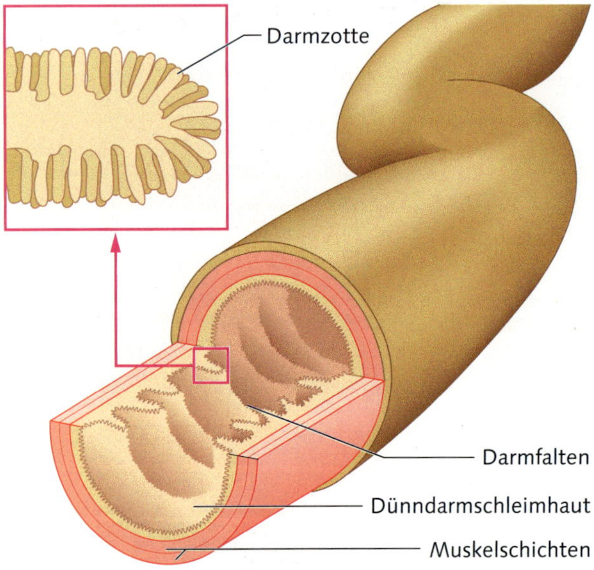

1 Oberflächenvergrößerung des Dünndarms

Die Darmzotten sind von feinsten Blutgefäßen, den Kapillaren, durchzogen ▶ Bild 2. Die vergrößerte Oberfläche der Dünndarmschleimhaut und die dünne Wand der Blutgefäße erleichtern den Übergang der Nährstoffe aus dem Darm in das Blut.

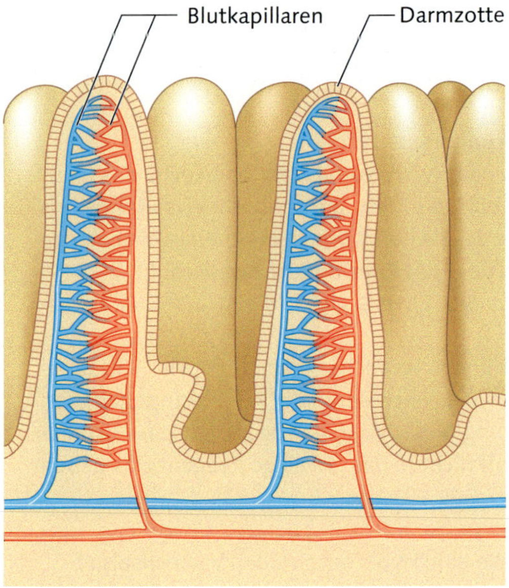

2 Darmzotten

Nicht alle Stoffe werden resorbiert Nach der Resorption der Nährstoffe im Dünndarm wird im Dickdarm ein Großteil des Wassers aus der Nahrung und den Verdauungssäften resorbiert und dem Körper wieder zur Verfügung gestellt. Der ausgeschiedene Kot enthält dann vor allem Cellulose und andere unverdauliche Nahrungsreste. Der menschliche Körper kann Cellulose nicht verdauen, weil ihm die dafür notwendigen Enzyme fehlen. Dennoch ist die Aufnahme dieser Ballaststoffe für die Verdauung wichtig. Ballaststoffe können z. B. Wasser binden. Dadurch wird die Darmtätigkeit angeregt und die Verdauung unterstützt.

1. Erkläre das Prinzip der Oberflächenvergrößerung am Beispiel des Dünndarms.

2. Rinder können im Gegensatz zum Menschen Cellulose verdauen. Das verdanken sie den in ihrem Darm enthaltenen Bakterien. Erkläre, warum diese Bakterien die Cellulose verwerten können.

Prinzip der Oberflächenvergrößerung

Die Oberflächenvergrößerung ist ein bedeutendes Prinzip in der Biologie, das vor allem bei Transportvorgängen eine Rolle spielt. Vergrößerte Oberflächen begünstigen den Stoffaustausch, z. B. zwischen Geweben innerhalb des Körpers.

Modellversuch zur Oberflächenvergrößerung

Die vergrößerte Oberfläche der Dünndarmschleimhaut erleichtert den Übergang der Nährstoffe aus dem Dünndarm in das Blut. Mit einem Modellversuch kann dieses Phänomen demonstriert werden.

Material: 2 gleich große Stoffstücke eines Frottee- und Leinentuchs (z. B. 10 cm × 10 cm), 2 Bechergläser (400 ml), Messzylinder, Wasser, Lupe, Glasschale

Durchführung Teilversuch A:

1. Betrachte die trockenen Tücher mit der Lupe.

Durchführung Teilversuch B:

1. Miss mit dem Messzylinder jeweils 100 ml Wasser ab und gib das Wasser in je ein Becherglas.
2. Tauche das Frotteetuch in eines der beiden Bechergläser und schwenke das Becherglas ein wenig, sodass sich das Tuch mit dem Wasser vollsaugen kann. Wenn du das Tuch aus dem Becherglas nimmst, wringe es nicht aus, sondern lass es lediglich etwas abtropfen und lege es dann in die bereitgestellte Schale.
3. Gib das Wasser aus dem Becherglas in den Messzylinder und notiere das Volumen.
4. Wiederhole die Schritte 3 und 4 mit dem Leinentuch und dem anderen Becherglas.

1 **A** Beschreibe deine Beobachtungen aus beiden Teilversuchen (A und B).
B Deute die Beobachtung aus dem Teilversuch B.
C Erkläre das Prinzip der Oberflächenvergrößerung aufgrund der Beobachtungen aus beiden Teilversuchen.

Oberflächenvergrößerungen im Tier- und Pflanzenreich

Neben der Innenwand des Dünndarms findet man im Tier- und auch im Pflanzenreich weitere Beispiele für das Prinzip der Oberflächenvergrößerung.

2 **A** Beschreibe die ▶ Bilder 3–5.
B Erkläre, wo sich das Prinzip der Oberflächenvergrößerung bei den jeweiligen Beispielen finden lässt.
C Erläutere jeweils den Vorteil, der sich durch die Oberflächenvergrößerung ergibt.

3 Wurzelhaare

4 Laubbaum

5 Fächerfühler beim Maikäfer

Erstellen einer Concept-Map

Fachtexte sind oftmals sehr umfangreich und nicht immer leicht zu verstehen. Um dir Zusammenhänge zu verdeutlichen, kannst du Textinhalte mithilfe einer Concept-Map darstellen. Eine Concept-Map ermöglicht es auch, Sachverhalte zu einem späteren Zeitpunkt schnell wieder zu erfassen. Anhand des komplexen Themengebiets „Nährstoffe“ wird dir die Methode vorgestellt.

Schritt 1 Lies dir zunächst den Text durch, dessen Zusammenhänge du veranschaulichen möchtest. Unterstreiche beim erneuten Lesen die Begriffe, die dir für das Oberthema wichtig erscheinen ▶ Bild 2.

Schritt 2 Schreibe die unterstrichenen Begriffe mit ein wenig Abstand auf ein Blatt Papier ▶ Bild 1.

Schritt 3 Schneide die aufgeschriebenen Begriffe aus und lege sie auf ein Blatt DIN-A3-Papier ▶ Bild 3. Begriffe, die du nicht kennst, legst du erst einmal zur Seite. Achte darauf, dass auf jedem Papierstück nur ein Begriff steht.

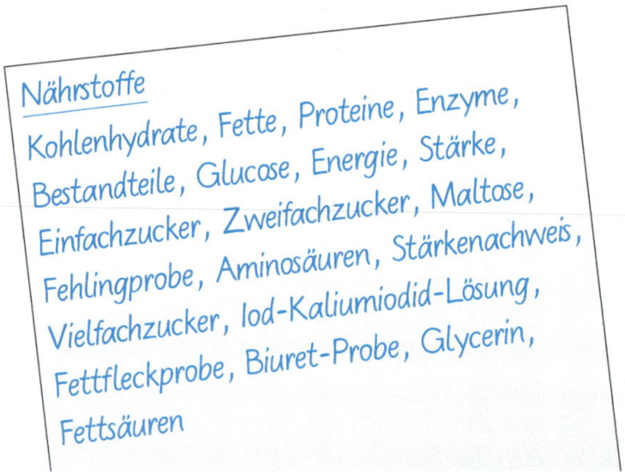

1 Unterstrichene Begriffe

3 Ausgeschnittene Begriffe

<u>Nährstoffe</u>
Nährstoffe liefern unserem Körper <u>Energie</u>, sie heißen daher auch Energielieferanten. Man unterscheidet drei Nährstoffgruppen: <u>Kohlenhydrate</u>, <u>Fette</u> und Eiweiße oder <u>Proteine</u>. Die Fette sind die Nährstoffe mit dem größten Energiegehalt. Überschüssige Energie wird daher im Körper in der Regel in Form von Fettreserven gespeichert. Ein Fettteilchen besteht aus <u>Glycerin</u> und drei <u>Fettsäuren</u>. Wenn man ein fetthaltiges Lebensmittel auf ein Löschpapier gibt, dann bleibt ein im Licht durchscheinender Fleck zurück. Diese <u>Fettfleckprobe</u> ist der Nachweis für Fette.
Eine zweite Nährstoffgruppe bilden die Proteine. Ihre <u>Bestandteile</u> sind die <u>Aminosäuren</u>. Mithilfe der <u>Biuret-Probe</u> können Proteine nachgewiesen werden. Viele tierische Nahrungsmittel wie Eier, Käse, Milch und Milchprodukte enthalten als vorrangigen Nährstoff Proteine.
Die dritte Nährstoffgruppe bilden die Kohlenhydrate. Der einfachste Baustein der Kohlenhydrate ist der <u>Einfachzucker</u>. Je nach Anzahl der miteinander verknüpften Einfachzucker unterscheidet man zwischen Einfach-, <u>Zweifach- und Vielfachzuckern</u>. <u>Glucose</u>, der aus der Küche bekannte Traubenzucker, ist ein Einfachzucker. <u>Stärke</u> ist ein Vielfachzucker. Diese ist nicht süß. Bei der Verdauung wird die Stärke bereits beim Kauen in den Zweifachzucker <u>Maltose</u>, den Malzzucker, gespalten. Dabei entsteht ein süßer Geschmack.
Der <u>Stärkenachweis</u> wird mit <u>Iod-Kaliumiodid-Lösung</u> durchgeführt. Traubenzucker und Malzzucker können mit der <u>Fehlingprobe</u> nachgewiesen werden. Dabei entsteht in der zunächst bläulichen Lösung ein roter Feststoff.
Im Körper werden die Nährstoffe bei der Verdauung schrittweise abgebaut, bis nur noch ihre Einzelbestandteile, die Fettsäuren, Glycerin, die Aminosäuren und die Einfachzucker, übrig bleiben. Die Spaltung der Nährstoffe geschieht mithilfe von <u>Enzymen</u>.

2 Text „Nährstoffe“

Schritt 4 Überlege, welche Begriffe zusammenpassen, und lege diese näher zusammen. Lass aber noch ein wenig Platz zwischen den Begriffen ▶ Bild 4. Wenn du in der Methode geübter bist, kannst du die Begriffe auch gleich geordnet aufschreiben, ohne sie vorher auseinanderzuschneiden.

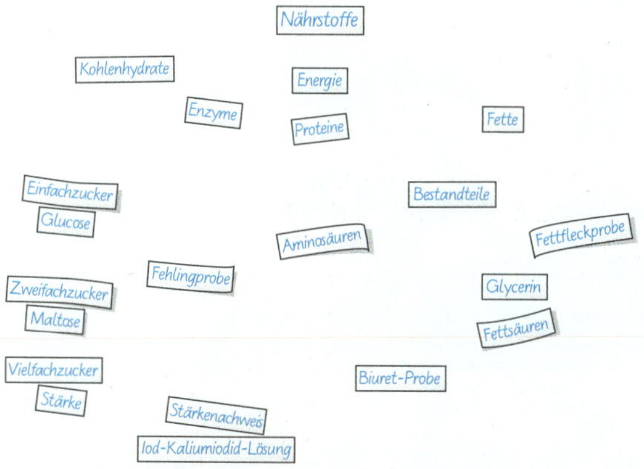

4 Sortierte Begriffe

Schritt 5 Verbinde die Begriffe durch Pfeile, zwischen denen ein wichtiger Zusammenhang besteht, z. B.: Kohlenhydrate ⟶ Einfachzucker. Achte darauf, dass du pro Pfeil immer nur zwei Begriffe verbindest. An jedem Begriff dürfen aber mehrere Pfeile beginnen und zu jedem Begriff dürfen auch mehrere Pfeile führen.

Beschrifte dann die Pfeile mit Verben, die die Verknüpfung zwischen den Begriffen verdeutlichen, z. B. Kohlenhydrate $\xrightarrow{\text{bestehen aus}}$ Einfachzuckern. Beschrifte die Pfeile nicht mit Substantiven ▶ Bild 5.

Versuche nun auch, die zur Seite gelegten Begriffe einzuordnen. Wenn dir Begriffe jetzt noch unbekannt sind, recherchiere diese, sodass du alle Begriffe einordnen kannst. Klebe die Begriffe auf.

1 Erstelle eine Concept-Map nach dem vorgegebenen Schema zum Text „Verdauung der Nährstoffe“ auf Seite 24. Verwende eine Folie zum Unterstreichen.

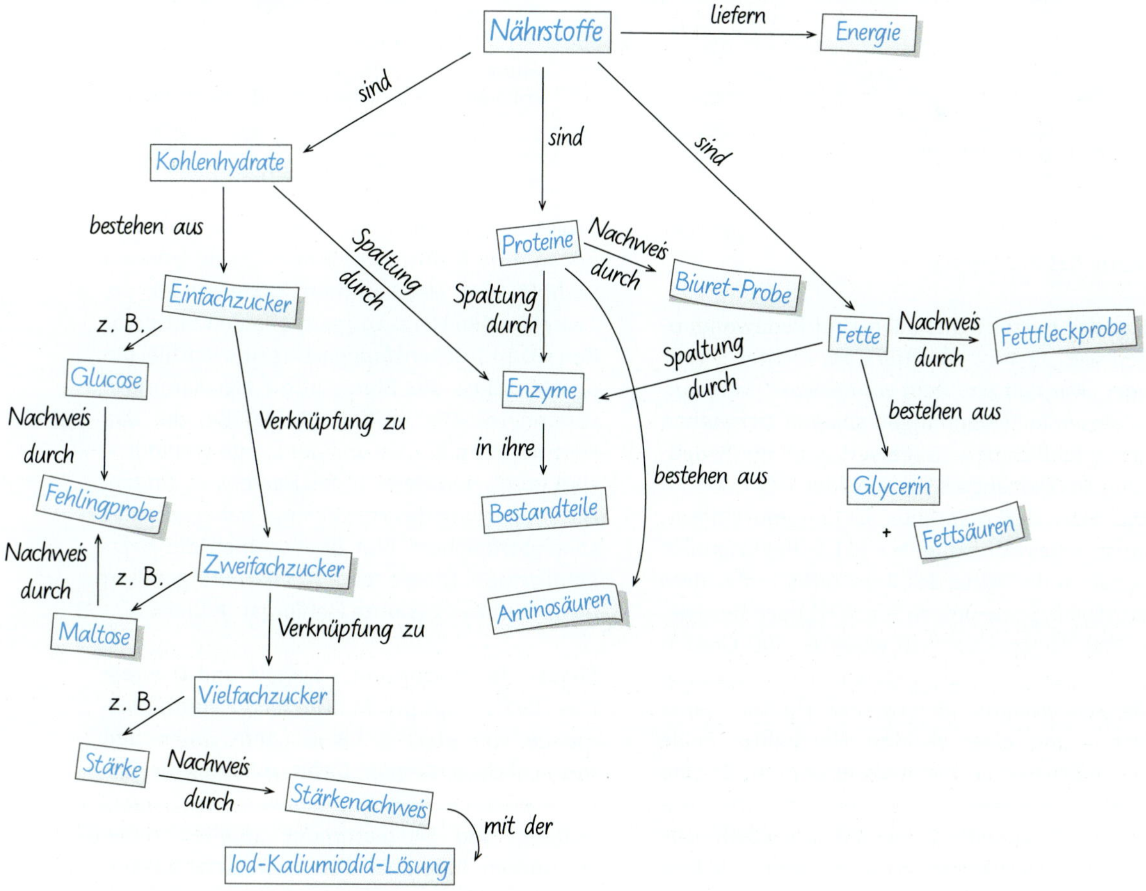

5 Fertige Concept-Map

Das Herz – zentrales Organ

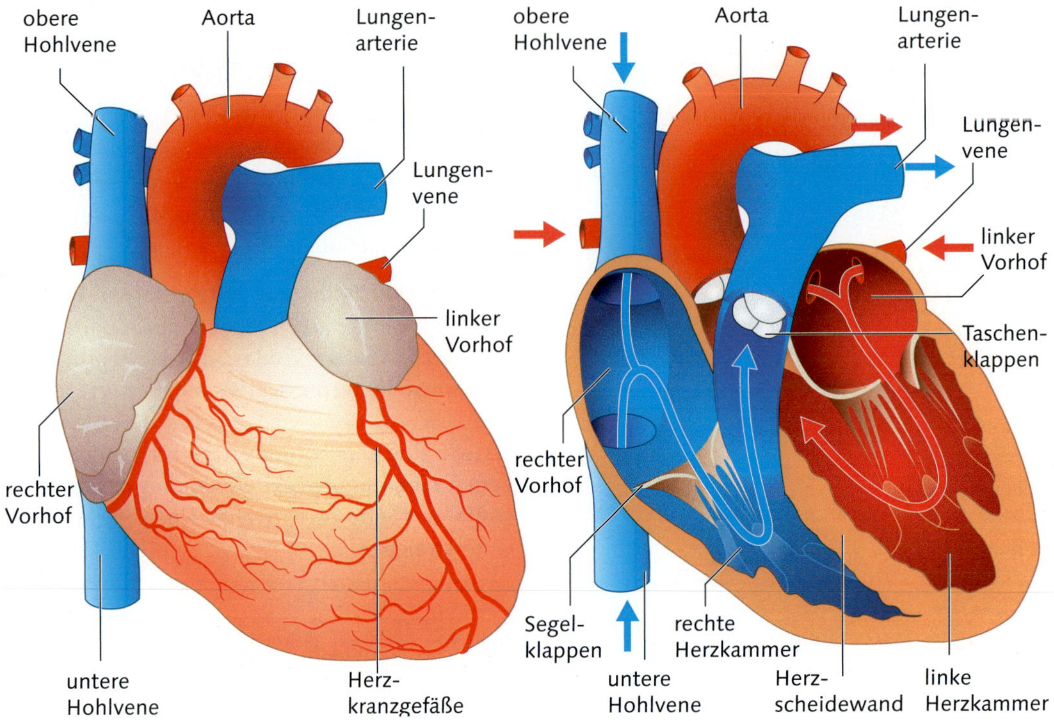

1 Der Bau des Herzens

Das Herz ist als zentrales Organ des Körpers der Motor des Blutkreislaufs.

Bau des Herzens Uns allen sind Redewendungen wie „Er trägt das Herz am rechten Fleck" oder „Mir fällt ein Stein vom Herzen" vertraut. In diesen Redewendungen spiegelt sich neben ihrem bildlichen Aussagewert auch die Bedeutung des Herzens als Organ wider.

Das Herz des Menschen ist ein muskulöses, faustgroßes *Hohlorgan* ▶ Bild 1. Es liegt ziemlich genau in der Mitte des Brustkorbs hinter dem Brustbein. Seine untere Spitze ist nach links gerichtet. Durchschnittlich wiegt es 300 Gramm und besteht aus zwei durch eine muskulöse *Herzscheidewand* abgetrennte Hälften, einer linken und einer rechten Herzhälfte. Beide Herzhälften sind nochmals in eine große und eine kleine Kammer unterteilt. Durch die Kammerung ist garantiert, dass das sauerstoffreiche und das sauerstoffarme Blut getrennt bleiben. Die kleinen Kammern nennt man *Vorhöfe*, bei den großen spricht man von *Herzkammern*. Große *Segelklappen*, die wie Ventile das Blut nur in eine Richtung strömen lassen, trennen Vorhöfe und Herzkammern voneinander ab. Zwischen den Herzkammern und den Blutgefäßen sitzen *Taschenklappen*. Das sind Ventile, die den Rückfluss des Blutes in die Herzkammern verhindern. Alle großen Blutgefäße, die das Herz mit dem Körper und der Lunge verbinden, sind im oberen Bereich des Herzens zu finden. Die Versorgung des Herzens mit nährstoff- und sauerstoffreichem Blut übernehmen die *Herzkranzgefäße*. Dieses feine Netz an Blutgefäßen umspannt das gesamte Hohlorgan ▶ Bild 1.

Phasen der Herzaktion – Systole und Diastole Das Herz pumpt pro Minute die gesamte Blutmenge von etwa 5 bis 6 Litern durch den menschlichen Körper. Dafür muss es bei Erwachsenen ca. 70-mal in der Minute schlagen. Vorhöfe und Herzkammern arbeiten dabei zusammen, indem sie sich zeitversetzt zusammenziehen und wieder entspannen.

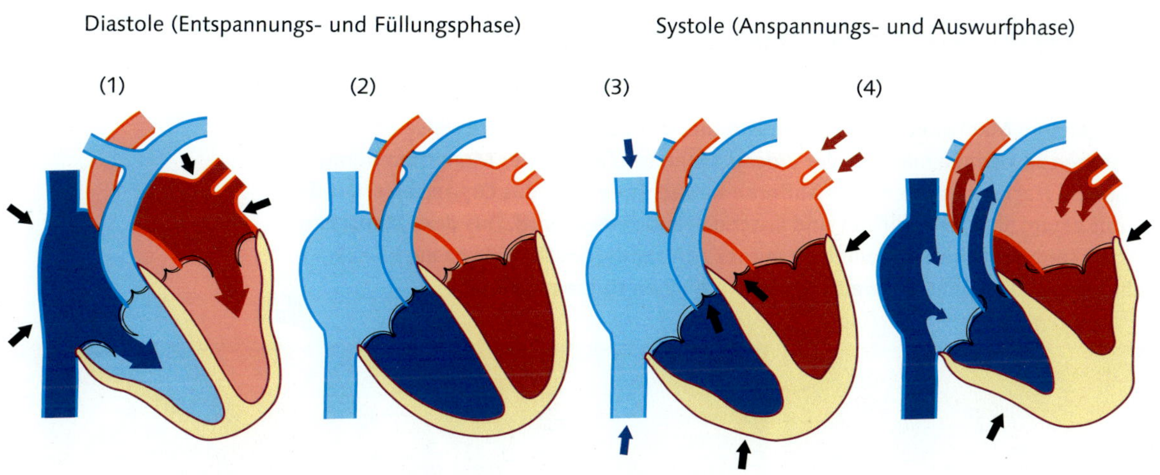

2 Phasen der Herzaktion – Systole und Diastole

Das Herz arbeitet als Saug-Druck-Pumpe. Während der *Diastole*, der Entspannungs- und Füllungsphase, ist die Herzmuskulatur entspannt und die Segelklappen sind geöffnet, die Taschenklappen hingegen verschlossen. Es wird ein Unterdruck in den Herzkammern erzeugt. So wird das sauerstoffarme Blut aus dem Körper in die rechte Herzkammer eingesaugt. Das sauerstoffreiche Blut von der Lunge gelangt dagegen in die linke Herzkammer. Sobald beide Herzkammern gefüllt sind und das Blut einen bestimmten Druck auf die Herzkammer ausübt, endet die Diastole und die *Systole* setzt ein. Das ist die Anspannungs- und Auswurfphase. Der Hohlmuskel zieht sich zusammen, die Segelklappen sind geschlossen, die Taschenklappen öffnen sich. In der Folge wird sauerstoffreiches Blut aus der linken Herzkammer über die Aorta in den Körper gedrückt, während das sauerstoffarme Blut aus der rechten Herzhälfte über die Lungenarterie zur Lunge gepumpt wird. Sind die Kammern geleert, beginnt die nächste Diastole. In knapp einer Sekunde laufen somit immer vier Aktionsphasen ab: Die Entspannungs- und Füllungsphase der Diastole und die Anspannungs- und die Auswurfphase der Systole ► Bild 2.

Herzschlag Das Herz schlägt in Ruhe ca. 70-mal pro Minute. Diesen Herzschlag spürt man bei körperlicher Anstrengung oder Aufregung deutlich. Er wird als Klopfen in der Brust wahrgenommen. Man spricht vom *Puls*. Die Anzahl der Herzschläge pro Minute bezeichnet man als *Pulsfrequenz*.

Die rhythmische Bewegung des Herzens kann man beispielsweise mit dem Zeige- und Mittelfinger an der Halsschlagader fühlen, weil sich bedingt durch den Herzschlag auch diese Blutgefäße rhythmisch ausdehnen und wieder zusammenziehen. Bei körperlicher Anstrengung beschleunigt sich der Puls, in vollkommenen Ruhephasen verlangsamt er sich.

1 **A** Beschreibe den Aufbau des Herzens anhand von ► Bild 1 oder an einem Herzmodell.
B Erkläre, warum die linke Herzhälfte hier auf der rechten Seite und die rechte Herzhälfte auf der linken Seite liegt.

2 Berechne, wie oft die gesamte Blutmenge eines Menschen an einem Tag durch das Herz gepumpt wird.

3 Vergleiche die Funktionsweise einer Kolbenpumpe, z. B. einer Fahrradpumpe (► Bild 3), mit der des Herzens.

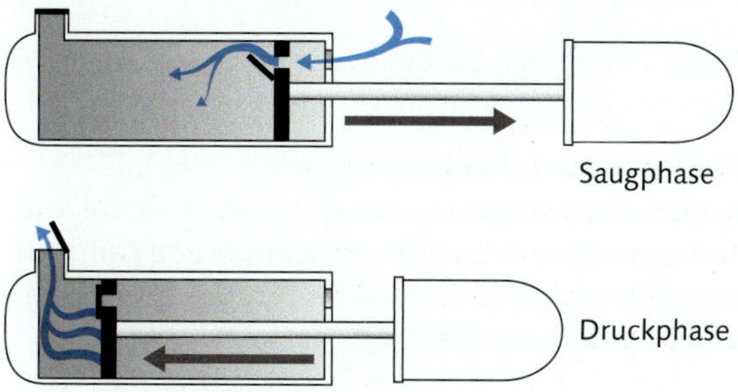

3 Fahrradpumpe

4 Stelle die vier Phasen der Herzaktion mithilfe von ► Bild 2 in einem Fließschema dar.

Sektion eines Schweineherzens

Biologen und Mediziner untersuchen Organe, um deren Funktionsweise besser verstehen zu können oder um die Todesursache bei Tieren oder Menschen herauszufinden. Nach einer intensiven äußeren Betrachtung wird das Organ seziert, indem es mit einem Skalpell geöffnet und anschließend zerlegt wird. Das dem Menschenherzen sehr ähnliche Schweineherz eignet sich für die Sektion, da es auch Rückschlüsse auf die Funktionsweise des menschlichen Herzens zulässt.

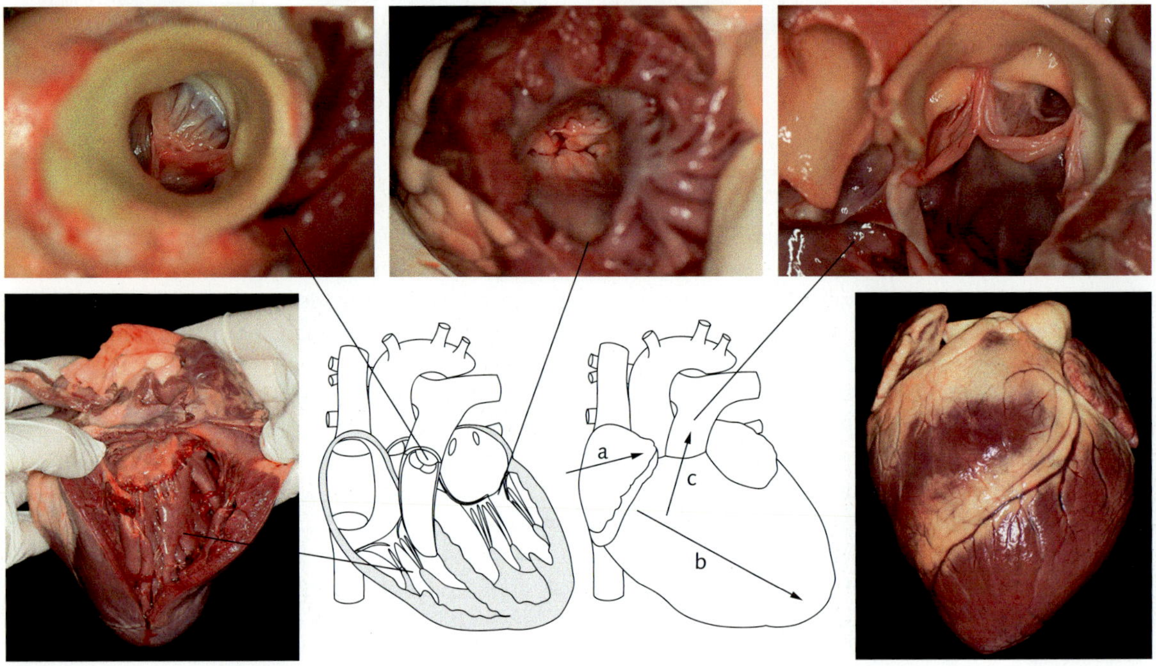

1 Strukturen im Innern des Herzens

2 Schnittführung

Material: Präparier- bzw. Sezierwanne, Waage, Einweghandschuhe, Einwegskalpell, Papiertücher, Pipette, Sonde, Papier, Bleistift, Kamera

Sicherheitshinweis: Vorsicht beim Umgang mit einem Skalpell!

Vorbereitung der Sektion: Lege das Herz so in die Wanne, dass die Herzspitze nach rechts zeigt.

Äußere Untersuchung des Herzens

Untersuche das Herz von außen: Identifiziere die rechte und die linke Herzhälfte, die Vorhöfe und Kammern sowie die wichtigen Blutgefäße. Fertige eine Skizze an und beschrifte diese ▶ Bild 1.

Einzelschritte der Sektion

Schritt 1 Trenne zunächst die Aorta und die Lungenarterie ab, damit die Taschenklappen freigelegt sind. Untersuche deren Funktion. Spritze dazu mit der Pipette Wasser darauf.

Schritt 2 Führe einen Schnitt durch den Muskel des rechten Vorhofs (▶ Bild 2, Schnitt a) und lege so die Segelklappen frei. Betrachte und untersuche ihre Befestigung.

Schritt 3 Schneide nun durch die rechte Segelklappe nach vorne links unten die rechte Herzkammer auf (Schnitt b). Ziehe die Herzkammerwände auseinander und betrachte das Innere sowie die Kammerwand genau. Du kannst Ausschnitte fotografieren.

Schritt 4 Suche mit der Sonde von der rechten Herzkammer aus die Lungenarterie. Schneide sie von der rechten Herzkammer nach oben hin auf (Schnitt c). Dieser Schnitt legt die Taschenklappen der Lungenarterien ganz frei.

Schritt 5 Schneide die komplette linke Herzhälfte seitlich auf und untersuche Vorhof und Herzkammer. Vergleiche auch mit der rechten Seite.

Krankhafte Veränderungen am Herzen

Herzinfarkt Mit zunehmendem Alter steigt das Risiko, am Herzen zu erkranken. Auch eine ungesunde Lebensweise steigert das Erkrankungsrisiko. So zählen beispielsweise anhaltender Stress oder Fettleibigkeit zu Risikofaktoren für Herzerkrankungen.

Wenn Patienten über plötzliche Übelkeit und starke Schmerzen in der Brust klagen, diagnostiziert der Kardiologe, ein Herzspezialist, häufig einen Herzinfarkt. Dabei sterben Zellen des Herzmuskels ab, da sie nicht ausreichend versorgt werden. Es besteht dringender Handlungsbedarf, damit der Patient eine Überlebenschance hat. Ursache des Infarkts sind Blutgerinnsel, die ein Herzkranzgefäß an einer verengten Stelle verstopfen. Sie bilden sich an entzündeten Stellen, die durch fetthaltige Ablagerungen in den Blutgefäßen entstehen ▶ Bild 3.

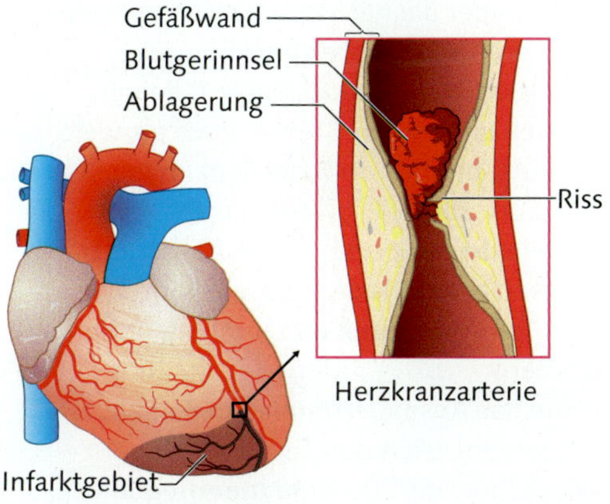

3 Verschluss eines Herzkranzgefäßes

Als wirksame Behandlungsmöglichkeit gilt die Eröffnung des verschlossenen Gefäßes, um die Durchblutung möglichst schnell wiederherzustellen. Außerdem können in einer Operation Bypässe gelegt werden, wobei beispielsweise Venenstücke aus dem Unterschenkel als Überbrückungen der verschlossenen Stellen genutzt werden. Manchmal gelingt es auch, in die Gefäße ein Instrument einzuführen, das sich an der betroffenen Stelle ballonförmig ausweitet und somit die verengte Stelle wieder erweitert. Es gibt auch Medikamente, die Blutgerinnsel schrittweise auflösen. Therapien schließen aber immer auch nachhaltige Veränderungen des Lebenswandels ein. Dazu zählen beispielsweise: regelmäßiges Ausdauertraining, ausgewogene Ernährung und Verzicht auf Rauchen.

Angeborene Herzfehler Manchmal kommen Kinder mit Herzklappenfehlern auf die Welt. Ist z. B. die Taschenklappe betroffen, erfolgt kein vollständiger Verschluss zwischen Aorta und Herzkammer. In der Folge vergrößert sich der entsprechende Herzmuskel und die Pumpleistung wird erhöht. Oftmals führt dies zu Überlastungen, die ein Herzversagen nach sich ziehen können. Abhilfe schafft man in der Regel durch rechtzeitiges Einsetzen einer künstlichen Herzklappe. Gleichermaßen geht man vor, wenn durch eine chronische Entzündung ein Herzklappenfehler verursacht wurde.

Herztransplantation Leidet ein Mensch an einer unheilbaren, schwerwiegenden Herzerkrankung, die innerhalb kurzer Zeit zum Tod führen würde, wird eine Herztransplantation ins Auge gefasst, um sein Leben zu retten. Dabei wird das Herz des Patienten operativ entfernt und an seiner Stelle ein geeignetes Spenderorgan eingesetzt. Steht dieses nicht rechtzeitig zur Verfügung, kann die Wartezeit auf ein geeignetes Organ durch Transplantation eines Kunstherzens überbrückt werden ▶ Bild 4. Dieses kann den Menschen über mehrere Tage am Leben halten, indem es die Pumpleistung für das nicht mehr funktionierende Herz übernimmt.

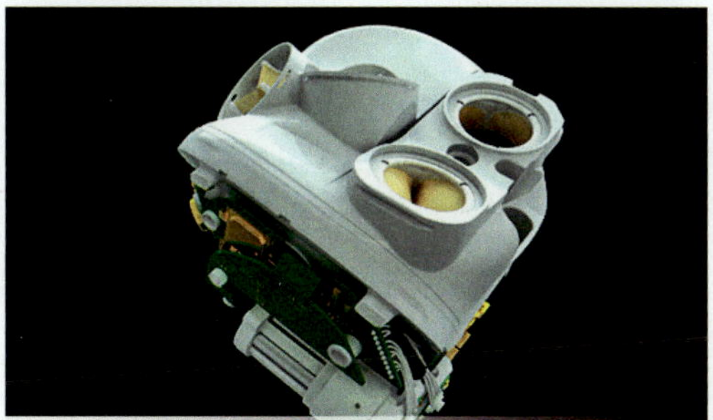

4 Kunstherz

1. Erkläre die Entstehung und die Folgen eines Herzinfarkts mithilfe von ▶ Bild 3.
2. Beschreibe die Folgen, die ein Herzklappenfehler für den betroffenen Menschen hat.

Dem Herzschlag auf der Spur

Wie leistungsfähig der Körper ist, hängt von unterschiedlichen Faktoren ab. Hierzu zählen das Alter, das Geschlecht sowie der Gesundheits- und Trainingszustand. Insbesondere die Leistungsfähigkeit des Herzens spielt eine bedeutende Rolle. Bestimmende Größen wie Pulsfrequenz, Atmung und Blutdruck geben Hinweise darauf. Sie lassen sich leicht untersuchen.

Puls- und Atemfrequenz messen

Führe in Partnerarbeit Pulsfrequenzmessungen in Ruhe und bei unterschiedlichen Belastungen durch. Lege eine Tabelle wie in ▶ Bild 2 an und trage die erfassten Werte ein. Bestimme bei diesen Tätigkeiten ebenso die Atemfrequenz und notiere die Werte.

1 **A** Stelle Hypothesen auf, wie sich die Pulsfrequenz sowie die Atemfrequenz bei unterschiedlichen Belastungen verändern wird.

B Dein Partner sitzt auf einem Stuhl. Ertaste nun dessen Puls. Du kannst ihn fühlen, wenn du mit den Fingerspitzen von Mittel- und Zeigefinger am Unterarm bis zum Handgelenk kurz vor den Handballen gleitest ▶ Bild 1. Sobald du ihn deutlich spürst, zähle 60 s lang den Puls. Der gewonnene Wert entspricht dem Ruhepuls.

C Dein Partner macht 15 Kniebeugen. Miss sofort den Puls: Zähle 60 s lang die Pulsschläge. Wiederhole dies im Abstand von 1 min, 2 min und 3 min.

D Dein Partner macht 30 Kniebeugen. Miss wieder sofort den Puls und verfahre wie bei C.

E Erstelle ein Säulendiagramm, in dem du alle gewonnenen Werte erfasst.

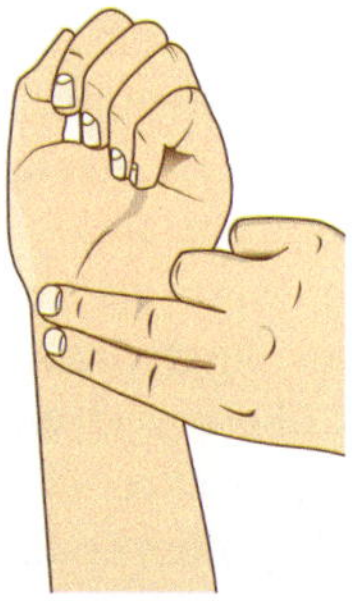
1 Pulsmessung am Handgelenk

F Tausche mit deinem Partner die Rollen. Jetzt gilt es, die Atemzüge vor und nach den unterschiedlichen Aktivitäten zu zählen.

G Vergleicht eure Daten mit den Daten anderer Teams.

H Bei einem Versuchsdurchlauf ihrer Klasse hat Alina ihre erhobenen Daten im Heft notiert ▶ Bild 2. Werte sie aus.

Trainingseffekte untersuchen

Ausdauertraining hat positive Effekte auf die Leistungsfähigkeit des Herz-Kreislauf-Systems.

2 **A** Nenne realistische Trainingsmöglichkeiten, wie du über die nächsten 3 Wochen deine Ausdauerleistung steigern könntest.

B Diskutiere deine Vorschläge mit deinen Klassenkameraden. Stimmt euch ab, welches Trainingsprogramm von jedem im genannten Zeitraum absolviert werden soll.

C Erstelle deinen persönlichen Ausdauertrainingsplan. Entwickle dafür ein Formular, in dem Trainingszeiten und -umfang notiert werden.

D Führe das Ausdauertraining in den nächsten 3 Wochen gezielt durch.

E Wiederhole die Puls- und Atemfrequenzmessungen nach den 3 Wochen.

F Vergleiche deine Ergebnisse vor und nach dem Trainingsprogramm.

G Ziehe Schlussfolgerungen aus den Beobachtungen.

Klasse 7a 30.05.2017	**Anzahl der Pulsschläge/min – Anzahl der Atemzüge/min**						
Schüler/-in	**im Sitzen**	**nach 15 Kniebeugen**			**nach 1 min Seilspringen**		
		nach 1 min	nach 2 min	nach 3 min	nach 1 min	nach 2 min	nach 3 min
Jonas	85/21	115/29	98/25	89/22	119/30	102/25	93/23
Luisa	68/18	95/25	79/23	72/19	98/27	82/23	75/20
Mia	74/20	108/27	89/24	80/21	112/27	98/25	85/22

2 Puls- und Atemfrequenzmessungen

Der Blutkreislauf

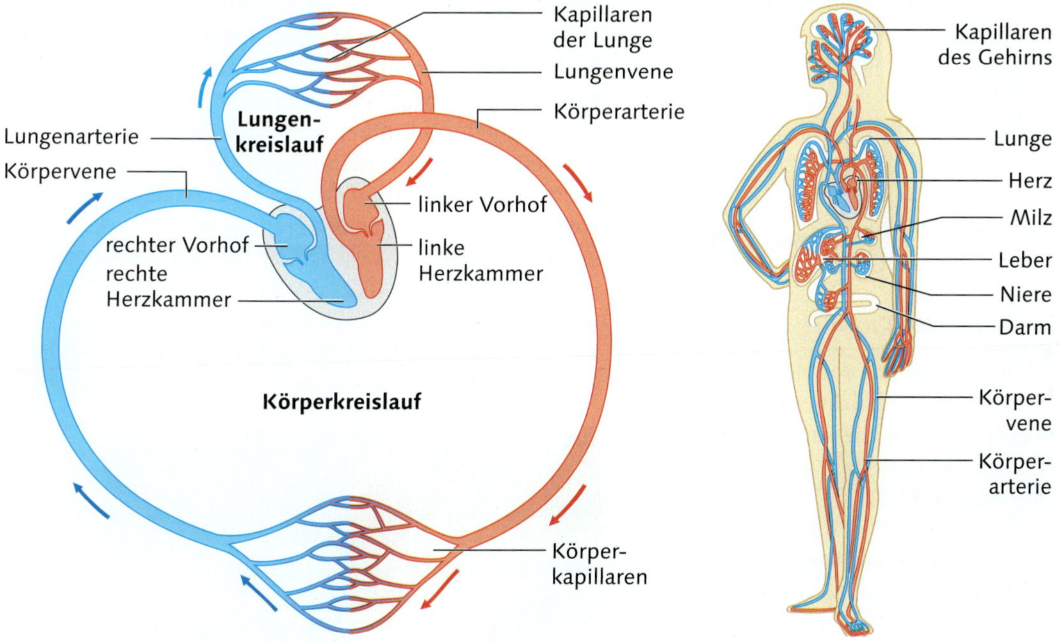

3 Blutkreislauf des Menschen

Transport des Blutes durch den Körper Wie bei allen Wirbeltieren zirkuliert das Blut beim Menschen innerhalb eines geschlossenen Systems. Die Blutgefäße verästeln sich in den Organen in immer feinere Gefäße. Dadurch wird die Versorgung aller Organe mit Sauerstoff und Nährstoffen gewährleistet, ebenso der Abtransport von Abfallstoffen wie Kohlenstoffdioxid. Bei der Betrachtung des Blutkreislaufsystems beginnt man immer beim Herzen. Es ist das zentrale Organ, das das Blut durch den Körper pumpt.

Zwei Herzkreisläufe Das Blut wird durch zwei unterschiedliche Kreisläufe gepumpt ▶ Bild 3. Beide Herzhälften arbeiten gleichzeitig: Die rechte, kleine Herzhälfte pumpt sauerstoffarmes, kohlenstoffdioxidreiches Blut über die Lungenarterie ins Kapillarnetz der Lunge. Dort wird Kohlenstoffdioxid abgegeben und Sauerstoff aufgenommen. Das von der Lunge kommende sauerstoffreiche Blut fließt über ein anderes großes Blutgefäß in den linken Vorhof und gelangt über die Taschenklappe in die linke, große Herzkammer. Dieser „kleine" Kreislauf heißt *Lungenkreislauf*. Von dort wird es durch die Arterien zu den Organen, in den Kopf, die Arme und die Beine gepumpt. Man spricht vom *Körperkreislauf*.

Blutgefäßsystem Der Körper verfügt über zwei unterschiedliche Gefäßtypen: die Arterien und die Venen. Sie verlaufen direkt nebeneinander: Die *Arterien* führen vom Herzen weg, *Venen* hingegen zum Herzen hin ▶ Bild 3. Ihr Aufbau und ihre Funktion unterscheiden sich deutlich: Arterien sind dickwandig. So halten sie dem enormen Druck stand, mit dem das Blut vom Herzen in den Körper gepumpt wird. Die Arterienwand besteht hauptsächlich aus elastischen Fasern und glatten Muskelzellen. So ist sie elastisch und zugleich stabil (▶ S. 36 Bild 1).
Im Gegensatz dazu sind Venen dünnwandig. Da in den Venen nur ein geringer Druck herrscht, stellt das kein Problem dar. Allerdings muss das Blut in den Venen gegen die Schwerkraft befördert werden. Dies ist auf zweierlei Weise möglich: Zum einen wölben sich die Arterien, wenn ein großer Blutstoß sie durchströmt, nach außen, sodass sie auf die Venen drücken. Zum anderen drücken auch die umgebenden Muskeln während ihrer Aktivität die Venen zusammen und befördern dabei das Blut in Richtung

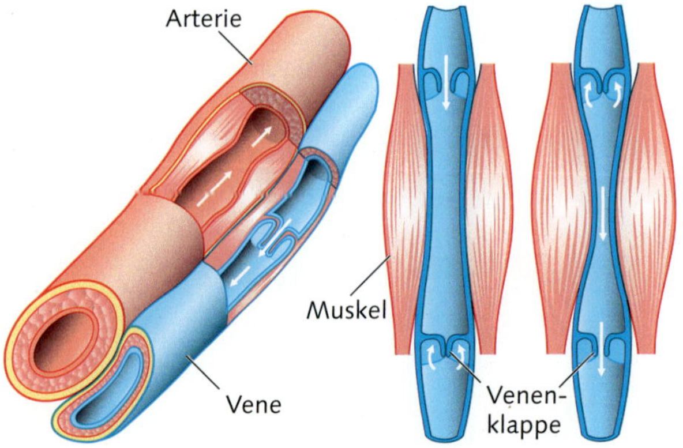

1 Bluttransport in den Arterien und Venen

des Herzens. Außerdem übt das Herz eine große Saugwirkung aus. Den Rückfluss des Blutes verhindern Venenklappen. Sie haben eine Ventilfunktion, die dafür sorgt, dass das Blut nur in eine Richtung fließt ▶ Bild 1.

Die Blutgefäße verjüngen sich immer weiter. Die *Kapillaren*, die ein feines Netzwerk in den Organen und Geweben des Körpers bilden, sind nur noch 0,005–0,01 mm dick ▶ Bild 2. Ein rotes Blutkörperchen passt gerade noch hindurch. Die dünnen Gefäßwände und der langsame Blutstrom begünstigen den Stoffaustausch. Während die Fließgeschwindigkeit des Blutes in den Gefäßen mit zunehmender Entfernung vom Herzen abnimmt, steigt der Druck hingegen an. Ursache sind die zunehmend engeren und weniger elastischen Gefäße.

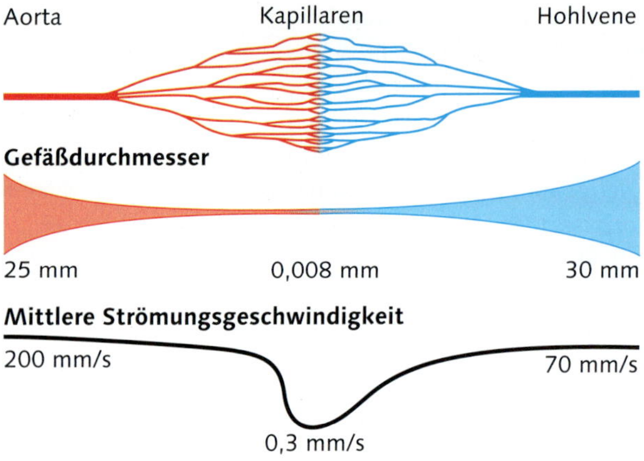

2 Blutgefäßsystem

Blutdruck Wird der Blutdruck beim Arzt gemessen, werden mit einem Messgerät die Druckverhältnisse in den Arterien ermittelt. Es werden immer zwei Werte genommen. Der erste Wert gibt den maximalen Blutdruck während der Systole an, der zweite den minimalen während der Diastole. Als optimale Blutdruckwerte gelten ein systolischer Wert unter 120 mmHg und ein diastolischer unter 80 mmHg ▶ Bild 4. Der Blutdruck wird in der Einheit Millimeter Quecksilbersäule (mmHg) gemessen. Die Messung erfolgt am Arm. Dafür wird in der Regel eine Manschette auf Herzhöhe am Arm angelegt ▶ Bild 3. Bei modernen Geräten sind in dieser elektronische Druckabnehmer integriert.

Bei körperlicher Aktivität ist der Blutdruck höher als in Ruhe, weil das Herz schneller und vor allem mit höherem Druck arbeitet, damit der Körper ausreichend mit Sauerstoff und Nährstoffen versorgt werden kann.

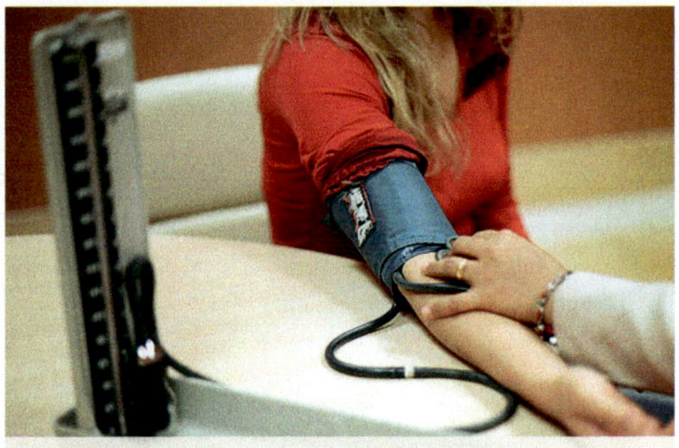

3 Blutdruckmessung

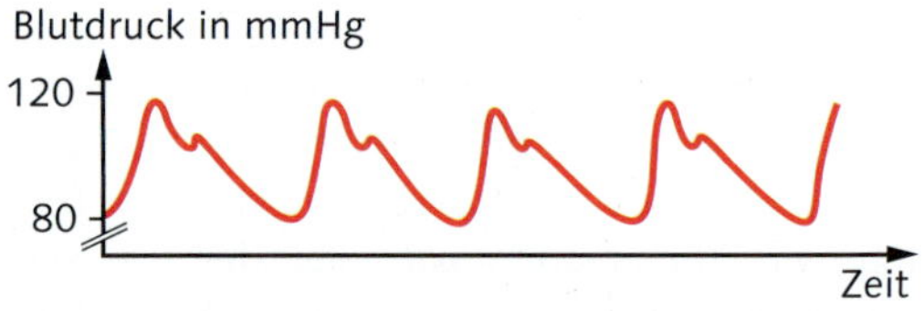

4 Arterieller Blutdruck im Körperkreislauf

1. Beschreibe das Blutkreislaufsystem anhand von ▶ Bild 3 auf S. 35.
2. Stelle den Weg des Blutes durch den Körper in Form eines Fließschemas dar. Starte in der linken Vorkammer.
3. Begründe, warum Blut aus einer verletzten Arterie stoßweise spritzt, während es bei Venen kontinuierlich fließt.
4. Erläutere das Diagramm in ▶ Bild 2 unten.
5. Beschreibe, von wo nach wo eine Beinvene / Lungenvene / Lebervene das Blut transportiert. Nimm dabei auch ▶ Bild 3 auf S. 35 sowie die Abbildung des Herzens in diesem Kapitel zu Hilfe.

Dem Blutdruck auf der Spur

Der Blutdruck wird oft von Ärzten gemessen, da er Hinweise auf den Gesundheitszustand gibt. Der Blutdruck wird mit zwei Zahlen angegeben, dem diastolischen und dem systolischen Wert.

1 Erkläre mihilfe des Grundwissenstextes und anhand der ▶ Bilder 3 und 6, wie die Blutdruckmessung funktioniert.

2 Erkläre, wie es zu den unterschiedlichen Blutdruckwerten in den verschiedenen Gefäßen kommt ▶ Bild 4. Beachte, dass sich die Messwerte hier immer nur auf ein einzelnes Gefäß beziehen.

3 Miss mit einem Blutdruckmessgerät deinen Blutdruck in Ruhe und nach 2 min Seilspringen. Du kannst auch eine andere Belastungsform wählen.
A Vergleiche die Ergebnisse.
B Erkläre die Zusammenhänge.

4 Erkläre, wie das Blut trotz geringen Drucks in den Venen wieder zum Herzen zurückgelangt.

5 In der Tabelle lassen sich Blutdruckwerte unterschiedlicher Personen ablesen ▶ Bild 7.
A Vergleiche die Werte. Für Jugendliche gilt der Normwert 120/80 mmHg.
B Stelle begründete Hypothesen auf, warum die Blutdruckwerte so stark abweichen.

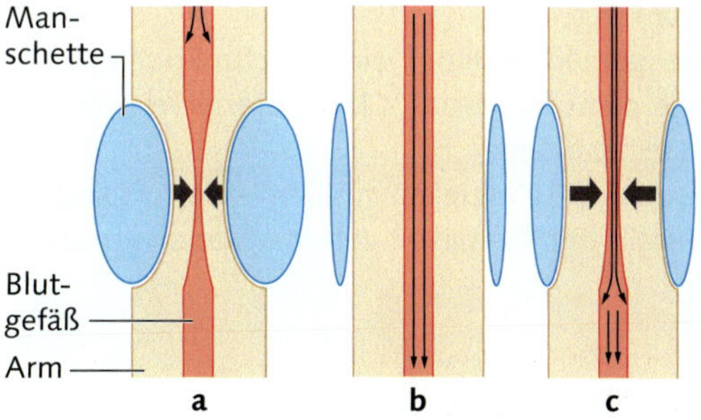

6 Einfluss des Manschettendrucks auf ein Blutgefäß

Person	Blutdruck (mmHg)
12-jähriger Junge	120/75
25-jähriger Mann	130/85
55-jähriger Mann	145/100
18-jährige korpulente junge Frau	140/90
50-jährige Frau	125/80
70-jährige Frau	135/90

7 Blutdruckwerte verschiedener Personen

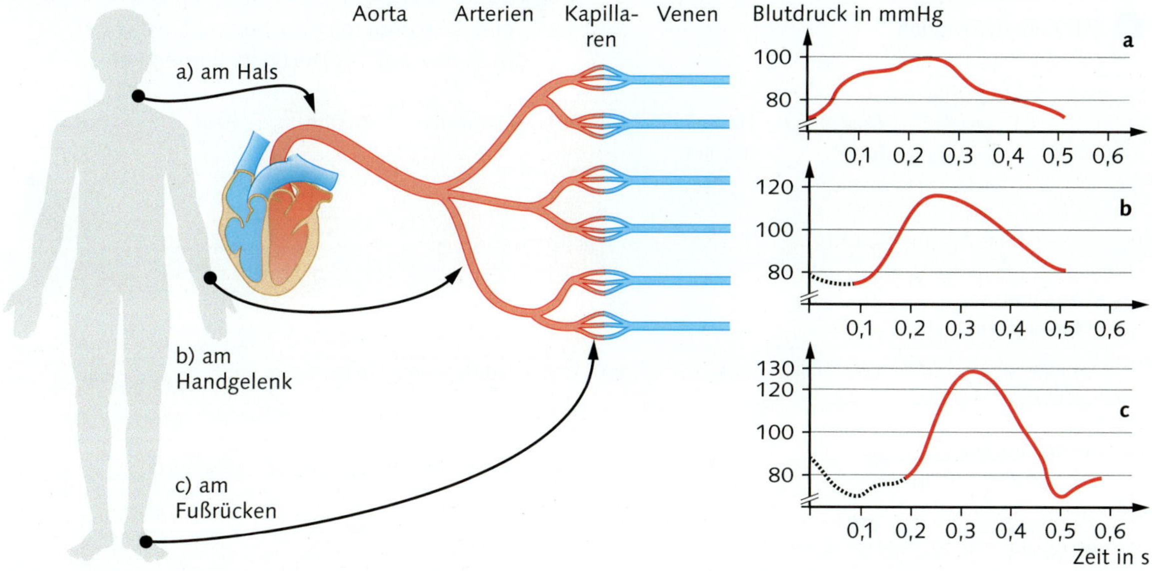

5 Blutdruck im Verlauf des arteriellen Gefäßsystems

Blutkreislauf

Bau eines Funktionsmodells

Material: 4 Silikonschläuche und 2 passende Ventile, Saugball, T-Glasrohr, Wasser, Bechergläser

Durchführung:

1. Baue gemäß ▶ Bild 1 ein Herzfunktionsmodell. Achte darauf, in beide Gläser die gleiche Menge Wasser zu füllen.
2. Versuche, die Flüssigkeit aus dem einen ins andere, ebenfalls mit Flüssigkeit gefüllte Glas zu pumpen.

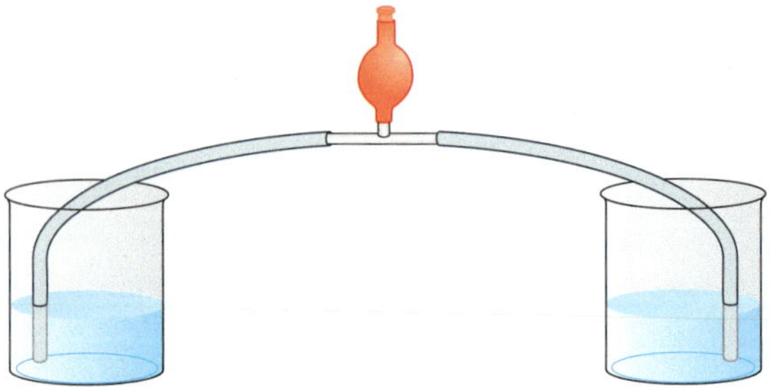

1 Grundaufbau des Funktionsmodells

1 Beschreibe deine Beobachtung.

3. Erweitere das Modell um Ventile und weitere kurze Silikonschläuche. Probiere wieder zu pumpen.

2 Beschreibe erneut deine Beobachtung.

3 Erkläre deinem Sitznachbarn die Funktionsweise des Modells.

4 Skizziere das Modell.

5 **A** Vergleiche das Modell mit der Struktur des menschlichen Herzens.
B Vergleiche die Funktionsweise des Modells mit der des menschlichen Herzens.

Durchblutung der Organe

Bei körperlicher Anstrengung muss der Körper verschiedene Vorgänge regulieren, die die Atmung und den Blutkreislauf betreffen. Viele Abläufe müssen aufeinander abgestimmt werden. Neben der Steigerung der Herz- und Atemfrequenz ändert sich auch der Blutausstoß des Herzens pro Minute, das Herzzeitvolumen ▶ Bild 3. Außerdem ist die Verteilung des Blutvolumens im Körper gegenüber Ruhephasen erheblich verändert ▶ Bild 2.

	Herzzeitvolumen
in Ruhe	5 l/min
bei ausdauerndem Seilspringen	25 l/min

3 Herzzeitvolumen

6 **A** Beschreibe die in ▶ Bild 2 dargestellten Veränderungen bei ausdauerndem Seilspringen gegenüber dem ruhenden Körper.
B Erstelle anhand der Werte in ▶ Bild 2 ein Diagramm, das die Veränderungen zeigt.

7 Bei trainierten Menschen ist die Herzfrequenz in Ruhe niedriger als bei nicht trainierten. Stelle eine begründete Hypothese auf, welchen Einfluss dies auf das Herzzeitvolumen hat.

		Muskulatur 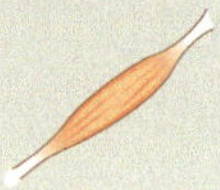	**Herzmuskel** 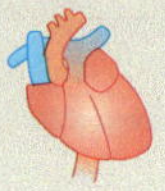	**Nieren** 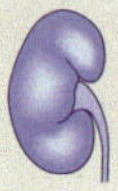	**Knochen** 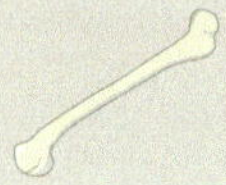	**Gehirn** 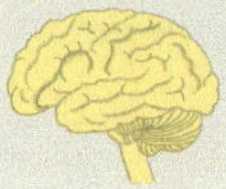	**Haut** 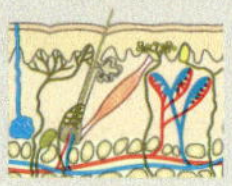	**Innere Organe** 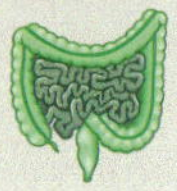
in Ruhe	Verteilung des Blutvolumens (in %)	22	4	20	5	18	5	26
	Durchblutung (in l/min)	1,0	0,25	1,0	0,25	0,75	0,2	1,25
bei ausdauerndem Seilspringen	Verteilung des Blutvolumens (in %)	83	5	3	1	4	–	4
	Durchblutung (in l/min)	20,0	1,25	1,0	0,25	1,0	–	1,25

2 Organdurchblutung in Ruhe und beim Seilspringen

Zusammensetzung des Blutes

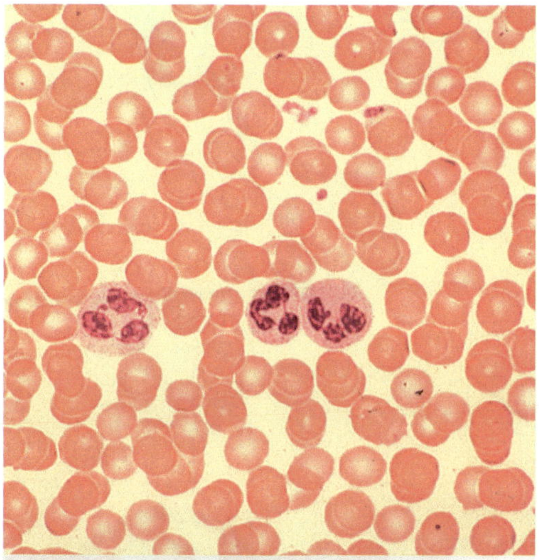

4 Mikroskopisches Bild eines Blutausstrichs

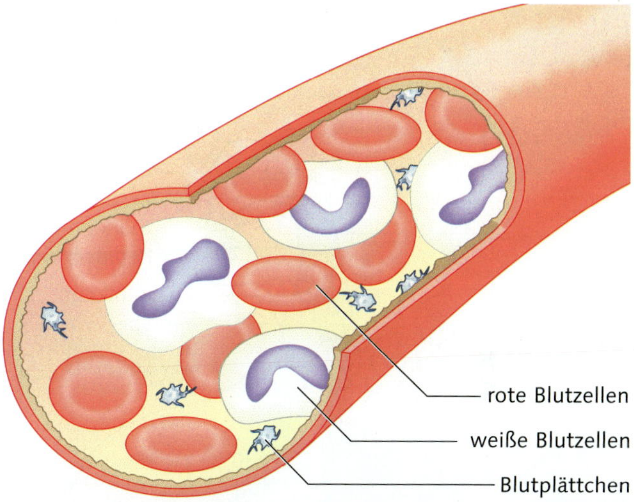

5 Blutgefäß mit Blutzellen

Bestandteile des Blutes Im Körper eines erwachsenen Menschen fließen etwa 5–6 Liter Blut. Ungefähr 55 % davon sind Blutplasma, der flüssige Teil des Blutes, in dem sich neben Wasser auch unterschiedliche gelöste Stoffe befinden. Hierzu zählen Mineralstoffe, Vitamine und verschiedene Eiweißstoffe, die bei der Abwehr von Krankheitserregern sowie bei der Blutgerinnung eine wichtige Rolle spielen. Die übrigen 45 % sind feste Bestandteile, die man mit dem Mikroskop erkennen kann ▶ Bild 4. Dazu gehören die weißen und roten Blutzellen sowie die Blutplättchen ▶ Bild 5.

Aufgaben des Blutes Neben Sauerstoff werden auch Nährstoffe, Hormone, Abwehrstoffe gegen Krankheitserreger und Abfallstoffe im Blut transportiert. Außerdem trägt das Blut zum Wärmehaushalt des Körpers bei, weil es Wärme, die bei Stoffwechselprozessen entsteht, im Körper verteilt. Schließlich gelangen Hormone und Enzyme mit dem Blut an ihre Zielorte, die Organe und Gewebe.

Blutzellen Wenn man einen Blutausstrich betrachtet, fallen die *roten Blutzellen*, die Erythrocyten, auf. Sie machen den weitaus größten Anteil an Blutzellen aus und geben dem Blut durch das Hämoglobin, den roten, eisenhaltigen Blutfarbstoff, die typische Farbe. Rote Blutzellen transportieren vornehmlich Atemgase. Im mikroskopischen Bild erscheinen sie als runde, eingedellte Scheiben ohne Zellkern ▶ Bild 4. Ihre Lebensdauer beträgt ungefähr 120 Tage. In unserem Körper werden jeden Tag ca. 200 Milliarden rote Blutzellen neu gebildet, überwiegend im roten Knochenmark, das die Hohlräume der Knochen ausfüllt.

Die Aufgabe der *weißen Blutzellen*, der Leukocyten, ist die Krankheitsabwehr. Eingedrungene Fremdkörper und Krankheitserreger, aber auch Krebszellen werden von diesen Zellen bekämpft. Sie werden ebenfalls im roten Knochenmark gebildet, doch unterscheiden sie sich in ihrer Lebensdauer und ihrer Gestalt erheblich. Im Gegensatz zu den roten Blutzellen besitzen sie einen Zellkern.

Die *Blutplättchen*, die Thrombocyten, haben keinen Zellkern. Auch sie entstehen im Knochenmark und haben eine wichtige Funktion bei der Blutgerinnung.

1. Vergleiche rote und weiße Blutzellen hinsichtlich ihrer Form und Aufgaben.
2. Blutplasma kann man mehrmals im Monat spenden, Blutzellen hingegen nur alle 2 Monate. Erkläre.
3. Begründe, warum man direkt nach einer Blutspende keinen Sport treiben sollte.

Bau und Funktion der Atmungsorgane

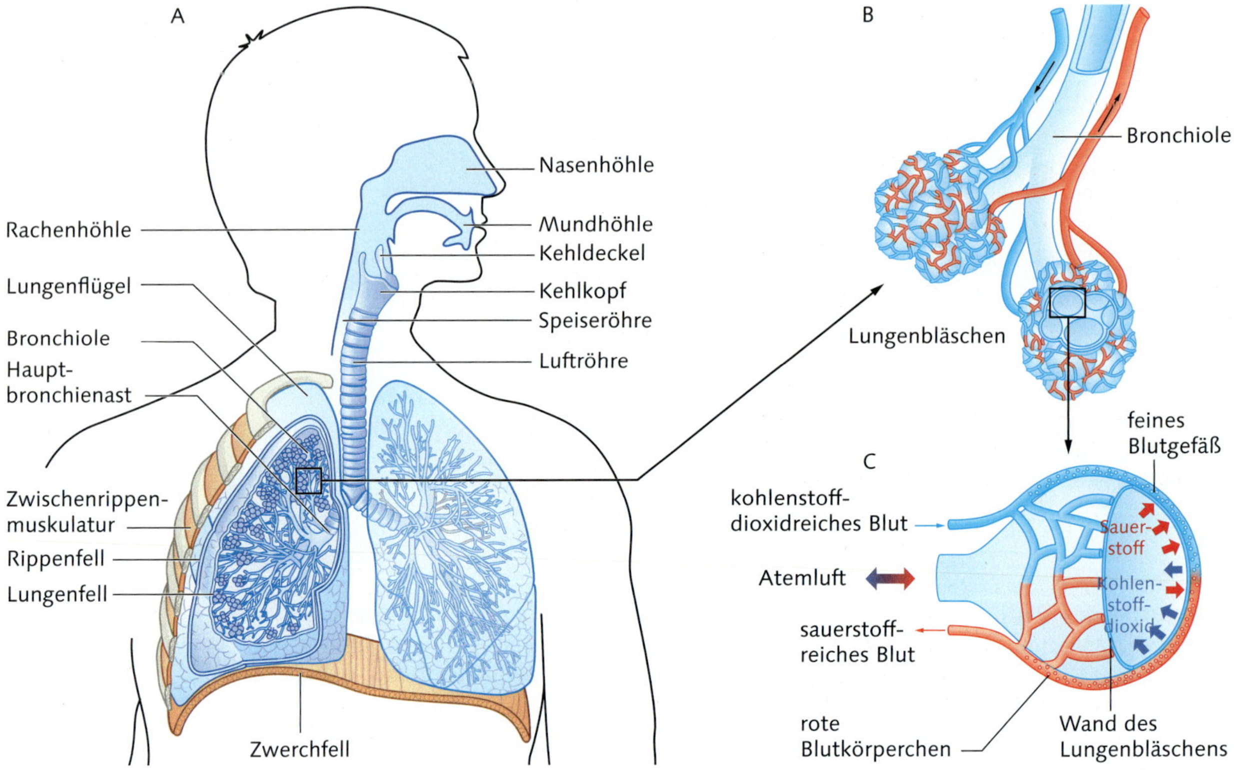

1 Atmungsorgane des Menschen

Der Arzt oder die Hebamme wacht bei der Geburt sorgsam darüber, dass das Neugeborene schnell seinen ersten Atemzug macht. Die Atmung gehört schließlich zu den absolut lebensnotwendigen Prozessen.

Weg der Atemluft im Körper Beim Einatmen gelangt die Luft durch die Nase in die *Nasenhöhle*. Sie ist mit vielen kleinen Härchen ausgekleidet, die Staubpartikel aus dem Luftstrom herausfiltern. Auch die feuchte Nasenschleimhaut leistet dazu ihren Beitrag. Außerdem wird die eingeatmete Luft in der Nasenhöhle angefeuchtet und *erwärmt* ▶ Bild 1A. Sie strömt weiter durch den Rachenraum in die *Luftröhre*, einen ca. 10 cm langen Schlauch, der mit Knorpelspangen durchsetzt ist. Durch die Knorpelspangen erhält die Luftröhre Stabilität. Im Bereich des *Kehlkopfs* ist die Luftröhre mit einem kleinen *Kehlkopfdeckel* versehen. Er verschließt sie und verhindert so das Eindringen von Fremdkörpern. Im unteren Bereich spaltet sich die Luftröhre in zwei Äste auf, die *Hauptbronchien*, die sich im Innern der *Lungenflügel* befinden. Die Bronchien verästeln sich immer weiter und münden in die dünnwandigen *Lungenbläschen*. Diese sind traubenförmig angeordnet und von kleinsten Blutgefäßen, den *Kapillaren*, umsponnen ▶ Bilder 1B und C.

Wie wir atmen – Atembewegungen Die Lunge selbst hat keine Muskeln, sodass das Einsaugen der Luft passiv erfolgen muss. Das Lungenvolumen verändert sich beim Atmen kontinuierlich. Wenn sich der Brustkorb hebt, wird die Lunge größer ▶ Bild 2. Dadurch entsteht ein Unterdruck und die Luft strömt ein. Senkt sich der Brustkorb, verkleinert sich die Lunge und die Luft strömt aus. Dieser Vorgang wird erst durch die Brustmuskulatur und das *Zwerchfell*, einer Muskelschicht zwischen dem Brust- und dem Bauchraum, ermöglicht. Beim Ausatmen ist das Zwerchfell nach oben gewölbt, beim Einatmen spannt es sich und vergrößert so den Brust-

raum. Gleichzeitig drückt es die Organe im Bauchraum nach unten, sodass sich der Bauch etwas nach vorne wölbt. Diesen Vorgang nennt man *Bauchatmung*.
Bei der *Brustatmung* kommen viele kleine Muskeln, die zwischen den Rippen sitzen, zum Einsatz. Man spricht von der *Zwischenrippenmuskulatur*. Sie hebt den Brustkorb und erweitert den Brustraum. Durch den entstehenden Unterdruck strömt die Luft durch die Nase in die Luftröhre und die Bronchien in die Lunge ein. Beim Ausatmen wird hingegen der Brustraum verengt und die Lunge zusammengedrückt, sodass die Luft herausgepresst wird. Äußerlich ist dies gut zu erkennen, weil sich der Brustkorb beim Einatmen deutlich hebt und beim Ausatmen merklich senkt. Bei körperlicher Anstrengung atmet man häufiger ein und aus, das heißt, die *Atemfrequenz* steigt. Dabei gewinnt die Brustatmung an Bedeutung.

Warum wir atmen – Gasaustausch In der Alltagssprache wird unter der Atmung das bloße Ein- und Ausatmen verstanden. In der Biologie bezeichnet man das als äußere Atmung. Diese Vorstellung beschränkt den Prozess der Atmung auf rein mechanische Vorgänge und muss daher erweitert werden.
Untersucht man die ausgeatmete und die eingeatmete Luft, stellt man deutliche Unterschiede ihrer Zusammensetzung fest ▶ Bild 3. In der ausgeatmeten Luft ist deutlich mehr Kohlenstoffdioxid enthalten als in der Einatemluft. Umgekehrt ist diese wesentlich sauerstoffreicher als die Ausatemluft. Dadurch wird deutlich, dass der Körper Sauerstoff aus der eingeatmeten Luft aufnimmt und Kohlenstoffdioxid abgibt.
Der Sauerstoff gelangt in die unzähligen von den Kapillaren umsponnenen Lungenbläschen. Ihre Oberfläche macht in ihrer Gesamtheit ungefähr eine Fläche von 100 m^2 aus ▶ Bild 1. Die Lungenoberfläche wird durch diese besondere Struktur extrem vergrößert. Dies ist für den Gasaustausch von großer Bedeutung. Man spricht vom Prinzip der Oberflächenvergrößerung, da eine Stoffaustauschfläche entsteht. Der Sauerstoff tritt durch die dünne Wand der Lungenbläschen in die vielen feinen Blutgefäße, die sie umgeben, über ▶ Bild 1C. Aufgrund der großen Oberfläche können viele Sauerstoffteilchen gleichzeitig die dünnen Wände passieren.

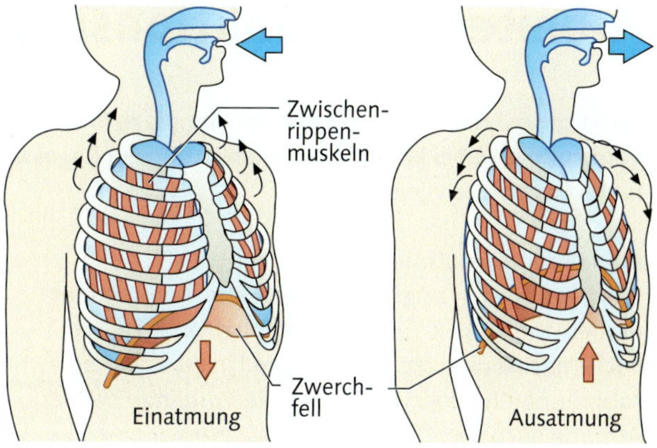

2 Atembewegungen: Bauch- und Brustatmung

Mit dem Blut gelangt der Sauerstoff in alle Zellen des Körpers.
In den Zellen wird mithilfe des Sauerstoffs Glucose abgebaut, wobei Energie bereitgestellt wird. Sie wird für den Stoffwechsel der Zelle gebraucht. Diesen Vorgang nennt man *Zellatmung* oder innere Atmung. So wie Sauerstoff über die enorme Oberfläche der Lungenbläschen ins Blut aufgenommen wird, wird im Gegenzug Kohlenstoffdioxid abgegeben. Beim Ausatmen wird es schließlich nach außen befördert. In der Lunge findet ein Gasaustausch statt.

1 Beschreibe mithilfe von ▶ Bild 1 den Weg der Luft beim Einatmen.

2 Zeichne ein Diagramm, das die Zusammensetzung der Atemluft veranschaulicht. Beziehe dich dabei auf die Tabelle in ▶ Bild 3. Wähle einen geeigneten Diagrammtyp.

3 **A** Beschreibe den Gasaustausch in der Lunge.
B Erläutere das Prinzip der Oberflächenvergrößerung am Beispiel der Lunge.

4 Stelle in einem Lernplakat die äußere und innere Atmung dar.

Eingeatmete Luft	Gas	Ausgeatmete Luft
78 %	Stickstoff	78 %
21 %	Sauerstoff	17 %
0,03 %	Kohlenstoffdioxid	4,03 %
ca. 1 %	Edelgase	ca. 1 %

3 Zusammensetzung der ein- und ausgeatmeten Luft

Arbeiten mit Funktionsmodellen

Funktionsmodelle veranschaulichen komplexe Prozesse und erleichtern das Verständnis. Dabei konzentriert man sich in der Regel auf einen Teilaspekt und hinterfragt diesen genauer.

Modell zur Brustatmung

Das Bild rechts zeigt ein vereinfachtes Funktionsmodell zur Rippen- und Zwerchfellatmung ▶ Bild 1. Suche nach einem ähnlichen Modell in eurer Biologiesammlung und vollziehe damit die Vorgänge bei der Atmung nach.

1 **A** Ordne die im Modell verwendeten Bauteile entsprechenden Körperstrukturen zu.
B Beschreibe die beiden dargestellten Zustände bei der Atmung.
C Erkläre mithilfe des Modells die Vorgänge bei der Brustatmung. Beziehe die farbigen Linien in deine Erklärung ein.
D Vergleiche die Funktionsweise des Modells mit den Vorgängen bei der Atmung.
E Beschreibe die Grenzen des Modells.

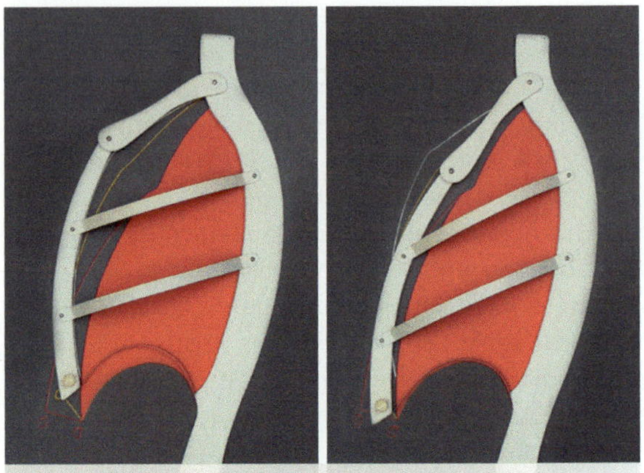

2 Funktionsmodell zur Atmung

Modell zur Bauchatmung

Auch das Füllen der Lungenflügel mit Luft lässt sich mit einem einfachen Modell nachvollziehen. Wie ein solches mit einfachen Mitteln gebaut werden kann, siehst du in den ▶ Bildern 1 und 3.

2 **A** Baue das Flaschenmodell möglichst genau nach. Orientiere dich an den abgebildeten Arbeitsschritten. Natürlich kannst du auch leicht abweichende Bauteile verwenden.
B Ordne die im Modell verwendeten Bauteile den Körperstrukturen zu.
C Arbeite mit dem Funktionsmodell. Dabei musst du das Modell mit einer Hand am Flaschenhals festhalten. Mit der anderen Hand ziehst du den Luftballon am unteren Ende vorsichtig nach unten. Dann lässt du ihn wieder langsam los. Wiederhole diesen Vorgang mehrfach.
D Beschreibe deine Beobachtungen.
E Vergleiche deine Beobachtungen mit den Vorgängen bei der Bauchatmung.

1 Materialien

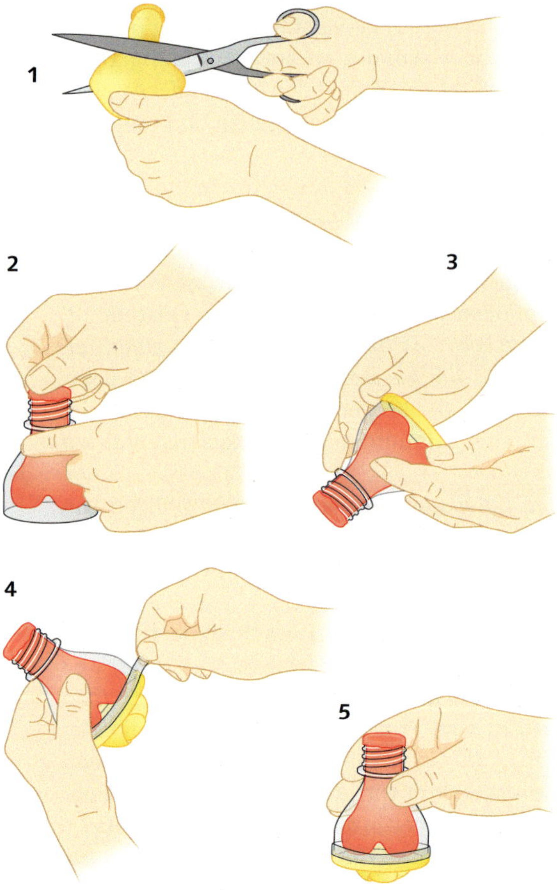

3 Herstellung des Flaschenmodells

Die Atmung erforschen

Die Vorgänge bei der Atmung lassen sich mit unterschiedlichen Experimenten veranschaulichen. Durch systematisches Vorgehen bei der Planung, genaues Beobachten und gewissenhaftes Protokollieren sowie Auswerten der Experimente kann man interessante Erkenntnisse gewinnen.

Bevor du zur Tat schreitest, solltest du die Methodenschritte zum selbstständigen Experimentieren durchlesen ▶ S. 79.

Messung des Lungenvolumens

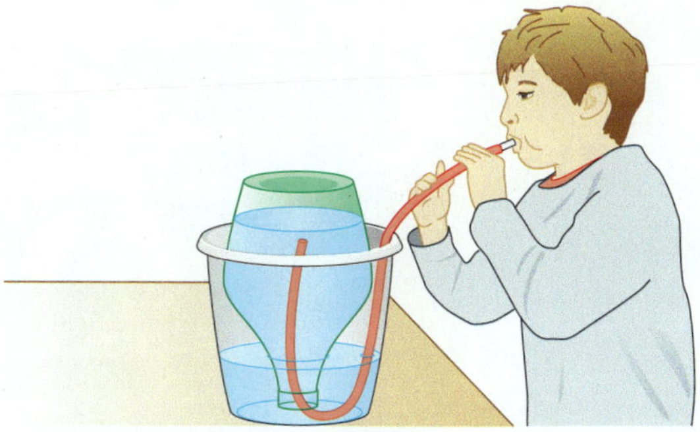

4 Selbst gebauter Atemmesser

Forscherfrage: Wie viel Liter Luft kann ein Kind in einem Zug ausatmen?

1 **A** Erkläre unter Bezugnahme zur Forschungsfrage den Aufbau des Versuchs.
B Baue den Atemmesser nach ▶ Bild 4. Dabei können bestimmte Bauteile auch durch andere Materialien ersetzt werden (z. B. Aquarium statt Eimer).
C Führe den Versuch mit mehreren Personen durch und werte alles gewissenhaft aus.
D Fertige ein Versuchsprotokoll an.
E Vergleiche die Messwerte.

Untersuchung der Ausatemluft

Material: 2 Standzylinder, 2 kurze und 2 lange gebogene Glasrohre, Mundstücke, 2 Schlauchstücke, 2 Stopfen mit Loch, Saugball, Kalkwasser (GHS05)

Durchführung:
1. Baue die Versuchsanordnung gemäß ▶ Bild 5 auf. Achte auf dichte Verbindungen und auf einen gleichen Füllstand in beiden Standzylindern.
2. Ziehe mithilfe des Saugballs mehrfach Luft durch den Schlauch des ersten Standzylinders. Dieses Vorgehen soll die Einatmung simulieren. Selbst durch das Mundstück einzuatmen ist zu gefährlich. Nutze daher unbedingt den Saugball.
3. Nimm danach das Mundstück des anderen Standzylinders in den Mund. Atme mehrfach gleichmäßig in die Flasche aus. Zum Einatmen nimmst du das Mundstück immer aus dem Mund, damit du nicht das Kalkwasser aus dem Standzylinder einatmest. Beide Vorgänge solltest du so oft wiederholen, bis sich ein Ergebnis zeigt.
4. Erneuere das Kalkwasser des zweiten Standzylinders. Stülpe einen mit Kohlenstoffdioxid gefüllten Luftballon über den Schlauch und lass das Gas in den Standzylinder strömen.

2 Beobachte alles genau, vergleiche und deute die Ergebnisse.

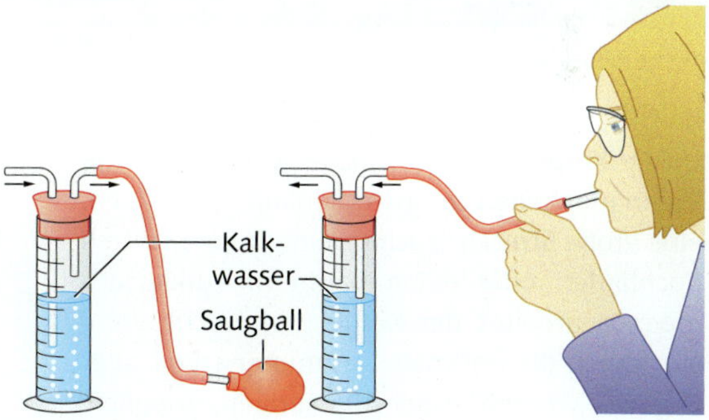

5 Kalkwasserprobe

Atemfrequenzmessungen

Atemtiefe und -frequenz sind variabel.

3 **A** Entwickle einen Versuch zur Bestimmung dieser Größen.
B Führe den Versuch mit verschiedenen Personen durch.
C Wiederhole den Versuch mit einer Person mehrfach. Lass sie dabei unterschiedliche Tätigkeiten ausführen.
D Berechne, wie viel Liter Luft pro Minute bei den Versuchspersonen bewegt wird.
E Fertige ein Versuchsprotokoll an.
F Deute deine Beobachtungen und Ergebnisse.

Leistungen des Organismus

1 Jugendliche beim Marathonlauf

Unser Körper – eine Hochleistungsmaschine Wenn man einen Langstreckenlauf bewältigen, eine große Strecke tauchen, eine Treppe schnell hochlaufen oder einen Baum hinaufklettern möchte, arbeitet der Körper auf Hochtouren. Nur durch die optimale Zusammenarbeit aller Organe werden Höchstleistungen möglich. Stoffaufnahme und -abgabe sowie Transport und Umwandlung sind genau aufeinander abgestimmt.

Der *Stoffwechsel*, das heißt die Gesamtheit der in den Zellen ablaufenden chemischen Prozesse, wird angepasst. Körperfunktionen wie die Verdauung werden eher zurückgefahren. Andere Teile des Stoffwechsels werden gesteigert. Die *Stoffwechselrate* steigt.

Das Herz-Kreislauf-System ist besonders gefordert. Während und kurz nach Anstrengungen atmet man häufiger und tiefer ein und aus als in Ruhe. Nur so kann die Lunge ausreichend Sauerstoff aus der Luft aufnehmen, um die Organe über das Blut damit versorgen zu können. Gleichzeitig gibt der Organismus mehr Kohlenstoffdioxid ab, das ausgeatmet wird. Die gesteigerte Atmung ist Voraussetzung, um körperliche und geistige Anstrengungen über einen längeren Zeitraum erbringen zu können. Unter Belastung scheint auch das Herz förmlich zu rasen, es schlägt deutlich schneller als in Ruhe. Außerdem erwärmen sich während der körperlichen Aktivität die Muskeln erheblich. Ein Großteil der Wärme wird vom Blutstrom aufgenommen. An der Körperoberfläche wird die Wärme schließlich über die Haut abgestrahlt. Einer Überhitzung wird somit vorgebeugt.

Energieversorgung – Zellatmung und Zellstoffwechsel Um die Leistungsfähigkeit aufrechtzuerhalten, wird Energie gebraucht, die wir über unsere Nahrung aufnehmen. In der Nahrung ist chemische Energie gespeichert, die im Körper in Bewegungsenergie und Wärme umgewandelt wird. Bevor man große körperliche oder geistige Leistungen erbringen kann, sollte man kohlenhydratreich essen, um die Energieumwandlung während der Anstrengung positiv zu beeinflussen. Kohlenhydrate sind besonders geeignet, da sie im Verdauungstrakt schnell aufgespalten werden. Die Kohlenhydrate werden als Speicherform in den Muskeln und der Leber eingelagert. Diese Speicherform kann leicht abgebaut werden und gelangt als Glucose in das Blut. So werden die Zellen insbesondere bei erhöhter Leistungsanforderung ausreichend mit diesem Energielieferanten versorgt.

In besonderen Zellorganellen, den Mitochondrien, wird die Glucose mithilfe von Sauerstoff umgewandelt. Sie wird in eine chemische Speicherform überführt, die der Zelle jederzeit Energie liefern kann. Bei diesem Prozess entsteht Kohlenstoffdioxid, das ausgeatmet wird.

Arbeiten auch in Ruhe Der Körper kann sich keine Pausen leisten. Insofern benötigen wir nicht nur in Zeiten erhöhter Aktivität Energie, sondern auch bei gewöhnlichen Tätigkeiten, sogar im Schlaf. Energie wird immer auch für die weniger sichtbaren Vorgänge im Körper benötigt. Der gesamte Stoffwechsel bedarf der Energiezufuhr. In jeder einzelnen Zelle finden vielfältige Prozesse statt, die nur weiterlaufen können, wenn die Energiezufuhr nicht versiegt. Dazu zählen neben den oben geschilderten Prozessen z. B. auch der zelluläre Transport von Stoffen, die Herstellung von Hormonen sowie die Reaktion auf äußere Reize. Zur Aufrechterhaltung aller körperlichen Funktionen bedarf es insofern selbst in völliger Ruhe einer bestimmten Energiemenge, dem Grundumsatz. Sofern der Körper durch gesteigerte Aktivität zusätzlich Energie benötigt, steigt der Umsatz. Diese zusätzliche Energie ist der Leistungsumsatz. Er kann den Grundumsatz um ein Vielfaches übersteigen. Bei extremem Ausdauersport kann er sogar auf das 15-Fache des Grundumsatzes anwachsen.

1 **A** Erläutere die in ▶ Bild 2 dargestellten Zusammenhänge.
B Stelle diese Zusammenhänge in einer Concept-Map dar.

2 Erkläre, welche körperlichen Prozesse bei den jugendlichen Marathonläufern in ▶ Bild 1 gegenüber ruhenden Alterskameraden angestoßen werden.

3 Beurteile, ob das Sprichwort „Wer rastet, der rostet!" grundsätzlich gilt.

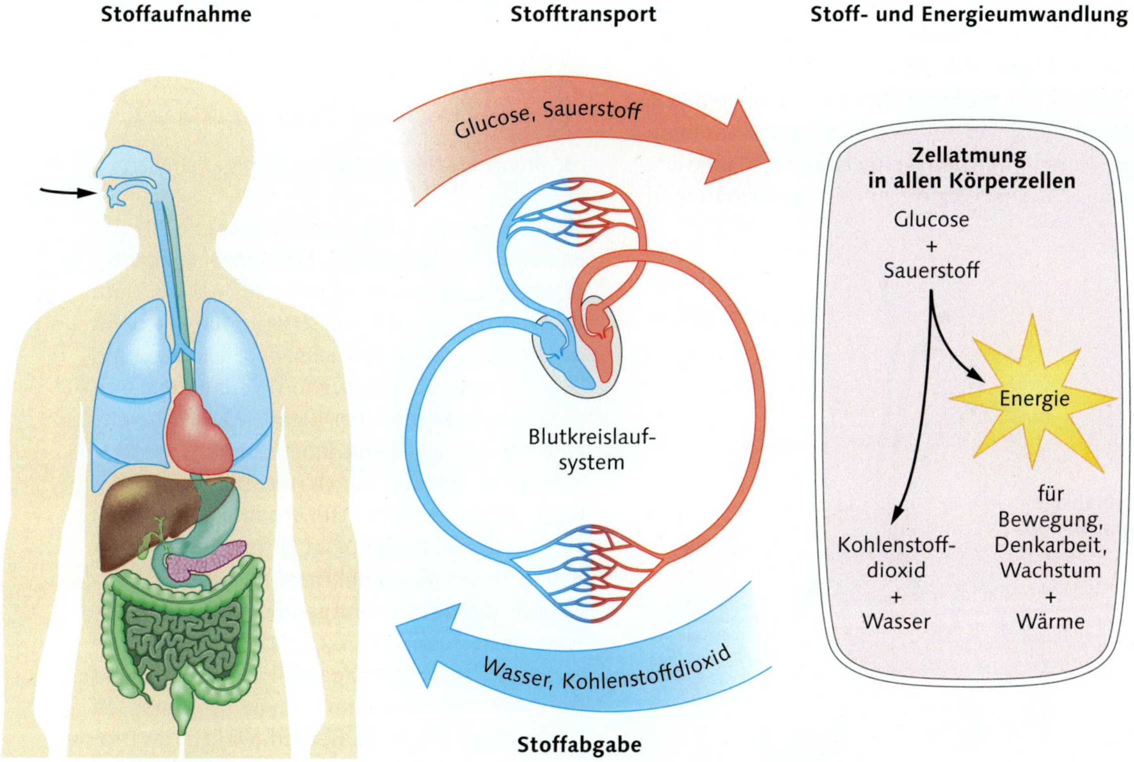

2 Der Stoffwechsel als Motor

Rauchen – eine weitverbreitete Sucht

1 Raucherbereich

Tabakkonsum und seine Folgen In Deutschland rauchen aktuell ein Viertel der Jugendlichen und mehr als ein Drittel der Erwachsenen, obwohl das Rauchen ernsthafte Gefahren birgt: Jährlich sterben über 100 000 Raucher in Deutschland an den Folgeerkrankungen des Rauchens.
80–90 % der Krebserkrankungen im Bereich der Atemwege gehen auf den Tabakrauch zurück. Der Rauch enthält mindestens 4000 Schadstoffe, von denen ca. 50 extrem krebserregend sind. Zudem enthält Tabakrauch Teer, der sich in der Lunge absetzt ▶ Bild 2. Er verklebt die Flimmerhärchen, die die Bronchien auskleiden ▶ Bild 3. Durch die Schadstoffe im Tabakrauch verlieren die Flimmerhärchen weitgehend ihre Funktion, sodass Krankheitserreger leichter eindringen können. In der Lunge führt dies beispielsweise zu einer übermäßigen Schleimbildung. Der Körper versucht mithilfe des Schleims, die Schadstoffe auszuscheiden.
Auch Asthma oder chronische Bronchitis sind typische Erkrankungen der Atemwege, die sich oftmals auf das Rauchen zurückführen lassen. Das beim Verbrennen des Tabaks entstehende Kohlenstoffmonooxid wirkt als starkes Atemgift. Es bindet an das Hämoglobin der roten Blutkörperchen, sodass diese weniger Sauerstoff transportieren können. Aufgrund des entstehenden Sauerstoffmangels in den Zellen können sich Konzentrationsstörungen sowie eine geringere körperliche Leistungsfähigkeit zeigen. Schlimmstenfalls sterben Zellen ab.

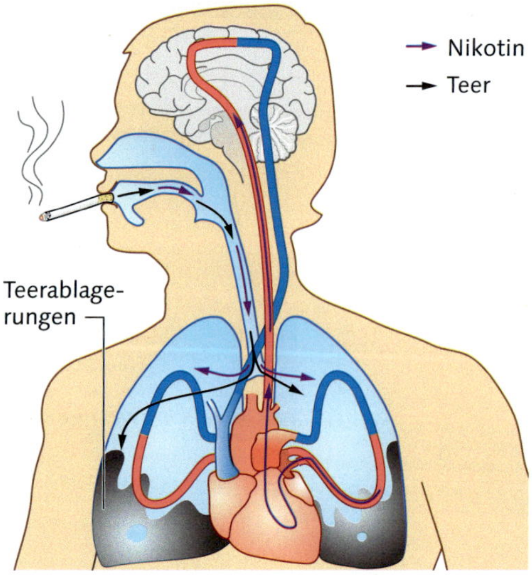

2 Wege von Nikotin und Teer im Körper

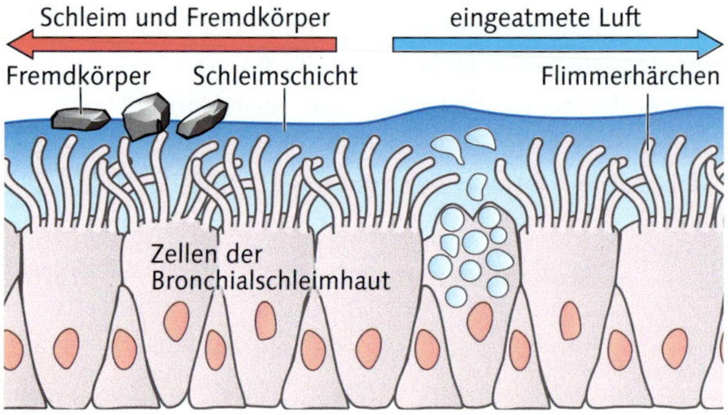

3 Bronchialschleimhaut mit Flimmerhärchen

Nikotin Das im Tabakrauch enthaltene Nikotin ist ein starkes Nervengift. Eine einzelne Zigarette enthält bis zu 13 mg Nikotin, wovon beim Rauchen zwischen 1 und 2 mg in die Blutbahn übertreten. Beim Erwachsenen wirken rund 50 mg Nikotin tödlich, wenn sie auf einmal aufgenommen werden. Für Kleinkinder ist bereits eine Menge von 6 mg lebensbedrohlich. Deshalb ist es sehr gefährlich, wenn kleine Kinder herumliegende Zigarettenstummel, in denen sich Reste des Nikotins im Filter angesammelt haben, in den Mund nehmen.
Nikotin verengt die Blutgefäße, sodass Körperteile nicht mehr ausreichend mit Sauerstoff versorgt werden. Schlaganfall, Herzinfarkt und Durchblutungsstörungen sowie Thrombosen sind häufige Folgen. Außerdem wirkt es als Droge. Drogen beeinflussen das Bewusstsein und die Wahrnehmung.

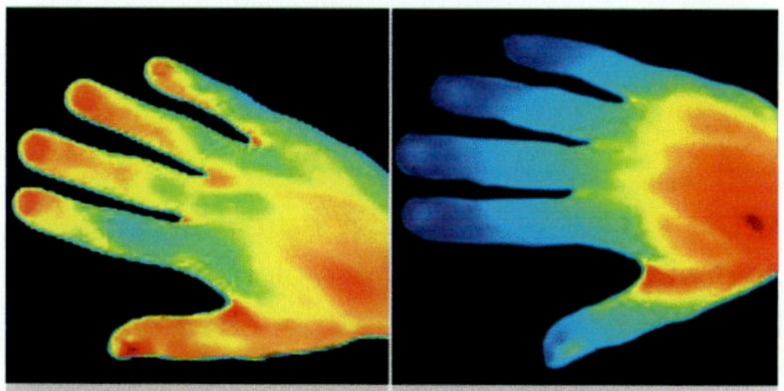

4 Thermobilder der Hand

Der Tabakpflanze dient Nikotin als Gift gegen Insektenfraß. Für den Menschen ist es nicht nur giftig, sondern es macht auch abhängig. Von Nikotin abhängig zu sein bedeutet, dass sich das Verhalten, der Stoffwechsel und das Denken des Betroffenen verändern: Es stellt sich ein wachsendes, zum Teil sogar zwanghaftes Verlangen nach weiterem Konsum von Zigaretten ein. Man bezeichnet diesen Zustand als Sucht.

Passivrauchen Die Schadstoffe im eingeatmeten Rauch bergen nicht nur für den Raucher Gefahren, sondern auch für seine Mitmenschen, die ihn ebenfalls einatmen. In Deutschland sterben nachweislich jährlich ca. 3000 Passivraucher an den Folgen des Tabakkonsums anderer.

1 Nenne typische Folgen des Rauchens.

2 Das ▶ Bild 2 zeigt die Flimmerhärchen in den Bronchien.
A Erkläre anhand der Abbildung, wie Fremdkörper oder Erreger nach außen befördert werden.
B Beschreibe, wie die Flimmerhärchen durch das Rauchen in ihrer Funktion beeinträchtigt werden.

3 Obwohl Ärzte mit Nachdruck vor dem Rauchen warnen, sieht man häufig Jugendliche, die rauchen. Sie lassen sich von den Warnungen nicht abschrecken.
Nenne kurz- und langfristige gesundheitliche Gefahren, die für den Raucher und sein Umfeld mit dem Rauchen verbunden sind.

4 Die Thermogramme in ▶ Bild 4 sind mit einer Wärmebildkamera aufgenommen worden.
A Beschreibe die abgebildeten Thermogramme.
B Stelle begründete Vermutungen auf, welches Thermogramm einem Menschen vor bzw. nach dem Konsum einer Zigarette zugeordnet werden kann.
C Erkläre, wie es zu den Abweichungen zwischen beiden Bildern kommt.

Material Methode Praxis

Die Sucht des Rauchens hinterfragen

Abgeschlafft kommt Jan aus der Schule heraus. Mit hängendem Kopf geht er auf seinen Freund Luca zu, der auf ihn wartet. Dieser schmunzelt und hält ihm auffordernd eine Zigarettenschachtel entgegen. Jan greift zu und steckt sich die Zigarette an.

5 Beschreibe anhand des Diagramms in ▶ Bild 5, warum Jugendliche sich zum Rauchen verleiten lassen.

6 **A** Nenne Gründe, warum Jan zugreift.
B Nenne weitere Gründe, die Jugendliche bewegen zu rauchen.

7 Interviewe einen ehemaligen Raucher im Hinblick auf seine Erfahrungen mit dem Rauchen. Ziehe Schlussfolgerungen.

8 Überprüfe alle Argumente für und gegen das Rauchen und gewichte sie.

9 Stelle in einer Diskussionsrunde in der Klasse deinen persönlichen Standpunkt zum Rauchen dar.

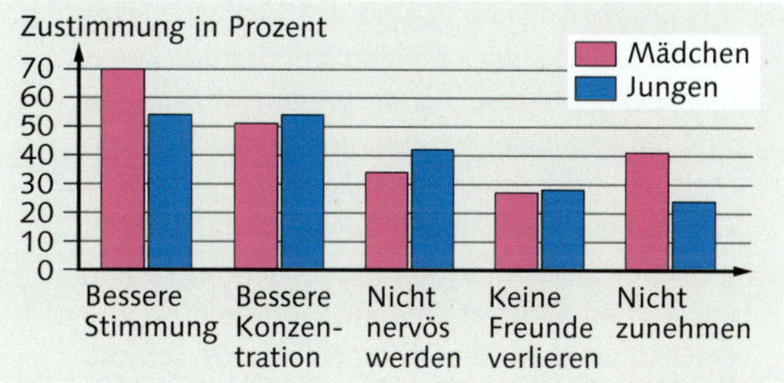

5 Gründe fürs Rauchen

Zusammenfassung

Kompartimentierung

Unter dem Begriff Verdauung werden alle Vorgänge zusammengefasst, die den schrittweisen Abbau von Nährstoffen auf ihrem Weg durch das Verdauungssystem beschreiben. Im Mund beginnt bereits die Verdauung der Kohlenhydrate durch das Enzym Amylase. Im Magen und auch im Dünndarm befinden sich unterschiedliche Enzyme, die Fette in Fettsäuren und Glycerin sowie Proteine in Aminosäuren spalten. Im Magen ist dafür eine saure Umgebung notwendig, die durch die Magensäure hergestellt wird. Im Dünndarm finden Verdauungsvorgänge statt, die bei einer sauren Umgebung nicht ablaufen könnten. Die Einteilung des Verdauungssystems in verschiedene Bereiche, die Kompartimente, ermöglicht es, diese unterschiedlichen Bedingungen zu schaffen ▶ Bild 1.

Zur selben Zeit können verschiedene Vorgänge ablaufen, ohne sich gegenseitig zu beeinflussen. Diese Einteilung in verschiedene Reaktionsräume umschreibt das Basiskonzept *Kompartimentierung*.

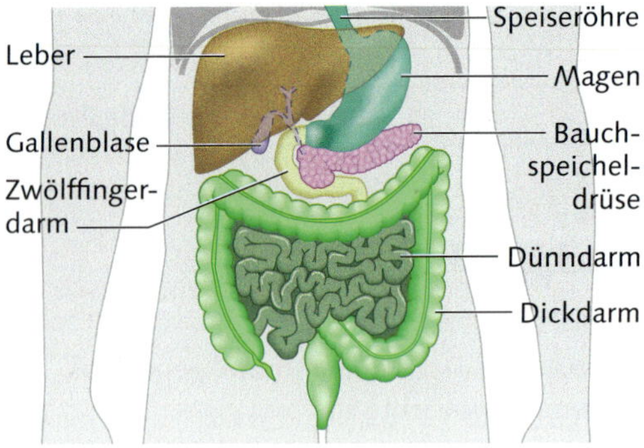

1 Kompartimente des Verdauungssystems

Struktur und Funktion

Das Enzym Amylase spaltet den Vielfachzucker Stärke bereits beim Kauen im Mund in den Zweifachzucker Maltose. Für die weitere Verdauung sind andere Enzyme notwendig, da Amylase Maltose nicht umwandeln kann. Enzyme sind substratspezifisch und können nur das jeweils passende Substrat umwandeln. Man sagt auch, Enzym und Substrat passen zusammen, so wie ein Schlüssel in sein entsprechendes Schloss passt. Enzymreaktionen sind ein Beispiel für das Schlüssel-Schloss-Prinzip.

Die Lunge ist das zentrale Atmungsorgan des Menschen. Die Einatemluft gelangt durch die Luftröhre in die Bronchien und Bronchiolen und schließlich in die winzig kleinen Lungenbläschen. Hier findet der Gasaustausch statt: Über die Oberfläche der Lungenbläschen gelangt Sauerstoff aus der Einatemluft in das Blut und Kohlenstoffdioxid aus dem Blut in die Lunge. Aufgrund der Anzahl und Größe der Lungenbläschen ergibt sich eine Gesamtoberfläche von $100\ m^2$ für beide Lungenflügel. Diese enorme Oberfläche begünstigt den Gasaustausch, da zur selben Zeit zahlreiche Sauerstoff- und Kohlenstoffdioxidteilchen an den Lungenbläschen ausgetauscht werden können.

Die Lungenbläschen sind ein Beispiel für das Prinzip der Oberflächenvergrößerung ▶ Bild 2. Beide biologischen Prinzipien werden im Basiskonzept *Struktur und Funktion* zusammengefasst.

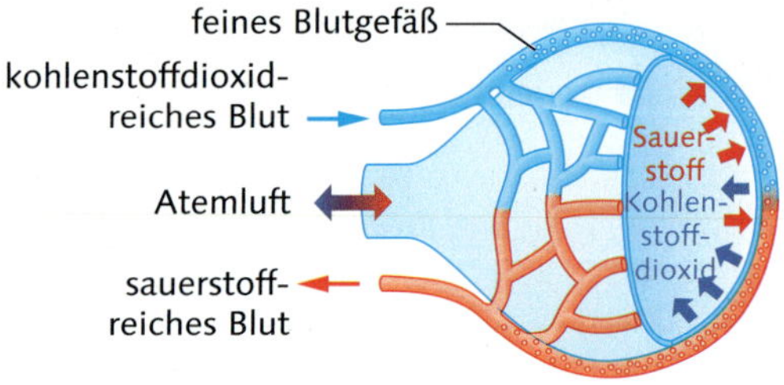

2 Lungenbläschen

Stoff- und Energieumwandlung

Bei der Verdauung werden energiereiche Stoffe, die wir mit unserer Nahrung zu uns nehmen, schrittweise abgebaut und ihre Einzelbausteine den Zellen für die Zellatmung zur Verfügung gestellt. Der für die Zellatmung notwendige Sauerstoff wird mit dem Blutkreislaufsystem von der Lunge zu den Körperzellen transportiert. Unser zentrales Organ, das Herz, sichert eine kontinuierliche Versorgung mit Sauerstoff. Nur durch das erfolgreiche Zusammenspiel zwischen Atmung, Blutkreislaufsystem und Verdauung ist es uns möglich, unserer Nahrung Energie zu entziehen, sie umzuwandeln und für körpereigene Vorgänge zu nutzen.

Das Basiskonzept *Stoff- und Energieumwandlung* umschreibt diese lebensnotwendigen Prozesse.

Teste dich!

1 Sport hat vielfältige Auswirkungen auf den Körper.
A Erkläre, warum eine Profisportlerin einen deutlich höheren Energiebedarf als eine Büroangestellte hat.
B Beschreibe die Anpassungsreaktionen, die im Herz-Kreislauf-System erfolgen, wenn man über Jahre hinweg Ausdauersport betreibt.

2 Janas Mutter gibt ihrer Tochter immer ein Schulfrühstück mit. Am Mittwoch, an dem sie einen 6-Stunden-Tag hat, gibt die Mutter ihr einen Joghurt mit Bircher Müsli, einen Apfel, einen Schokomuffin und eine Apfelschorle mit. In der Schule schenkt Jana ihr Frühstück ihrer Freundin und kauft sich eine Käsestange und einen Eistee.
A Vergleiche die beiden Mahlzeiten hinsichtlich ihrer Nährstoffzusammensetzung ▶ Tabellen.
B Beschreibe, wie man die Nährstoffe nachweisen kann.
C Begründe, welches der beiden Frühstücke den Empfehlungen für eine ausgewogene Mahlzeit entspricht.

Mitgebrachtes Frühstück

	Proteine in g	Kohlenhydrate in g	Fette in g
Bircher Müsli (50 g)	6	30	5
Vollmilchjoghurt (150 g)	5,9	8,1	5,7
Apfel (100 g)	0,3	11,4	0,6
Schokomuffin (50 g)	2,5	23,0	13
Apfelschorle (250 ml)	0,2	19,5	0,2
Summe	14,9	92,0	24,5

Eingetauschtes Frühstück

	Proteine in g	Kohlenhydrate in g	Fette in g
Käsestange (150 g)	25,8	62,1	17
Eistee (250 ml)	0,0	23,5	0
Summe	25,8	84,6	17

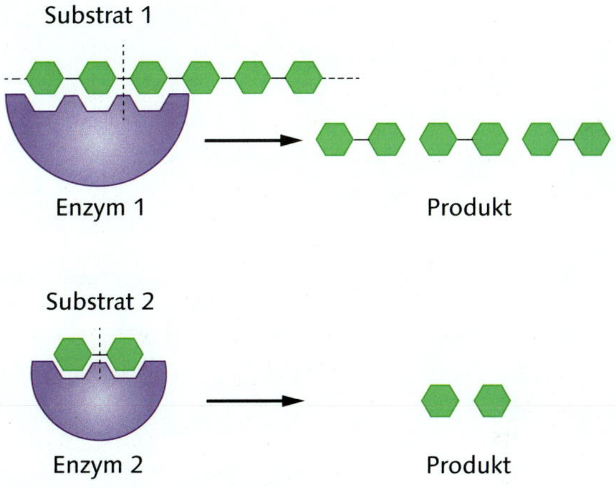

3 Wirkung von Enzymen

3 Enzyme sind Biokatalysatoren.
A Erläutere die Substratspezifität von Enzymen.
B Erkläre die Funktion der Verdauungsenzyme anhand von ▶ Bild 3.

4 Erläutere das Basiskonzept Kompartimentierung am Beispiel des Verdauungssystems.

5 Beschreibe den doppelten Blutkreislauf beim Menschen anhand von ▶ Bild 4.

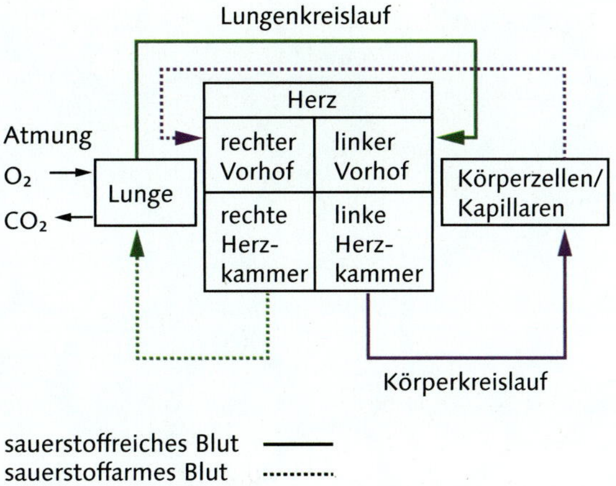

4 Herz-Kreislauf-System

6 **A** Beschreibe die Vorgänge, die nach einer Einatmung in der Lunge erfolgen.
B Erkläre das Prinzip der Oberflächenvergrößerung am Beispiel der Lungenbläschen ▶ Bild 2.
C Wende das Prinzip auf den Dünndarm an.

▶ Die Lösungen zu den Aufgaben findest du im Anhang.

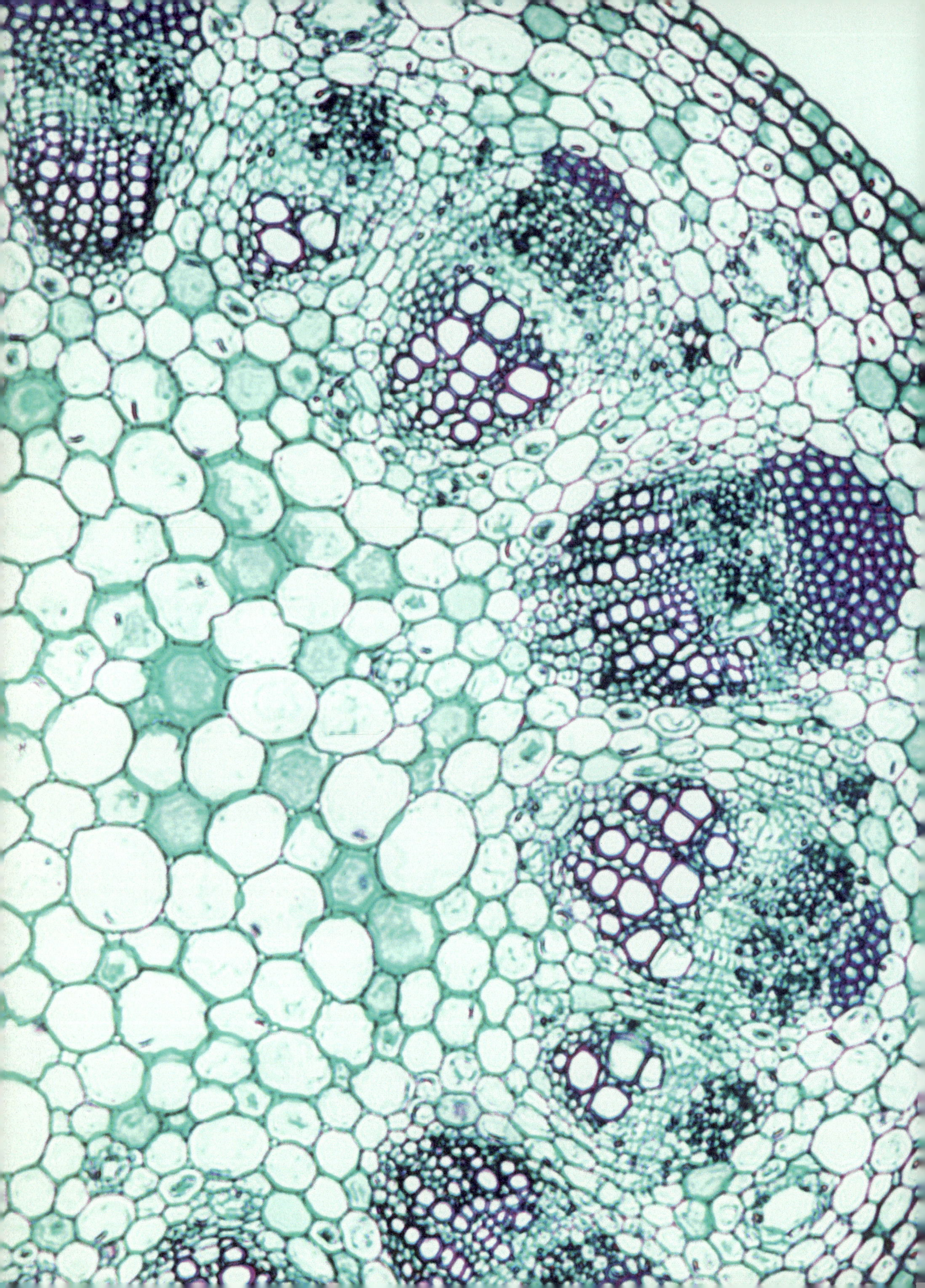

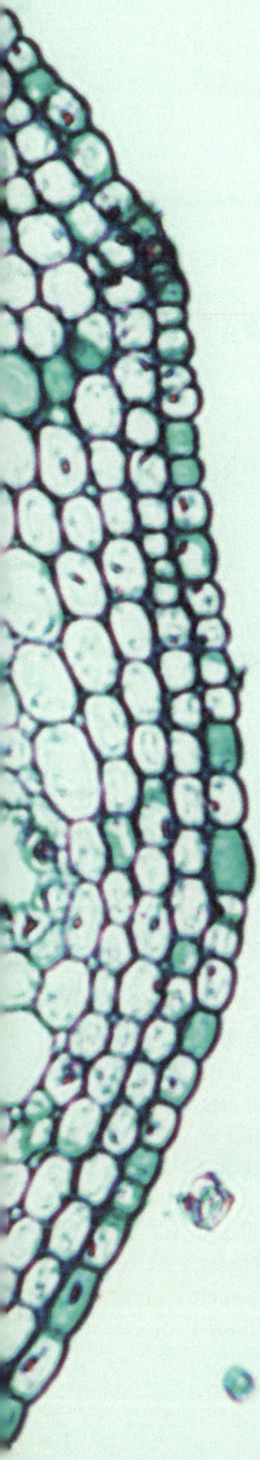

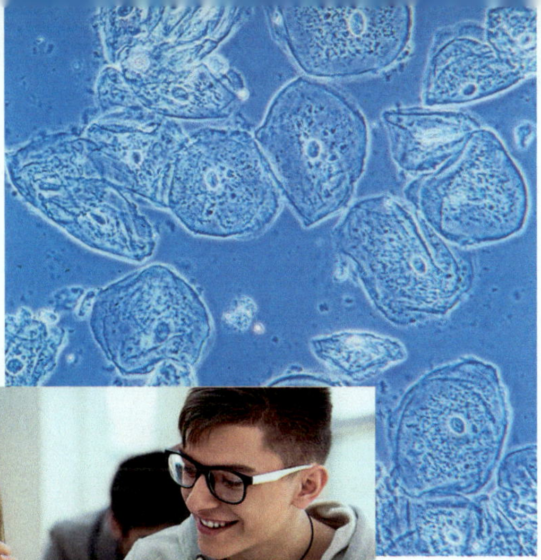

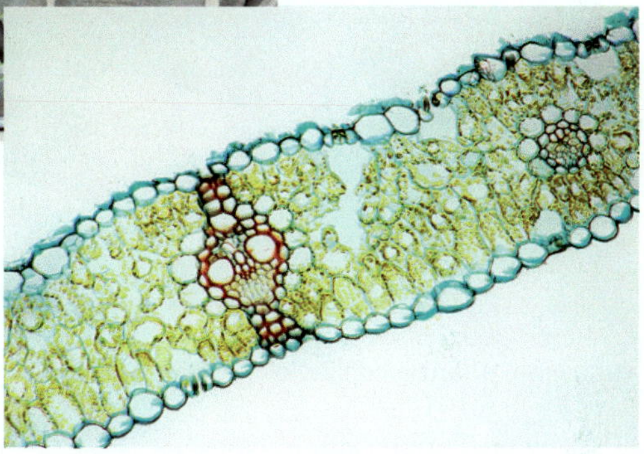

Lebewesen bestehen aus Zellen

Naturwissenschaftler interessierten sich schon immer für die kleinsten Strukturen von Lebewesen. Deshalb erfanden sie das Mikroskop. Mit dem Mikroskop kann man die Grundeinheiten der Lebewesen, die Zellen, betrachten und untersuchen. Alle Zellen haben den gleichen Grundbauplan. Pflanzliche und tierliche Zellen unterscheiden sich aber in ihren Bestandteilen. Je nach ihrer Funktion besitzen Zellen eine unterschiedliche Struktur.

Zellen – Grundbausteine aller Lebewesen

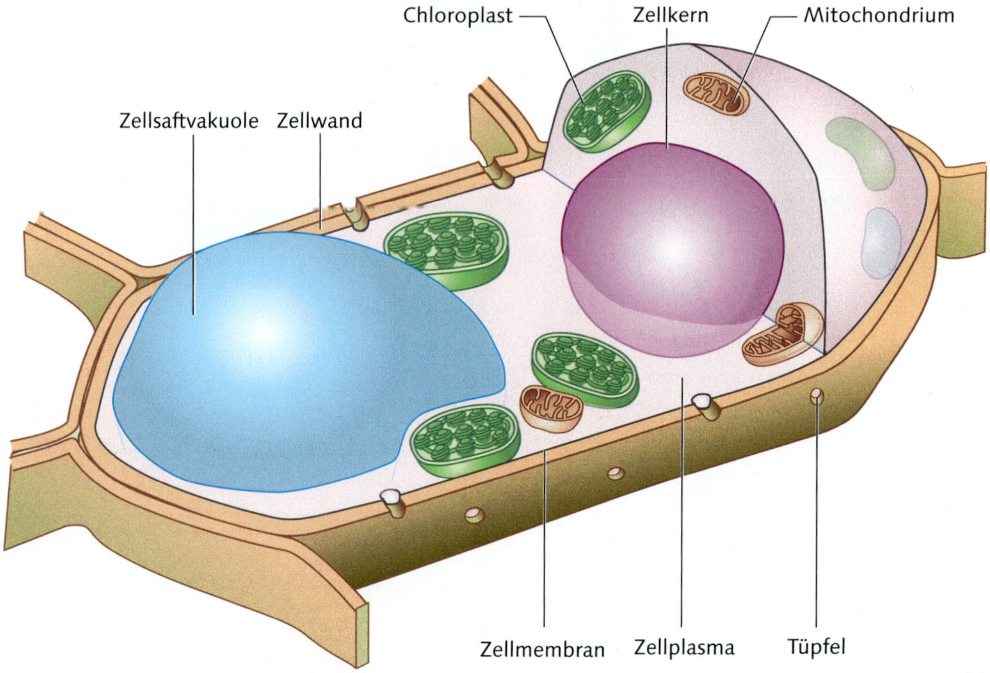

1 Schema einer pflanzlichen Zelle

Aufbau aus Zellen Alle Lebewesen sind aus Zellen aufgebaut. Diese Eigenschaft zählt zu den Kennzeichen des Lebens.

Zellen bilden die Grundeinheiten eines Lebewesens. Sie sind sehr klein und mit dem bloßen Auge nicht zu erkennen. Wenn man 20 Zwiebelzellen aneinanderreiht, haben sie eine Länge von etwa 1 mm. Biologen benutzen deshalb ein Lichtmikroskop, um die Zellen ausreichend zu vergrößern und somit sichtbar zu machen.

Pflanzliche Zellen bestehen aus der Zellwand, der Zellmembran, dem Zellplasma und verschiedenen Zellorganellen ▶ Bild 1.

Zellbestandteile Die *Zellwand* umgibt die Zelle, sie schützt und stützt sie. Bei Pflanzen ist sie aus Cellulose aufgebaut. Die Zellen sind über *Tüpfel* verbunden. Das sind Aussparungen in der Zellwand. Dadurch können Zellen Stoffe untereinander austauschen. Tierliche Zellen besitzen keine Zellwand.

Die *Zellmembran* von Pflanzenzellen liegt der Zellwand von innen an. Bei tierlichen Zellen bildet sie eine Begrenzung nach außen. Sie ermöglicht aber aufgrund ihres Aufbaus den Stoffaustausch mit Nachbarzellen.

Das *Zellplasma* ist die Grundsubstanz der Zelle. Es besteht zum größten Teil aus Wasser und befindet sich in ständiger Bewegung. Man bezeichnet dies als *Plasmaströmung*.

Zellorganellen Die *Zellorganellen* sind kleine Funktionseinheiten. In diesen voneinander abgetrennten Reaktionsräumen finden unterschiedliche Stoffwechselreaktionen statt. Solche Reaktionsräume nennt man *Kompartimente*. Zu den pflanzlichen Zellorganellen gehören der Zellkern, die Chloroplasten, die Mitochondrien, die Zellsaftvakuole und andere noch kleinere Bestandteile.

Die *Zellsaftvakuole* ist der Wasserspeicher der Zelle. Zusammen mit der Zellwand sorgt sie für die Stabilität der Zellen. Zellwand und Zellsaftvakuole sind Gegenspieler: Durch Wassereinlagerungen baut die Vakuole einen Druck auf, dem die Zellwand entgegenwirkt. So sorgt sie dafür, dass die Zelle nicht platzt. In der Zellsaftvakuole werden verschiedene Stoffe gelagert, z. B. Farb- und Abfallstoffe. Aber es werden auch giftige Substanzen gespeichert, die der Pflanze als Schutz gegen Fressfeinde dienen.

Der *Zellkern* enthält die komplette Erbinformation eines Lebewesens. Er übernimmt die Aufgabe einer Steuerzentrale in der Zelle.

Chloroplasten gibt es nur in pflanzlichen Zellen. Sie enthalten den Farbstoff Chlorophyll, der den Blättern ihre grüne Farbe verleiht. Mithilfe des Chlorophylls nehmen die Pflanzen die Energie des Sonnenlichts auf und bilden energiereichen Traubenzucker. Diese Stoffwechselreaktion nennt man Fotosynthese. In oberirdischen Pflanzenteilen, die von der Sonne bestrahlt werden, findet man zahlreiche Chloroplasten.

Die *Mitochondrien* wandeln in den Zellen Traubenzucker mithilfe von Sauerstoff in Wasser und Kohlenstoffdioxid um. Dabei wird Energie bereitgestellt. Diese Stoffwechselreaktion nennt man Zellatmung. Da die Mitochondrien für die Energiebereitstellung zuständig sind, bezeichnet man sie oft als „Kraftwerke der Zelle". Da sie sehr klein sind, kann man sie mit dem Lichtmikroskop nicht sehen.

Zelle ist nicht gleich Zelle Die beschriebene Zelle (▶ Bild 1) entspricht dem Grundbauplan. Zellen besitzen je nach Funktion ein unterschiedliches Erscheinungsbild und eine unterschiedliche Ausstattung an Zellorganellen. So haben Zellen der Laubblätter besonders viele Chloroplasten und sind so an ihre Funktion, Fotosynthese zu betreiben, angepasst.

Im Gegensatz zu pflanzlichen Zellen besitzen tierliche Zellen keine Zellwand, keine Zellsaftvakuole und keine Chloroplasten. Aber auch tierliche Zellen sind spezialisiert. Beispielsweise benötigen Muskelzellen besonders viel Energie, in ihnen sind sehr viele Mitochondrien vorhanden.

1 Nenne die Zellbestandteile und ordne ihnen eine Funktion zu. Fertige dazu eine Tabelle an.

2 **A** Beschreibe den Aufbau der Zellen in ▶ Bild 2.
B Stelle begründete Vermutungen über die jeweilige Funktion dieser Zellen auf.

3 Eine Stadt kann Modell für eine Zelle stehen. In einer Stadt gibt es ein Rathaus, eine Mülldeponie, die Stadtmauer mit Toren und natürlich ein Kraftwerk.
A Nenne die Funktionen der jeweiligen Gebäude.
B Vergleiche die Stadt mit einer Zelle.

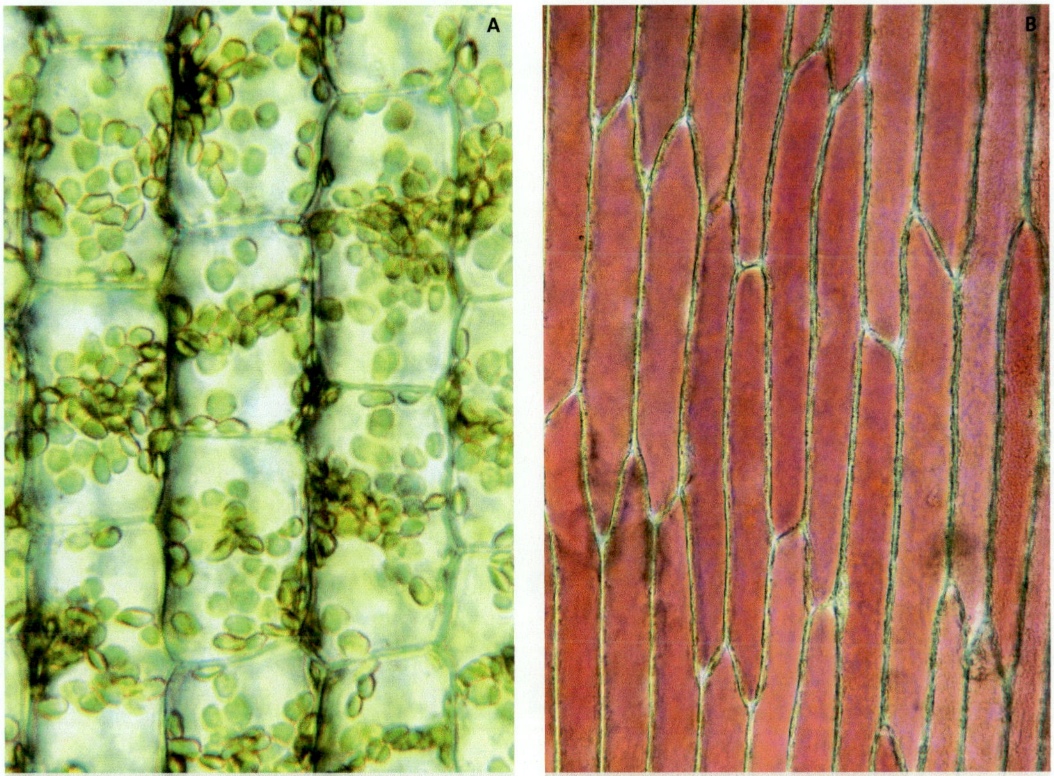

2 Pflanzliche Zellen unter dem Mikroskop

Vergleich von Tier- und Pflanzenzelle

Biologen gewinnen Erkenntnisse häufig durch systematische Vergleiche. Am Anfang des Vergleichs steht meistens eine Frage, die man mithilfe des Vergleichs zu beantworten versucht. Im ersten Schritt überlegt man sich geeignete Vergleichskriterien. Anschließend sucht man anhand der Kriterien Gemeinsamkeiten und Unterschiede. Zum Schluss sollte man die Frage vom Anfang beantworten können.

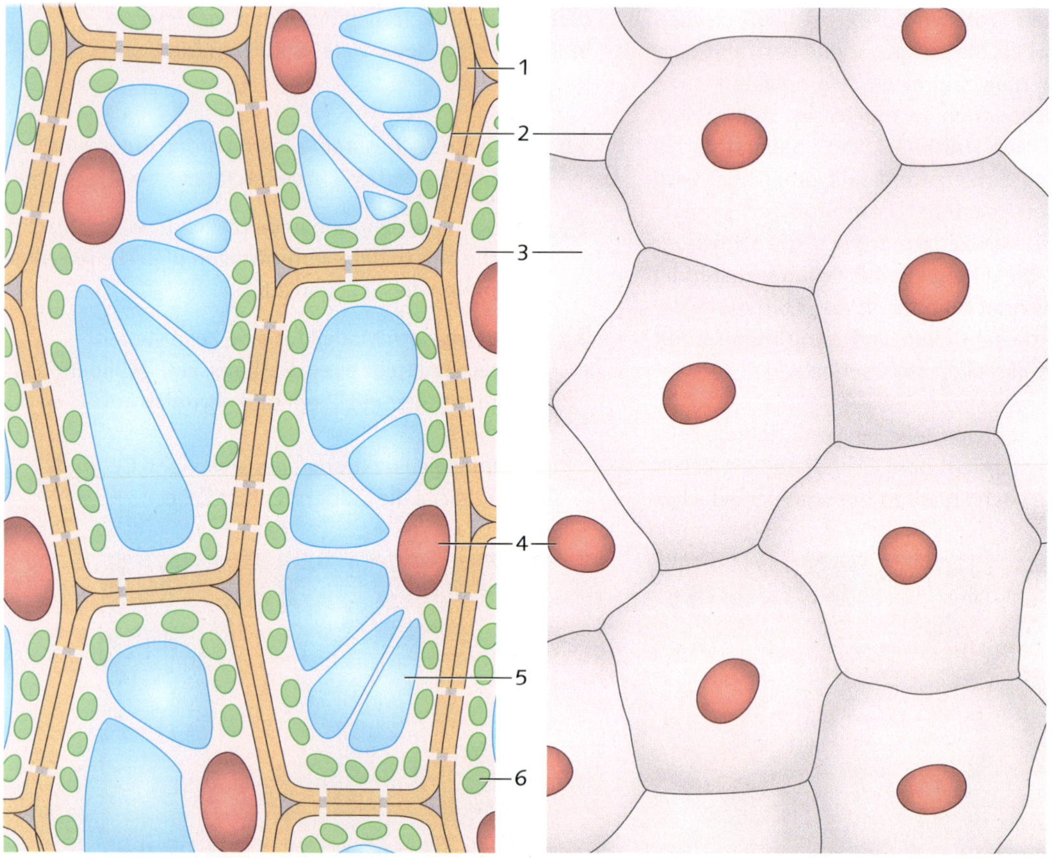

1 Tierliche und pflanzliche Zellen

In ▶Bild 1 sind verschiedene Zellen dargestellt, wie man sie ähnlich unter dem Mikroskop sehen könnte. Die Zellen sind daher nicht räumlich, sondern zweidimensional gezeichnet. Die einen Zellen gehören zu einem pflanzlichen Organismus, die anderen zeigen tierliche Zellen.

1 Benenne die mit Ziffern bezeichneten Strukturen in ▶Bild 1.

2 Worin unterscheiden sich Tier- und Pflanzenzellen? Vergleiche die beiden Zellen.
- **A** Finde zunächst Kriterien für den Vergleich. Gehe systematisch vor.
- **B** Notiere Gemeinsamkeiten, dann Unterschiede.
- **C** Gib die Funktion der Zellbestandteile an. Abschließend kannst du die am Anfang gestellte Frage beantworten.

3 Es gibt auch Pflanzenzellen ohne Chloroplasten. Stelle Hypothesen auf, in welchen Pflanzenteilen diese zu finden sind.

4 Erläutere, welche Zellbestandteile in einer Zelle immer vorhanden sein müssen.

Mit Modellen arbeiten – Modelle von Zellen

Modelle sind vereinfachte Abbilder der Wirklichkeit und bilden immer nur ausgewählte Eigenschaften des Originals ab. Entweder wird nur ein bestimmter Teil des Originals gezeigt, wie bei einem Modell des Skeletts. Oder das Modell veranschaulicht die Funktionsweise, z. B. die Bewegung beim Gelenk- oder Wirbelsäulenmodell. Man kann Modelle auch einsetzen, wenn das Original sehr klein und mit bloßem Auge nicht sichtbar ist, so wie die Zelle. Mit Zellmodellen kann man mikroskopische Strukturen sichtbar machen, indem man sie vergrößert und dreidimensional, also räumlich darstellt.

Mit einem Zellmodell arbeiten

Bild 2 zeigt dir ein Beispiel für ein selbst gebautes Zellmodell.

Schritt 1 Beschreibe das Modell. Überlege dir, welche Materialien welche Bestandteile einer Zelle darstellen.

Schritt 2 Vergleiche das Modell mit dem Original. Beschreibe Gemeinsamkeiten und Unterschiede.

Schritt 3 Erläutere, wozu das Modell dient.

Schritt 4 Zeige die Grenzen des Modells auf.

Ein Zellmodell anfertigen

Fertige nun selbst ein Zellmodell an, indem du dir zunächst geeignete Materialien suchst.

Material: Eine kleine Auswahl von Materialien findest du in ▶ Bild 3. Du kannst aber auch andere Materialien verwenden. Orientiere dich an geeigneten Auswahlkriterien.

Durchführung:

1. Überlege dir, welche Zellbestandteile du darstellen kannst. Beachte auch die Größenverhältnisse.
2. Baue nun ein Zellmodell.

2 Zellmodell

3 Mögliche Materialien für ein Zellmodell

Kleine Dinge ganz groß – Mikroskopieren

1 Wasserpest in verschiedenen Betrachtungsebenen

Historische Mikroskope Schon früh interessierten sich Wissenschaftler für die kleinsten Strukturen von Lebewesen. Sie hatten den Wunsch, diese sichtbar zu machen. In der Folge wurden die unterschiedlichsten Sehhilfen entwickelt. Mithilfe von Sammellinsen aus Glas konnten Objekte vergrößert betrachtet werden.

Je stärker die Wölbung einer Linse ist, desto höher ist die Vergrößerung. Dieses Prinzip findet man in Lupen. Erste einfache Lupen erreichten 20-fache Vergrößerungen ▶ Bild 1B. Aber bald war eine einfache Lupe nicht mehr ausreichend und Forscher überlegten, wie sie noch kleinere Strukturen erkennen könnten.

So ist die Erfindung des Mikroskops auf dem Wunsch begründet, möglichst kleine Einzelheiten sehen zu können ▶ Bild 1C. Im 16. Jahrhundert entstanden die ersten Mikroskope. In ihnen wurden mehrere Linsen hintereinandergeschaltet und sie erreichten damit Vergrößerungen bis zum 270-Fachen.

Einer dieser Wissenschaftler, ROBERT HOOKE, nutzte das Mikroskop und entdeckte Strukturen in einer Korkscheibe, die er Zellen nannte. Ein anderer Wissenschaftler dieser Zeit, ANTONI VAN LEEUWENHOEK, beobachtete mit seinem Mikroskop zum ersten Mal in der Geschichte Spermienzellen.

Bis zum heutigen Tag werden Mikroskope immer weiterentwickelt.

Aufbau des Lichtmikroskops Moderne Lichtmikroskope besitzen grundsätzlich den gleichen Aufbau ▶ Bild 2.

Das Mikroskop steht auf einem Fuß, in ihm befindet sich die Lampe. Von dort aus fällt das Licht durch eine Blende, die den Kontrast des Bildes verändert. Das zu untersuchende Objekt befindet sich auf einem Objektträger aus Glas. Dieser wird auf den Objekttisch gelegt. Um ein Objekt im Mikroskop betrachten zu können, muss es optimal ausgeleuchtet sein. Das Licht durchleuchtet von unten das Objekt und trifft dann auf die Objektivlinsen in den Objektiven. Diese sorgen für eine erste Vergrößerung.

Es gibt verschiedene Objektive mit einer jeweils anderen Vergrößerung. Sie sind beweglich an einem Objektivrevolver angebracht. Schließlich gelangt das Licht durch die Linsen des Okulars,

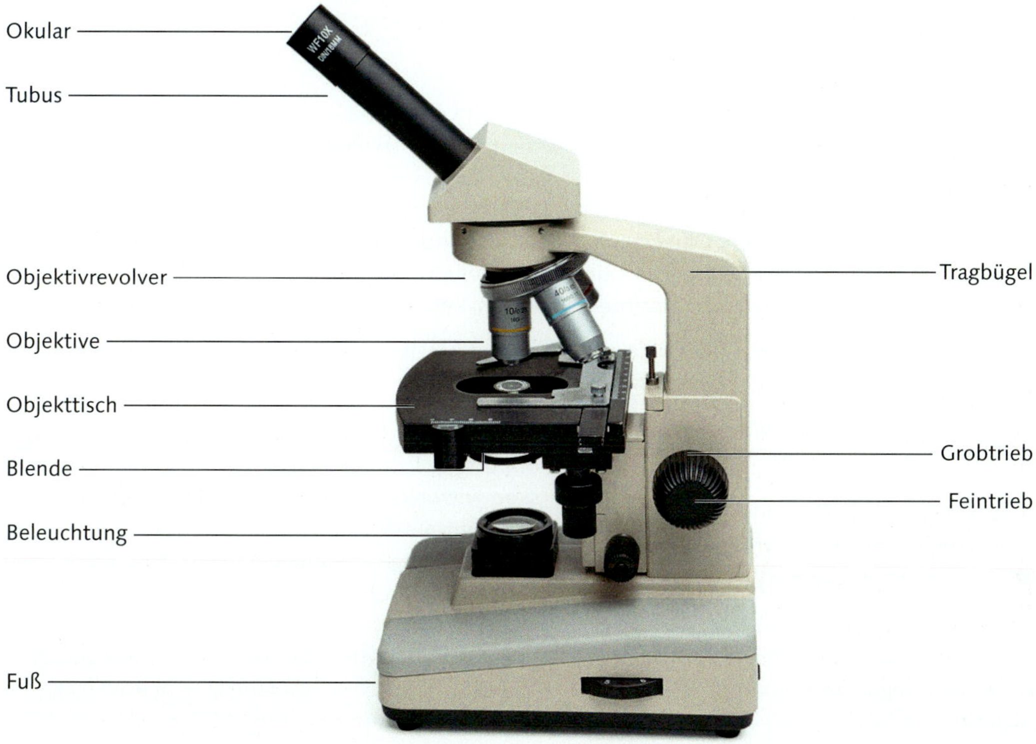

2 Aufbau eines Lichtmikroskops

die für eine weitere Vergrößerung sorgen. Wenn man durch das Okular schaut, sieht man das nochmals vergrößerte Bild des Objekts.

Vergrößerung Die Gesamtvergrößerung errechnet sich aus dem Produkt der Vergrößerungen des Objektivs und des Okulars. Wie stark Objekte vergrößert werden, steht jeweils auf dem Okular und den Objektiven ▶ Bild 3. Die erste Zahl auf dem Objektiv gibt die Vergrößerung an. Die anderen Zahlen geben weitere Auskünfte über das Mikroskop mit diesem Objektiv, z. B. steht die 160 für die Tubuslänge in Millimetern, die ein Mikroskop mit diesem Objektiv haben muss.

3 Verschiedene Objektive

Mikroskopische Präparate Ein Objekt, das man mit dem Mikroskop betrachten will, muss sehr dünn sein, damit das Licht es durchdringen kann. Beim Wasserpestblättchen ist dies der Fall ▶ Bild 1. Viele andere Objekte muss man vorbehandeln, z. B. indem man sehr dünne Schnitte von ihnen anfertigt. Biologische Objekte werden meist in einen Wassertropfen auf den Objektträger gegeben und mit einem Deckgläschen abgedeckt. Ein für die mikroskopische Untersuchung vorbereitetes Objekt bezeichnet man als *Präparat*.

1. Beschreibe die Strukturen eines Wasserpestblättchens, die man mit dem bloßen Auge und mit den verschiedenen Hilfsmitteln sehen kann ▶ Bild 1.

2. Benenne die Teile eines Mikroskops und gib tabellarisch ihre Funktion an.

3. Berechne, welche Gesamtvergrößerungen mit einem Okular mit 4-facher Vergrößerung und den Objektiven in ▶ Bild 3 möglich sind.

Mikroskopieren

Mikroskopieren ist eine wichtige wissenschaftliche Methode. Mit dem Lichtmikroskop kann man auch sehr kleine Strukturen wie einzelne Zellbestandteile sichtbar machen und betrachten.

Es ist wichtig, stets sauber zu arbeiten. Objektträger und Deckgläschen müssen sauber und trocken sein. Beim Mikroskopieren sind einige Regeln zu beachten:

Schritt 1 Bringe den Objekttisch mithilfe des Grobtriebs ganz nach unten.

Schritt 2 Lege das vorbereitete Präparat auf den Objekttisch.

Schritt 3 Beginne grundsätzlich mit dem schwächsten Objektiv. Drehe am Objektivrevolver, bis das schwächste Objektiv eingeschwenkt ist.

Schritt 4 Suche das Präparat und stelle das Objekt scharf, indem du am Grobtrieb drehst. Ist das Präparat im Sehfeld sichtbar, reguliere mit dem Feintrieb die optimale Schärfe.

Schritt 5 Schließe und öffne die Blende für einen guten Kontrast.

Schritt 6 Gehe vom kleinsten zum größten Objektiv und stelle gegebenenfalls die Schärfe nach.

Schritt 7 Lass beim Mikroskopieren möglichst beide Augen geöffnet.

Schritt 8 Fertige von jedem Objekt Skizzen mit Beschriftung an (Arbeitsauftrag).

Bestimmung des Sichtfelddurchmessers

Um eine Vorstellung davon zu bekommen, wie groß die zu mikroskopierenden Objekte sind, kann man die Größe des Sichtfeldes bestimmen. Man berechnet dabei den Durchmesser des runden, beleuchteten Flecks, den man sieht, wenn man ins Okular schaut.

Material: Mikroskop, transparentes Millimeterpapier

Durchführung:
Befestige ein Stück Millimeterpapier über der Lichtöffnung auf dem Objekttisch. Stelle nun das Mikroskop wie links beschrieben ein. Zähle die Millimeterkästchen, die den Durchmesser des Sichtfeldes bilden. Vervollständige die Tabelle für alle Okular- und Objektivvergrößerungen.

Okular	Objektiv	Gesamtvergrößerung	Sichtfelddurchmesser (mm)

1 Begründe, warum die Regeln 1 und 3 sinnvoll sind.

2 Erstelle Merkkärtchen zu den Regeln ► Bild 2.

2 Beispiel für ein Merkkärtchen

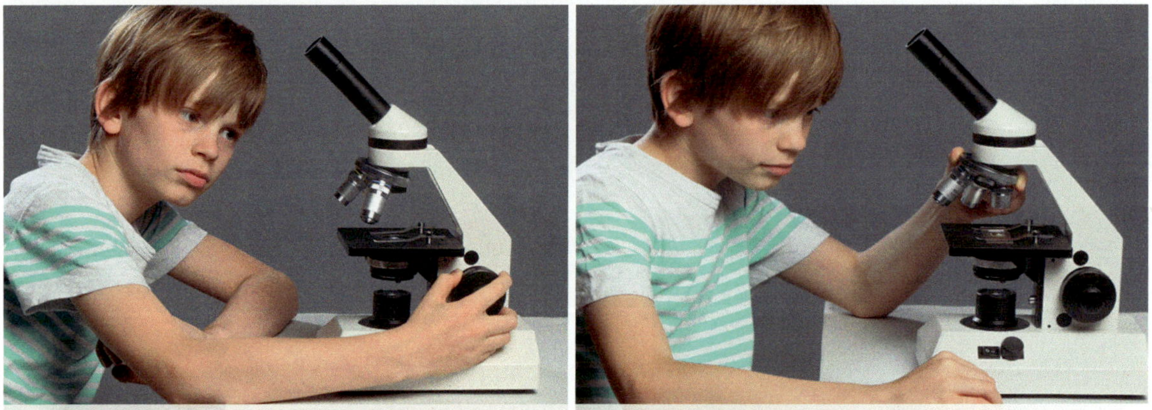

1 Einstellen des Mikroskops: Absenken des Objekttischs (links) und Einstellen des Objektivs (rechts)

Mikroskopische Präparate anfertigen

Es gibt verschiedene Techniken, um mikroskopische Präparate herzustellen. Diese sind nötig, da die Präparate möglichst dünn und somit lichtdurchlässig sein müssen. Abziehpräparate dienen beispielsweise zum Mikroskopieren der Blatthaut einer Zwiebel. Mit weiteren Präparationstechniken kann man ein Abstrichpräparat, Zupfpräparat oder Quetschpräparat herstellen.

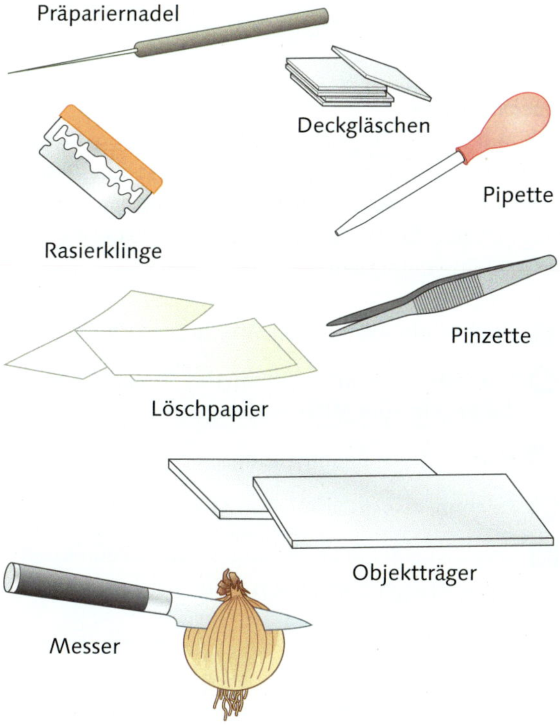

3 Materialien für das Mikroskopieren

Herstellen eines Präparats

Beim Herstellen eines Präparats musst du bestimmte Arbeitsschritte immer durchführen, andere sind präparatspezifisch. Allgemeine Arbeitsschritte sind:

Schritt 1 Lege das Material zurecht, dazu gehören: Objektträger, Deckgläschen, Pipette, Pinzette, Präpariernadel, Messer und Rasierklinge ▶ Bild 3.

Schritt 2 Baue das Mikroskop auf.

Schritt 3 Fertige das Präparat an: Je nach Art des Präparats unterscheiden sich die Präparationsschritte, um ein dünnes, lichtdurchlässiges Präparat herzustellen. Präparate mit frischen Zellen werden in der Regel in Wasser gelegt.

Schritt 4 Lege das Präparat auf den Objekttisch.

Schritt 5 Mikroskopiere unter Beachtung der Regeln.

Abziehpräparat einer Zwiebelhaut

Stelle ein Präparat einer roten Zwiebel nach Anleitung her und mikroskopiere.

Material: rote Zwiebel, Mikroskop, Messer, Pinzette, Pipette, Objektträger, Deckgläschen, Leitungswasser

Durchführung:

1. und 2. Führe die allgemeinen Schritte 1 und 2 aus.
3. Schneide die Zwiebel in vier Teile.
- Nimm eine Schuppe heraus und ritze sie mit der Rasierklinge auf der Innenseite schachbrettartig ein (Felder ca. ½ cm) ▶ Bild 4a.
- Tropfe mit der Pipette Wasser auf einen Objektträger.
- Ziehe mit der Pinzette die Zwiebelhaut vorsichtig ab und lege sie in den Tropfen Wasser auf dem Objektträger.
- Setze das Deckgläschen schräg an den Rand des Wassertropfens, sodass sich das Wasser an das Gläschen saugt, und lass es dann fallen. So verhinderst du Lufteinschlüsse ▶ Bild 4b.
4. Lege das Präparat auf den Objekttisch.
5. Mikroskopiere.

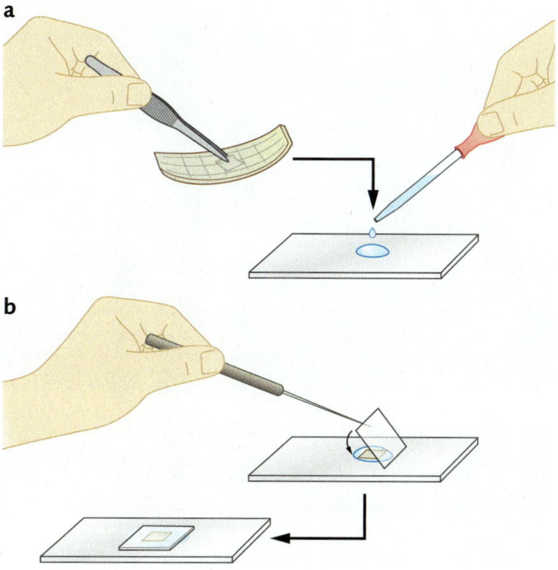

4 Herstellen eines Abziehpräparats (Zwiebelhaut)

Ein mikroskopisches Präparat zeichnen

Das mikroskopische Zeichnen hat immer noch einen wichtigen Platz in der Biologie. Selbst ein Objekt zu zeichnen schult die Sehfähigkeit. Oft sind Fotos nicht aussagekräftig genug, um wesentliche Details zu dokumentieren.

Auch beim Zeichnen sind einige Regeln zu beachten, um möglichst aussagekräftige Zeichnungen zu erhalten. Zeichnungen werden immer auf einem leeren, weißen DIN-A4-Blatt mit einem Bleistift angefertigt. Nur die Vorderseite eines Blattes wird benutzt. Alle Linien werden durchgezogen, es soll nicht gestrichelt werden.

Schritt 1 Beschrifte das Blatt mit deinem Namen, dem heutigen Datum, dem Namen des Präparats und der Vergrößerung sowie gegebenenfalls der Angabe von Färbungsmitteln ▶ Bild 2.

Schritt 2 Mikroskopiere und wähle einen geeigneten Bildausschnitt. Mach dir klar, was du siehst.

Schritt 3 Zeichne den Bildausschnitt möglichst detailgetreu. Die Zeichnung sollte ca. $^2/_3$ des Blattes ausfüllen. Ein Ausmalen der Zeichnung mit Buntstiften ist nur in Ausnahmefällen erwünscht.

Schritt 4 Beschrifte die gezeichneten Strukturen an waagerechten Linien.

Zupfpräparat der Wasserpest

Material: Wasserpest, Mikroskop, Pinzette, Präpariernadel, Pipette, Objektträger, Deckgläschen, Leitungswasser

Durchführung:
Gib auf einen Objektträger einen Tropfen Wasser. Fertige ein Zupfpräparat an. Dazu zupfst du ein Blättchen der Wasserpest ab und legst es auf den Objektträger. Setze das Deckgläschen so auf, dass keine Lufteinschlüsse entstehen.

1. Zeichne ein Ästchen der Wasserpest als Ganzes.
2. Mikroskopiere das Zupfpräparat. Beachte dabei die Regeln zum Mikroskopieren.
3. Notiere deine Beobachtung.
4. Zeichne, was du unter dem Mikroskop siehst.
5. Vergleiche deine Zeichnung mit dem Zellmodell. Korrigiere gegebenenfalls deine Zeichnung.

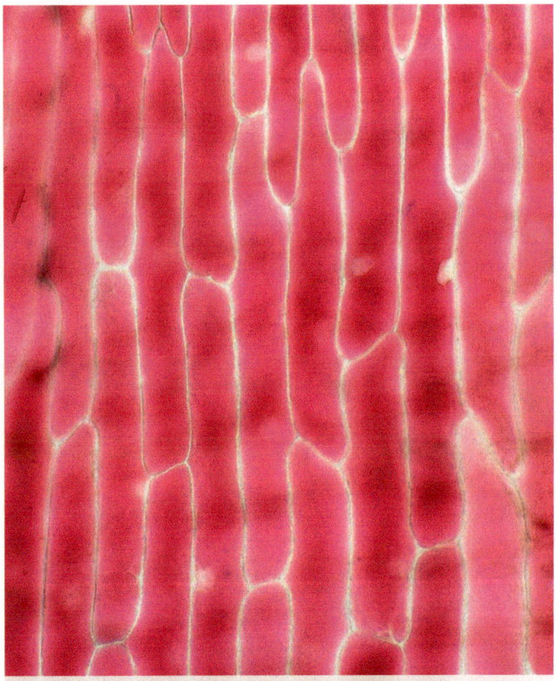

1 Mikroskopisches Bild von Zwiebelzellen

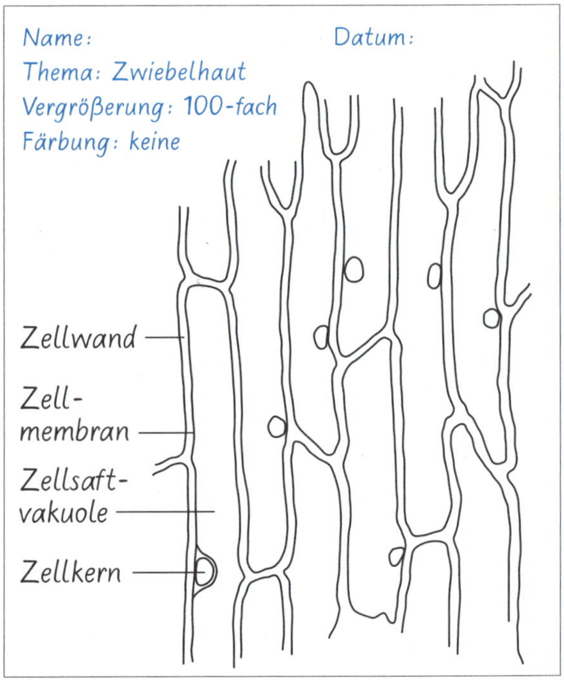

2 Zeichnung des mikroskopischen Präparats

Mikroskopieren und Zeichnen verschiedener Präparate

Abstrichpräparat von Mundschleimhautzellen

Material: Mikroskop, Holzspatel, Präpariernadel, Pipette, Objektträger, Deckgläschen, Filterpapier oder Zellstofftuch, Leitungswasser, Methylenblau (GHS07)

Durchführung:
1. Schabe mit einem Holzspatel an der Schleimhaut im Mund entlang. Übertrage die abgeschabten Zellen in den Wassertropfen auf den Objektträger. Setze das Deckglas luftblasenfrei auf.
2. Mikroskopiere unter Beachtung der Regeln.
3. Färbe anschließend ein Präparat mit Methylenblau an. Tropfe dazu einen Tropfen Färbelösung neben das Deckglas und sauge sie mit einem Filterpapier oder Zellstofftuch unter das Deckglas ▶ Bild 3.

1 Zeichne eine Mundschleimhautzelle. Gehe nach dem vorgegebenen Schema vor.

2 Beschreibe die Veränderungen der Zelle nach dem Färben.

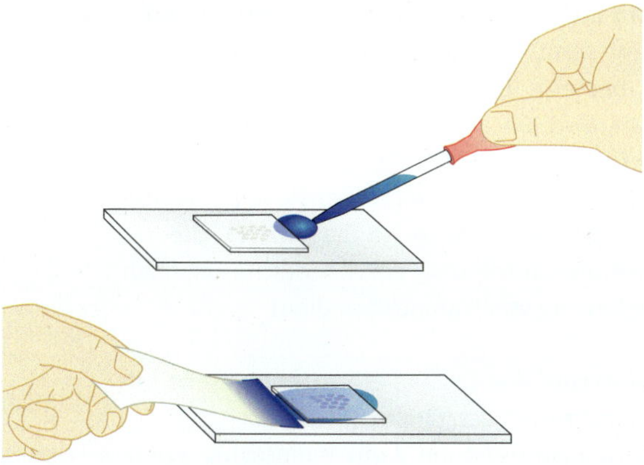

3 Färben eines Präparats

Quetschpräparat der Birne

Material: Birne, Messer, Mikroskop, Rasierklinge, Präpariernadel, Pipette, Leitungswasser, Objektträger, Deckgläschen, Papiertuch

Durchführung:
Schneide eine Birne in Stücke. Schabe etwas Gewebematerial um das Kerngehäuse mit der Rasierklinge ab und gib es in den Tropfen Wasser. Setze das Deckglas luftblasenfrei auf. Nun wird das Objekt auf den Tisch gelegt, mit einen Papiertuch abgedeckt und kräftig mit dem Daumen gedrückt (gequetscht). Vorsichtig, damit das Deckgläschen nicht zersplittert!

3 Fertige ein Quetschpräparat an und mikroskopiere.

4 Fertige eine beschriftete Zeichnung an.

Abziehpräparat vom Laubblatt (Ober- und Unterseite)

Material: Laubblatt (geeignet sind z. B. rote Blätter vom Weihnachtsstern), Mikroskop, durchsichtiges Klebeband, Pipette, Objektträger

Durchführung:
Befestige einen Streifen Klebeband auf der Oberseite eines Laubblattes. Drücke ihn fest an. Ziehe anschließend den Klebebandstreifen ab. An ihm befinden sich nun Zellen der Blattoberseite. Klebe ihn auf den Objektträger.

5 Fertige auf diese Weise ein Abziehpräparat von der Blattoberseite und -unterseite an und mikroskopiere.

6 Zeichne und beschrifte die Zeichnung.

7 Vergleiche Ober- und Unterseite.

8 Handelt es sich bei ▶ Bild 4 um eine Blattoberseite oder -unterseite? Begründe.

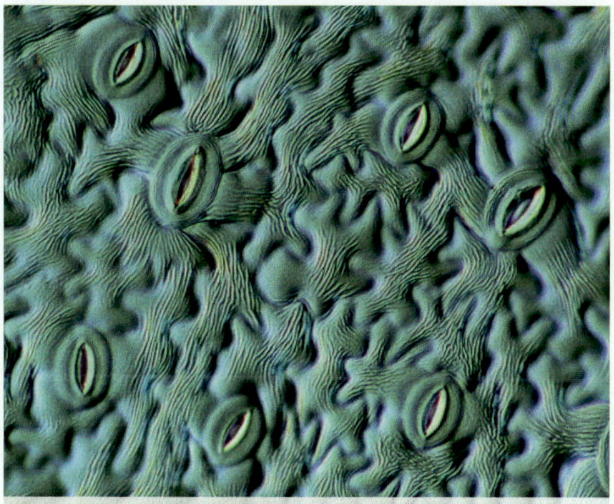

4 Foto eines Abziehpräparats

Zellen – Gewebe – Organ – Organismus

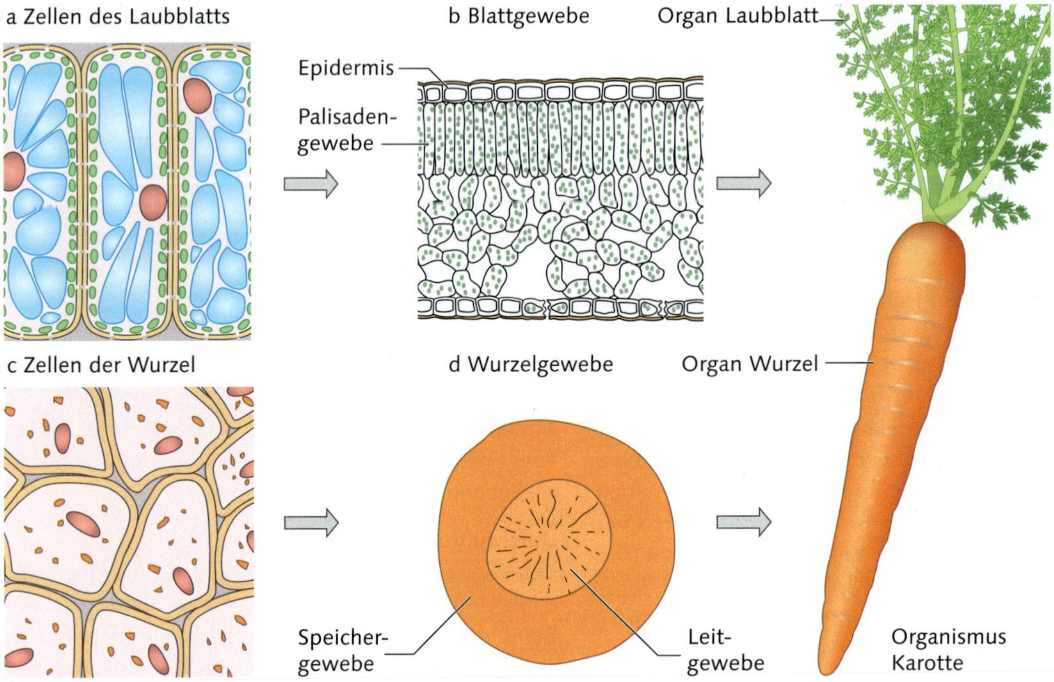

1 Organismus Karotte

Pflanzliche Zellen Der Bau von Zellen kann innerhalb einer Pflanze stark variieren. Zellen sind normalerweise spezialisiert und an ihre jeweiligen Aufgaben angepasst. Betrachtet man Zellen aus unterschiedlichen Teilen einer Karotte unter dem Mikroskop, stellt man fest, dass sie den gleichen Grundbauplan haben, aber sehr unterschiedlich aussehen ▶ Bild 1.

Gewebe Zellen in einem Lebewesen befinden sich meistens in einem Verband, dem Gewebe. In einem Gewebe haben die Zellen die gleiche Funktion. Im Laubblatt (▶ Bild 1b) bilden die Zellen der Epidermis das Abschlussgewebe: Sie begrenzen das Blatt nach außen und haben eine verdickte Zellwand. Alle Zellen des Palisadengewebes haben die Aufgabe, Fotosynthese zu betreiben. Diese Zellen besitzen deshalb besonders viele Chloroplasten ▶ Bild 1a. Eine Aufgabenverteilung findet man auch in der Wurzel (▶ Bild 1d): In der Mitte, dem Zentralzylinder, verlaufen die Gewebe zum Wasser- und Nährstofftransport, die Leitgewebe. Im äußeren Bereich befindet sich das Speichergewebe, das bei der Karotte sehr ausgeprägt ist.

Organ Ein *Organ* ist ein spezialisierter Teil des Lebewesens, der aus unterschiedlichen Geweben besteht. Das Blatt einer Pflanze ist ein Organ, also ein abgegrenzter Bereich, der eine Funktionseinheit darstellt. Es ist hauptsächlich für die Fotosynthese verantwortlich. Ein weiteres Organ der Pflanze ist die Wurzel, die zur Wasseraufnahme und, z. B. bei der Karotte, zur Speicherung von Nährstoffen dient.

Organismus Alle Organe eines Lebewesens bilden zusammen den Organismus.
Ein Organismus ist nur dann lebensfähig, wenn alle Organe funktionstüchtig sind. Dazu gehört auch die Kommunikation untereinander. Eine Karottenpflanze kann nur dann überleben, wenn Wurzel und Blätter eine Einheit bilden. Blätter ohne Wurzel können nicht überleben, genauso wie die Wurzel ohne die Blätter nicht überleben kann.

Tierliche Zellen Auch tierliche Zellen sind spezialisiert und je nach Funktion unterschiedlich gebaut. Zellen der Darmschleimhaut eines Menschen (oder Tieres) haben eine auffällige

Form. Da sie viele Ausstülpungen besitzen, ist ihre Oberfläche stark vergrößert. So können Stoffe aus dem Darminnern gut aufgenommen werden. Des Weiteren findet man in ihnen viele Mitochondrien zur Energiebereitstellung ▶ Bild 3a.

Gewebe Die Darmschleimhautzellen bilden ein Gewebe, die Darmschleimhaut ▶ Bild 3b. Diese Zellen der Darmschleimhaut haben alle die gleiche Aufgabe, nämlich den Transport von Nährstoffen aus dem Darm in das Blut. Die Zellen der Darmschleimhaut sind fest miteinander verbunden, sodass keine Stoffe aus dem Darm unkontrolliert zwischen den Zellen hindurch in den Körper gelangen.

Organ Der Darm ist ein Organ, also ein abgegrenzter Bereich, der eine Funktionseinheit darstellt ▶ Bild 3c. Er sorgt dafür, dass über die Nahrung aufgenommene Nährstoffe in weitere Bereiche des Körpers gelangen. Er besteht aus der Darmschleimhaut und den zugehörigen Blutgefäßen. Sie sorgen gemeinsam mit weiteren Geweben, z.B. Muskeln, für den Weitertransport der Nährstoffe.

Organismus Der Organismus kann nur überleben, wenn alle Organe funktionstüchtig sind. Aber es reicht noch nicht aus, dass alle Organe funktionieren, sie müssen zum Überleben auch miteinander in Verbindung stehen und kommunizieren.

1 **A** Ordne folgende Begriffe in eine sachlogische Reihenfolge: Organ, Gewebe, Zelle, Organismus.
B Gib für jeden Begriff jeweils ein tierliches und ein pflanzliches Beispiel an.

2 Nenne die Organe, die in einer Blüte zu finden sind ▶ Bild 2.

3 Überprüfe, ob die folgende Aussage für den Menschen zutrifft: „Ein Organismus ist nur dann lebensfähig, wenn alle Organe funktionstüchtig sind."

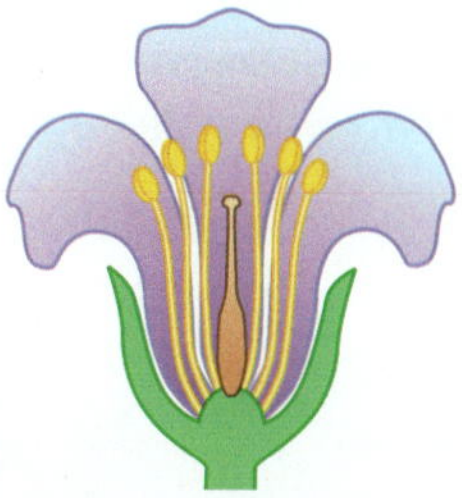

2 Schema einer Blüte

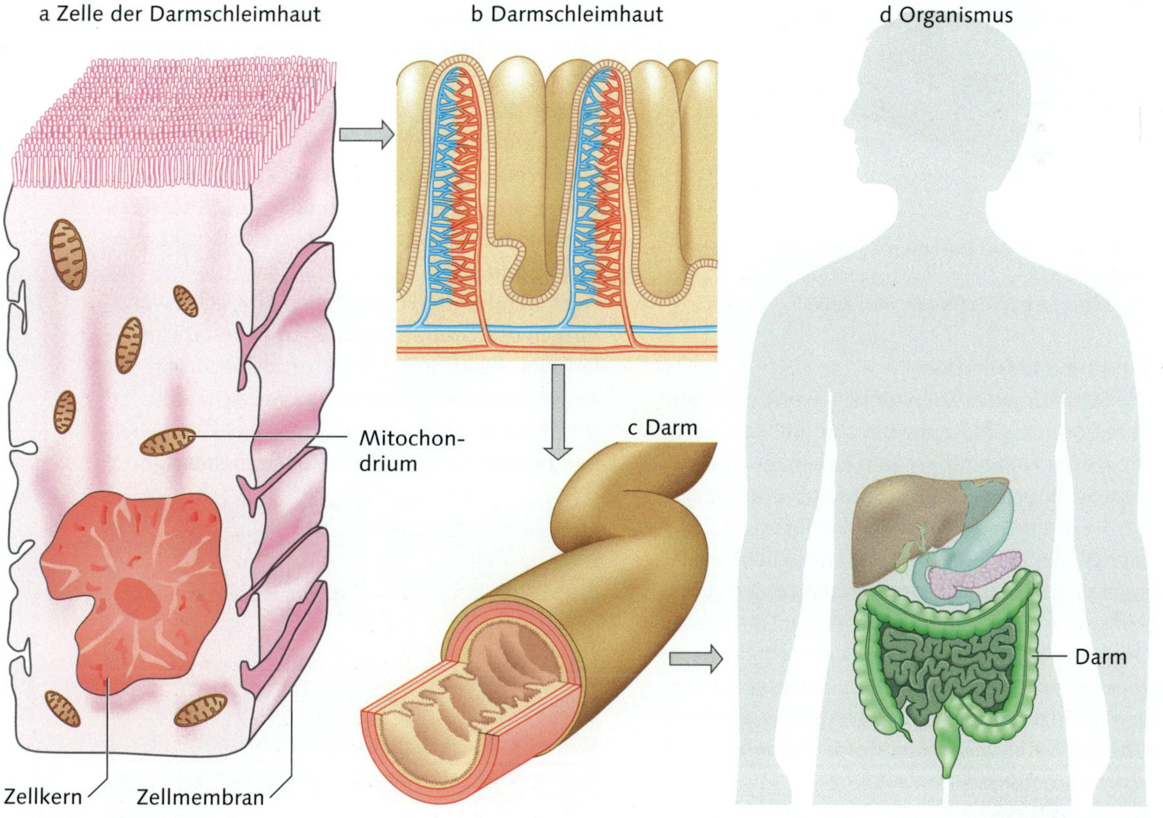

3 Organismus Mensch

Zusammenfassung

Kompartimentierung

Zellen haben verschiedene Zellorganellen. Diese bilden abgeschlossene Reaktionsräume, die Kompartimente. So sind z. B. die Chloroplasten Reaktionsräume, in denen die Fotosynthese abläuft. In den Mitochondrien findet die Energiebereitstellung für die Zelle statt ▶ Bild 1.

Jedes Lebewesen ist ein Organismus, der aus mehreren Organen besteht. Jedes Organ stellt ein Kompartiment dar. Ein Beispiel dafür ist der Darm. Die Organe stehen untereinander in enger Wechselwirkung.

Diese Sachverhalte beschreibt das Basiskonzept *Kompartimentierung*.

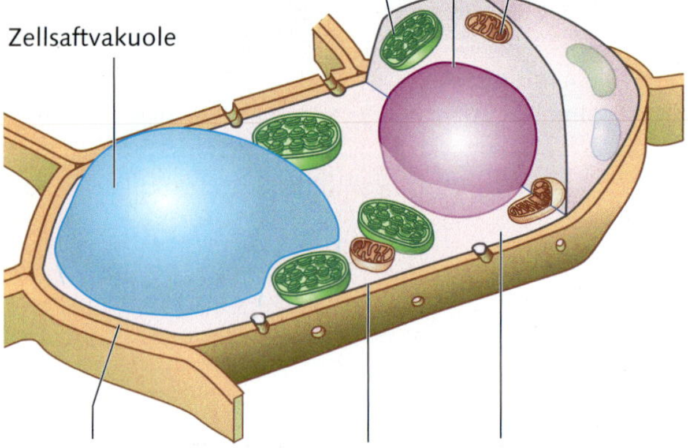

1 Schema einer pflanzlichen Zelle

Struktur und Funktion

Die Struktur jedes Zellorganells weist auf seine Funktion hin. Chloroplasten sind die Kompartimente der Fotosynthese und haben eine besondere Struktur, die für ihre Funktion unerlässlich ist: Sie besitzen den grünen Blattfarbstoff Chlorophyll, der die Fotosynthese ermöglicht. Ebenso hängt die Struktur eines Organs eng mit den Aufgaben (Funktionen) zusammen, die dieses Organ zu erfüllen hat. Die Darmschleimhautzellen sind in ihrer Struktur an ihre Funktion angepasst. Durch ihre gefaltete und vergrößerte Oberfläche können Nährstoffe besonders gut aufgenommen werden ▶ Bild 2.

Derartige Zusammenhänge werden im Basiskonzept *Struktur und Funktion* beschrieben.

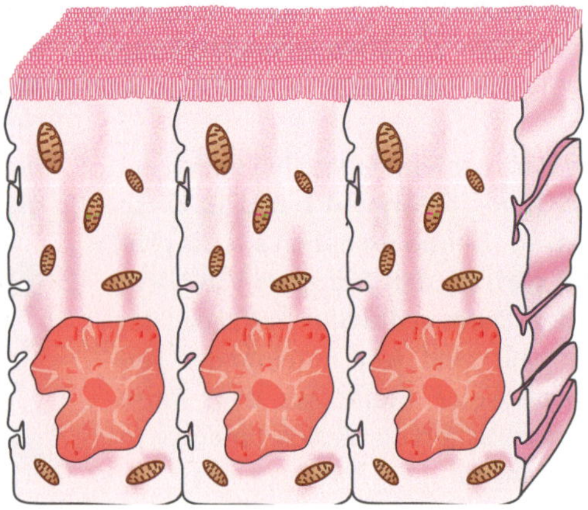

2 Zellen der Darmschleimhaut

Variabilität

Der Aufbau aller Zellen ist sehr ähnlich. Pflanzliche Zellen haben eine Zellwand, Zellmembran, Zellplasma und verschiedene Zellorganellen. Jedoch gibt es Abwandlungen des Grundbauplans in unterschiedlichen Bereichen der Pflanze. Beispielsweise haben Zellen in den Laubblättern viele Chloroplasten, in denen Fotosynthese betrieben wird. Wurzelzellen werden nicht belichtet. Sie haben keine Chloroplasten und deshalb kann dort keine Fotosynthese stattfinden. Auch Zellen verschiedener Arten zeigen Variabilität. So gibt es unterschiedliche Farbstoffe in der Vakuole, die typisch für die jeweilige Pflanze sind ▶ Bild 3.

Auch bei den tierlichen Zellen gibt es Abwandlungen des Grundbauplans. So haben Darmzellen eine bestimmte Struktur, die sich von der der Mundschleimhautzellen unterscheidet.

Das Basiskonzept *Variabilität und Angepasstheit* bezieht sich auf diese Zusammenhänge.

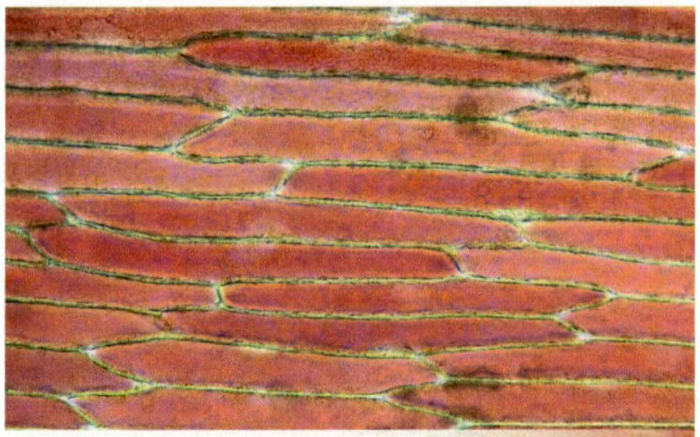

3 Farbstoffe in der Vakuole pflanzlicher Zellen

Teste dich!

1 **A** Ordne den Ziffern in ► Bild 4 die richtige Bezeichnung zu.
B Begründe, ob es sich um die Darstellung einer pflanzlichen oder tierlichen Zelle handelt.

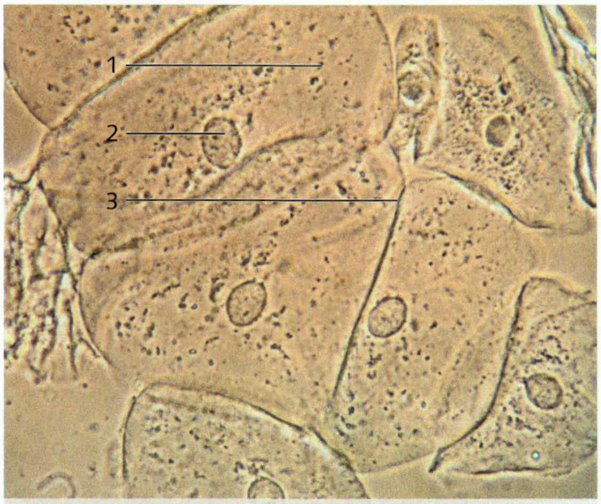

4 Zellen unter dem Mikroskop

2 Diskutiere den Einsatz von Modellen am Beispiel eines Zellmodells.

3 **A** Ordne den Ziffern die Bezeichnung für die Bestandteile des Mikroskops zu ► Bild 5.
B Beschreibe dein Vorgehen beim Mikroskopieren.

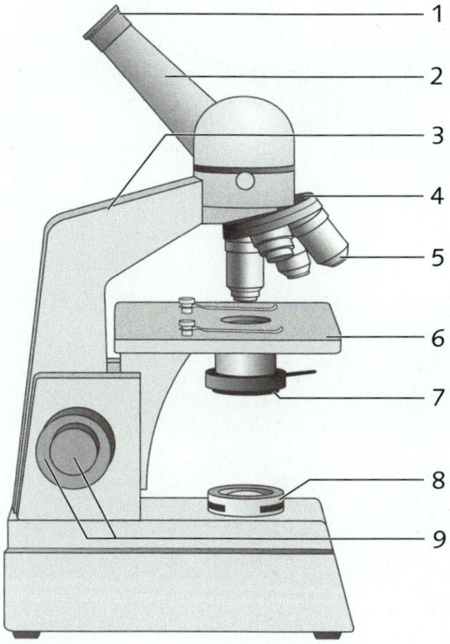

5 Mikroskop

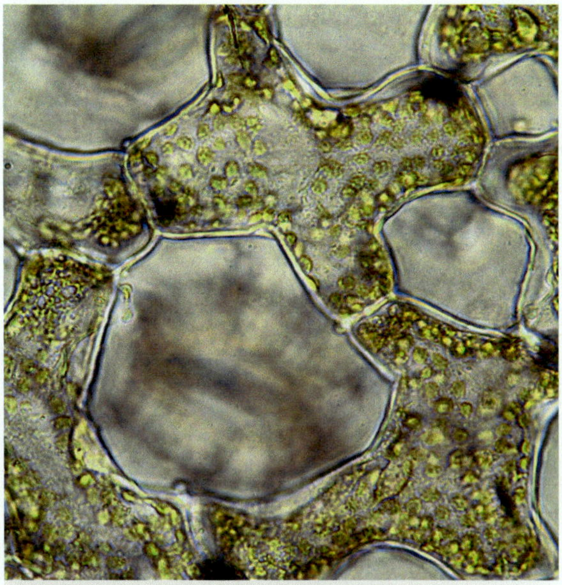

6 Foto eines mikroskopischen Präparats

4 **A** Zeichne und beschrifte das mikroskopische Präparat ► Bild 6.
B Begründe, ob es sich um pflanzliche oder tierliche Zellen handelt.
C Stelle Vermutungen auf, welche Funktion diese Zellen haben und wo sie zu finden sein könnten.

5 **A** Ordne die folgenden Gewebetypen begründet einem tierlichen oder pflanzlichen Organ sowie dem Organismus zu: Festigungsgewebe, Leitgewebe, Fotosynthesegewebe, Muskelgewebe.
B Stelle Hypothesen auf, welche Eigenschaften die Zellen in diesen Geweben zeigen müssten.

6 Erläutere das Basiskonzept Kompartimentierung am Beispiel einer tierlichen Zelle.

► Die Lösungen zu den Aufgaben findest du im Anhang.

Fotosynthese und Zellatmung

Pflanzen bilden die Grundlage für das Leben auf der Erde. Sie nutzen die Energie des Sonnenlichts, um energiereiche Nährstoffe herzustellen. Diese Nährstoffe werden auf vielfältige Art und Weise genutzt.
Mit historischen und neuen Versuchen kann man die pflanzlichen Stoffwechselprozesse sichtbar machen.

Pflanzen als Nährstoffproduzenten

1 Früchte, Samen und Speicherorgane

Bedeutung von Pflanzen für die Ernährung Menschen und Tiere ernähren sich unter anderem von pflanzlichen Produkten. In Früchten, Speicherorganen wie Knollen oder Zwiebeln und in Samen sind *Nährstoffe*, also Kohlenhydrate wie Zucker oder Stärke, aber auch Fette und Eiweiße, gespeichert ▶ Bild 1. Die Energie, die in diesen gespeicherten Nährstoffen steckt, wird im Stoffwechsel von Menschen und Tieren freigesetzt und genutzt.

Pflanzen ernähren sich nicht von anderen Lebewesen. Wie aber produzieren die Pflanzen dann die für ihr Überleben notwendigen Nährstoffe? Wovon ernähren sich Pflanzen?

Fotosynthese Grüne Pflanzen nutzen für den Prozess der *Fotosynthese* die Energie des Sonnenlichts. Dabei stellen sie aus den energiearmen Ausgangsstoffen Kohlenstoffdioxid und Wasser energiereichen Traubenzucker, die Glucose, her ▶ Bild 2. Sie sind also *autotroph*, das heißt selbsternährend. Als Abfallprodukt entsteht bei der Fotosynthese Sauerstoff, der an die Umgebung abgegeben wird. Die Bedeutung der grünen Pflanzen besteht also darin, dass sie als Produzenten Nährstoffe für ihren eigenen Bedarf herstellen und deshalb die Ernährungsgrundlage für alle anderen Lebewesen bilden.

Man bezeichnet diese Stoffwechselreaktion als Fotosynthese, weil unter Nutzung der Energie des Sonnenlichts Stoffe synthetisiert oder aufgebaut werden. Grüne Pflanzen sind Energieumwandler. Sie wandeln im Prozess der Fotosynthese die Energie des Sonnenlichts in chemische Energie um, die in den gebildeten Nährstoffen gespeichert ist.

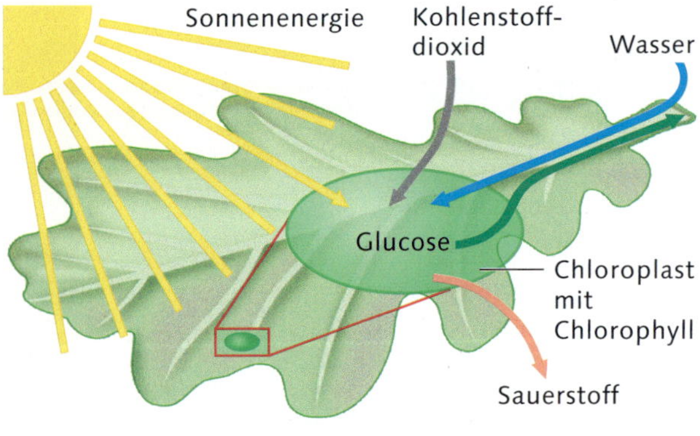

2 Schema der Fotosynthese

1 Erkläre den Begriff „autotroph".

2 Stelle den Prozess der Fotosynthese in Form einer Wortgleichung dar. Schreibe die Ausgangsstoffe auf die linke und die Endstoffe auf die rechte Seite und beschrifte den Pfeil.

_____ + _____ ⟶ _____ + _____

3 Erläutere die Bedeutung der Fotosynthese für das Leben von Tieren und Menschen.

Blätter – Orte der Fotosynthese

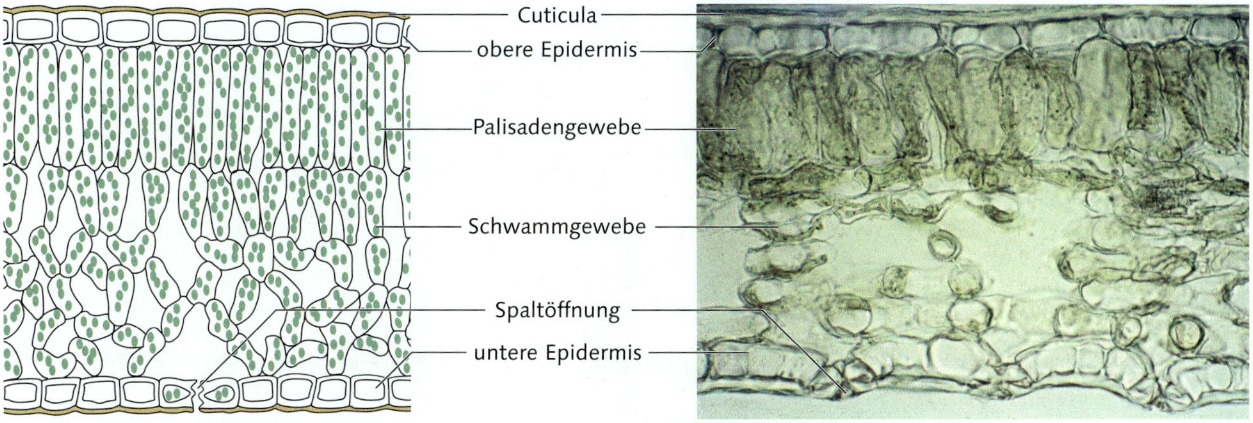

3 Blattquerschnitte: schematisch (links) und lichtmikroskopisch (rechts)

Blattaufbau Die Blätter der grünen Pflanzen sind die „Nährstofffabriken", denn dort wird aus den Ausgangsstoffen Kohlenstoffdioxid und Wasser Glucose hergestellt. Der Bau der Blätter ist an diese Funktion angepasst. Betrachtet man den Querschnitt eines Laubblattes unter dem Lichtmikroskop, so erkennt man, dass es aus mehreren Geweben aufgebaut ist ▶ Bild 3.

Blattoberseite Die obere *Epidermis* besteht aus dickwandigen, farblosen Zellen, die lückenlos nebeneinander liegen. Auf der Außenseite der Epidermis ist eine lichtdurchlässige, wasserabweisende Wachsschicht, die *Cuticula*, aufgelagert. Während die Cuticula einen Verdunstungsschutz darstellt, schützt die Epidermis das Blattinnere vor Verletzungen.

Blattinneres Das Palisaden- und das Schwammgewebe spielen eine wesentliche Rolle für die Fotosynthese. Das *Palisadengewebe* besteht aus schmalen, lang gestreckten Zellen, die zahlreiche Chloroplasten enthalten. Diese Blattgrünkörner enthalten den grünen Blattfarbstoff Chlorophyll, der den Blättern ihre Farbe verleiht. Mithilfe dieses Farbstoffs nehmen die grünen Pflanzen die Energie des Sonnenlichts auf und machen sie für die Pflanze nutzbar. Zwischen den unregelmäßig geformten, chloroplastenarmen Zellen des *Schwammgewebes* befinden sich zahlreiche große Hohlräume. Diese *Interzellularen* ermöglichen eine gute Durchlüftung des Blattes.

Blattunterseite Die untere Epidermis schließt das Blatt nach außen ab. Hier fallen zahlreiche Poren, die *Spaltöffnungen*, auf ▶ Bild 4. Durch die Spaltöffnungen gibt die Pflanze Wasserdampf an die Umgebung ab. Man nennt das *Transpiration*. Die Wasserdampfabgabe kann von der Pflanze reguliert werden, indem sie die Spaltöffnungen mehr oder weniger weit öffnet. Besondere Bedeutung haben die Spaltöffnungen für die Aufnahme und Abgabe von Kohlenstoffdioxid und Sauerstoff, also für den Gasaustausch.

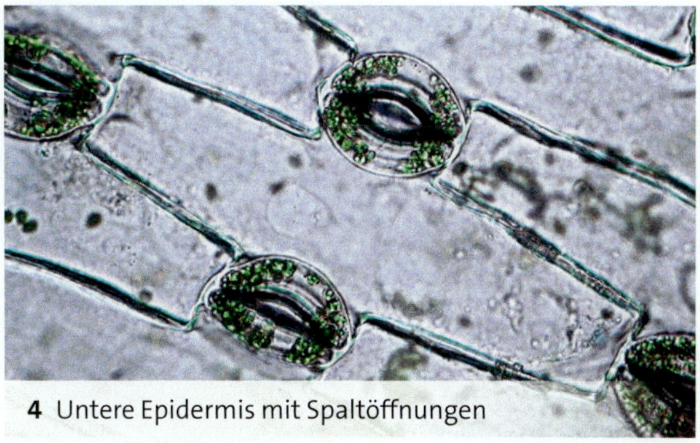

4 Untere Epidermis mit Spaltöffnungen

1 **A** Nenne die Blattgewebe.
B Beschreibe stichwortartig ihre Struktur und Funktion. Fertige dazu eine Tabelle nach folgendem Muster an:

Name des Gewebes	Struktur	Funktion

Wasser- und Stofftransport in Pflanzen

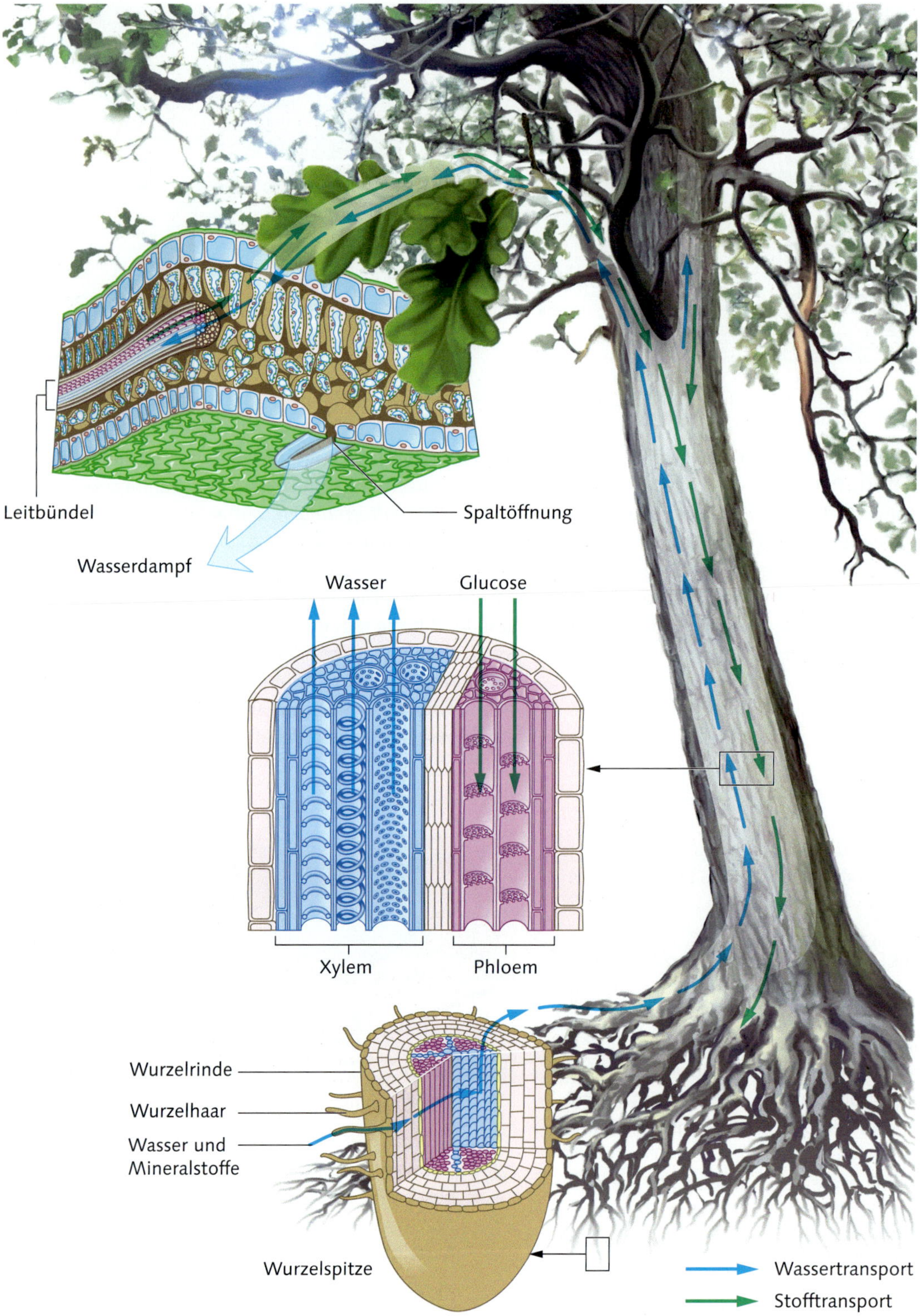

1 Wasser- und Stofftransport in Pflanzen

Wassertransport Pflanzen benötigen für die Fotosynthese neben Kohlenstoffdioxid auch Wasser. Sie besitzen für den Wassertransport ein Leitungsnetz, das sich von den Wurzeln bis zu den Blättern erstreckt ▶ Bild 1.
Über die Wurzelhaarzellen nimmt die Pflanze Wasser und darin gelöste Mineralstoffe aus dem Boden auf. Das Wasser gelangt über die Zellen der Wurzelrinde in die Wasserleitungsbahnen der Sprossachse, das *Xylem*. Von dort wird es weiter über die Blattadern bis in die Zellen der Blattgewebe transportiert.
Über die Spaltöffnungen geben die Blätter ständig Wasserdampf an die Umgebung ab. Diese Transpiration bewirkt, dass Wasser aus dem Xylem nachgesogen wird und der Wasserstrom nicht abreißt.

Stofftransport Die bei der Fotosynthese in den Zellen des Palisaden- und Schwammgewebes gebildete Glucose wird in andere Pflanzenteile befördert. Dies geschieht über besondere Leitungsbahnen, die *Phloem* genannt werden. Der Transport ist möglich, weil Glucose wasserlöslich ist. In diesen Pflanzenteilen wird die Glucose verbraucht oder in Speicherstoffe umgewandelt. Ein wichtiger pflanzlicher Speicherstoff ist die Stärke. Stärke ist nicht wasserlöslich.

1 Beschreibe den Weg des Wassers durch die Pflanze in Form eines Fließdiagramms.

2 Nenne pflanzliche Organe, in denen Nährstoffe gespeichert werden.

Material Methode Praxis

Experimente zur Wasserdampfabgabe

Die Wasserdampfabgabe bei Pflanzen kann man im Experiment beobachten.

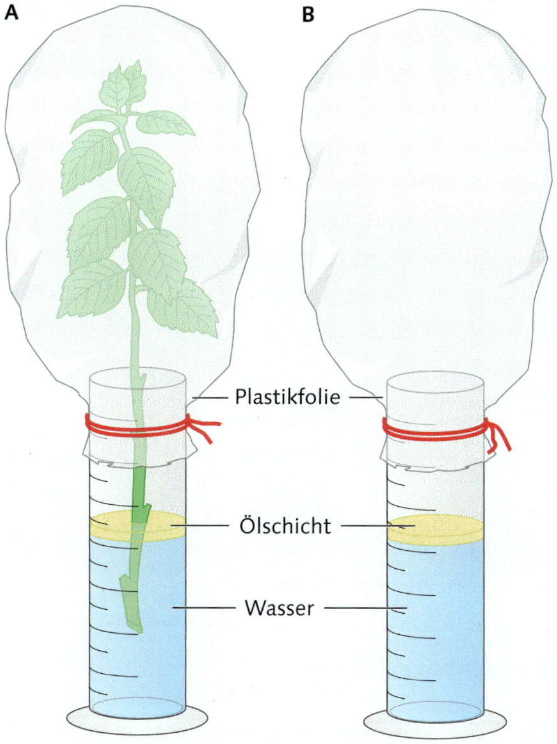

2 Experiment zur Wasserdampfabgabe

3 **A** Beschreibe den Versuchsaufbau des in ▶ Bild 2 dargestellten Experiments.
B Erkläre, warum sich in Versuchsansatz **A** Wassertröpfchen an der Plastikfolie niederschlagen, bei **B** jedoch nicht.
C Die Blattunterseiten werden mit Vaseline bestrichen. Stelle Hypothesen über das zu erwartende Versuchsergebnis auf.

4 Ein Wissenschaftler möchte überprüfen, ob die Wurzeln oder die Blätter für die Wasseraufnahme verantwortlich sind.
A Nenne zunächst die Hypothesen, die der Wissenschaftler aufgestellt hat. Formuliere dazu deine Erwartungen, wenn die Hypothese zutrifft: „Wenn die Blätter für die Wasseraufnahme verantwortlich sind, dann …“
B Entwickle Experimente, mit denen du die Hypothesen überprüfen kannst.

Bedeutung des Lichts für die Fotosynthese

Die in der Fotosynthese gebildete Glucose wird von der Pflanze in Stärke umgewandelt. Mit einem Stärkenachweis lässt sich das zeigen.

1 Stärkenachweis

Stärkenachweis

Das Kohlenhydrat Stärke lässt sich mit Lugol'scher Lösung (Iod-Kaliumiodid) durch eine empfindliche Farbreaktion nachweisen. Iod-Kaliumiodid ist eine bernsteinfarbene Lösung. Gibt man diese zu Stärke, so bildet die Stärke mit der Iod-Kaliumiodid-Lösung eine blauviolette oder blauschwarze Färbung ▶ Bild 1. Diese blau-violette Färbung ist der Stärkenachweis.

Bedeutung des Lichts für die Fotosynthese

Eine Geranienpflanze wird 24 Stunden lang belichtet. Einige Blätter werden mit Alufolie umwickelt und so vom Licht abgeschirmt. Von der Pflanze wird je ein belichtetes und ein unbelichtetes Blatt abgeschnitten. Bei beiden Blättern wird der Stärkenachweis mit Iod-Kaliumiodid-Lösung durchgeführt.

Achtung: Der Versuchsaufbau muss einmal für belichtete und ein zweites Mal für unbelichtete Blätter aufgebaut werden.

Material: belichtetes und unbelichtetes Geranienblatt, Schutzbrille, Brennspiritus (GHS02), Iod-Kaliumiodid-Lösung (GHS07), elektrische Heizplatte, Tiegelzange, Schere, Pinzette, Pipette, Wasser, Petrischale, Bechergläser

Durchführung:

1. Gib die Blätter für 10 min in kochendes Wasser ▶ Bild 2a.
2. Anschließend überführt deine Lehrerin oder dein Lehrer die Blätter in ein Becherglas mit heißem Brennspiritus. Hier verbleiben sie für 5 min.
3. Wasche die Blätter in einem Becherglas, das du zuvor zur Hälfte mit Wasser gefüllt hast. Schwenke sie dazu mit der Pinzette im Wasser hin und her ▶ Bild 2c.
4. Bedecke den Boden einer Petrischale mit Iod-Kaliumiodid-Lösung. Lege die Blätter mit der Pinzette hinein ▶ Bild 2d.

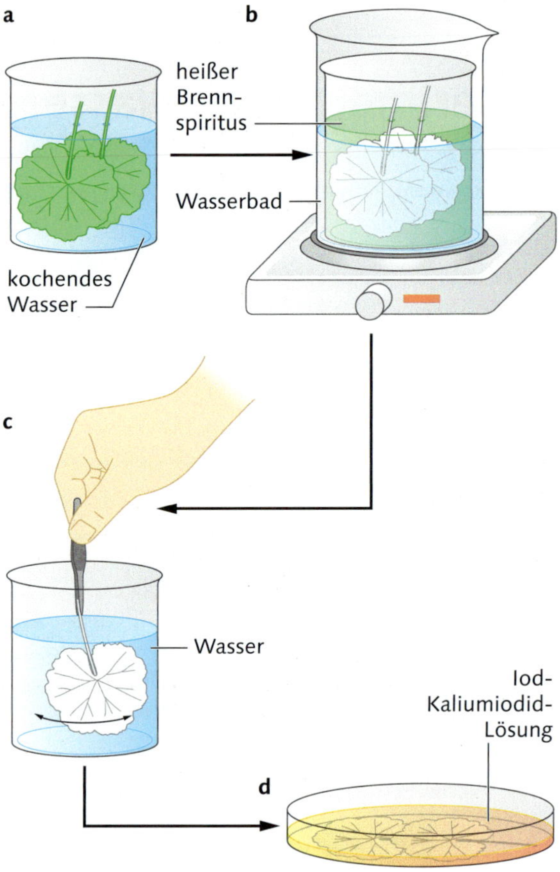

2 Versuchsdurchführung

1 Protokolliere deine Versuchsbeobachtungen.

2 Deute das Versuchsergebnis.

Orte der Stärkebildung

Der Versuch mit belichteten und nicht belichteten Blättern zeigt, dass Stärke nur in belichteten Blättern gebildet wird. Licht ist also ein zwingend notwendiger Faktor für die Produktion von Stärke in der Fotosynthese. Aber hat auch die Färbung des Blattes einen Einfluss auf die Stärkebildung?

Stärkenachweis in panaschierten Blättern

In der Natur treten innerhalb derselben Pflanzenart Pflanzen mit einheitlich grün gefärbten Blättern, aber auch solche mit panaschierten Blättern auf ► Bild 3. Panaschierte Blätter weisen neben grün gefärbten auch farblose Blattbereiche auf. Es stellt sich die Frage, ob auch bei panaschierten Blättern im ganzen Blatt durch Fotosynthese Stärke gebildet wird.

Forscherfrage: Wo wird in panaschierten Blättern Stärke gebildet?

Hypothesen:

(1) Stärke wird im gesamten Blatt gebildet, weil die Blätter „Nährstofffabriken" sind.

(2) Stärke wird nur in den grünen Blattbereichen gebildet. Zur Stärkebildung ist Licht erforderlich. Mithilfe des grünen Blattfarbstoffs Chlorophyll wird die Lichtenergie eingefangen. Also kann die Stärkebildung nur in den grünen Blattbereichen stattfinden.

Material: Blatt einer 24 Stunden lang belichteten Geranienpflanze mit panaschierten Blättern, Schutzbrille, Iod-Kaliumiodid-Lösung (GHS07), elektrische Heizplatte, Tiegelzange, Schere, Pinzette, Pipette, Wasser, Petrischale, Becherglas (250 ml), Siedesteinchen

Durchführung:

1. Fertige vor Versuchsbeginn eine Zeichnung des Umrisses eines panaschierten Blattes an. Skizziere die Verteilung der grün- bzw. ungefärbten Bereiche im Blatt.
2. Fülle das Becherglas halb voll mit Wasser und gib einige Siedesteinchen in das Wasser.
3. Erhitze bis zum Kochen.
4. Gib das Blatt für 15 min in das kochende Wasser, bis es sich entfärbt.
5. Nimm das entfärbte Blatt heraus.
6. Lege das Blatt anschließend für 10 min in eine Petrischale, deren Boden mit Iod-Kaliumiodid-Lösung bedeckt ist.

3 Panaschierte Geranienblätter

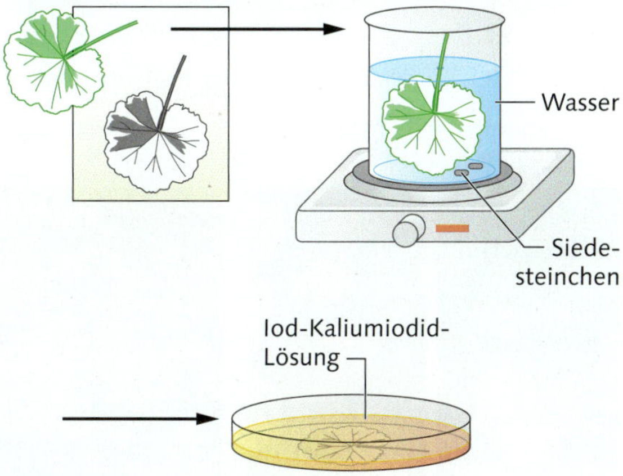

4 Versuchsdurchführung

1 Vergleiche die auftretende Färbung mit deiner Umrisszeichnung des Blattes vor dem Versuch.

2 Deute das Versuchsergebnis. Nimm dabei Bezug auf die oben formulierten Hypothesen.

3 Fasse zusammen, wo und unter welchen Voraussetzungen Fotosynthese stattfindet.

Stoff- und Energieumwandlung

Stoffumwandlung Grüne Pflanzen wandeln die Glucose, die in der Fotosynthese gebildet wird, in zahlreiche andere Stoffe um ▶ Bild 1. So baut die Pflanze aus der Glucose andere Kohlenhydrate, darunter Stärke und Cellulose, auf. Stärke ist schlecht wasserlöslich und eignet sich deshalb als Speicherstoff, der in Samen, Früchten oder anderen Pflanzenorganen gelagert wird. Cellulose ist ein wichtiger Zellwandbestandteil. Neben der Stärke entstehen im Stoffwechsel der Pflanze andere Nährstoffe, wie Eiweiße und Fette.

Energieumwandlung Wenn die Pflanze diese Nährstoffe abbaut, wird Energie freigesetzt. Diese Energie nutzt die Pflanze, um im *Energiestoffwechsel* ihren eigenen Energiebedarf zu decken. Die Energie wird für Lebensvorgänge wie die Aufnahme von Mineralstoffen aus dem Boden oder den Stofftransport innerhalb der Pflanze benötigt. Andererseits nutzt die Pflanze die gebildeten Stoffe für ihr Wachstum, indem sie im *Baustoffwechsel* neue Zellen aufbaut und so zum Beispiel Früchte, Samen oder neue Blätter bildet.

1 Weiterverarbeitung von Glucose

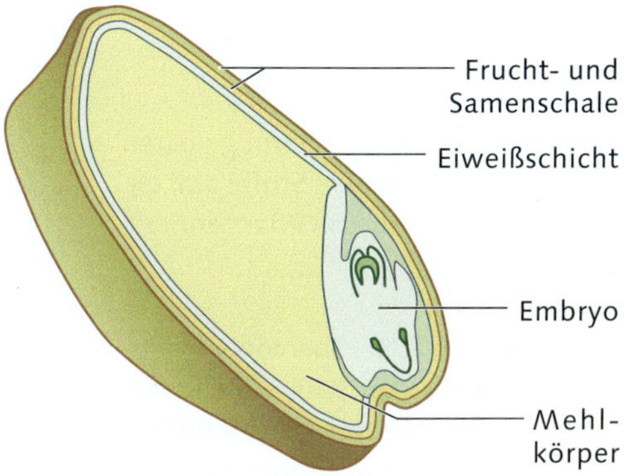

2 Weizenfrucht

1. Erkläre, wieso sich Stärke besser als Speicherstoff eignet als Glucose.
2. Nenne Möglichkeiten, wie Menschen Pflanzen nutzen ▶ Bild 1.
3. Bild 2 zeigt einen Längsschnitt durch eine Weizenfrucht. Erläutere, woher die Energie für das Wachstum des Embryos ursprünglich stammt.
4. Erkläre die Begriffe Energie- und Baustoffwechsel.

Stärkekörner mikroskopieren

Pflanzen speichern Kohlenhydrate in den Zellen ihrer Früchte, Samen oder Speicherorgane in Form von Stärkekörnern. Unter dem Mikroskop kann man diese Stärkekörner betrachten, nachdem man vorher durch Zerschneiden oder Zerquetschen die Zellen zerstört hat.

Fertige mikroskopische Präparate einer Kartoffel, eines Bohnensamens und einer Banane an.

Material: Messer, Zange, Präpariernadel, Objektträger, Deckgläschen, Filterpapier, Tropfpipette, Iod-Kaliumiodid-Lösung (GHS07), Wasser, Kartoffel, Bohnensamen, Banane

Durchführung:
1. Bereite drei Objektträger vor, indem du mit der Tropfpipette auf jeden Objektträger einen Tropfen Wasser gibst.
2. Schneide dann von einer Kartoffel ein Stück ab und schabe mit dem Messer Zellen von der Schnittstelle.
3. Zerkleinere den Bohnensamen mit der Zange. Kratze mit dem Messer kleine Stückchen von dem weißen Gewebe der Innenseite des Bohnensamens ab.
4. Schneide ein kleines Stück von der Banane ab. Kratze mit einer Präpariernadel eine kleine Menge Bananenfruchtfleisch ab.
5. Gib die abgeschabten Zellen jeweils in die Wassertropfen auf den Objektträgern.
6. Lege jeweils ein Deckgläschen auf. Stelle ein Quetschpräparat des Bananenfruchtfleischs her, indem du mit dem Daumen leichten Druck auf das Deckgläschen ausübst.
7. Gib je einen Tropfen Iod-Kaliumiodid-Lösung auf den Rand der Deckgläschen. Sauge die Iod-Kaliumiodid-Lösung durch die Präparate, indem du ein Filterpapier an die andere Seite der Deckgläschen hältst.
8. Mikroskopiere die drei Präparate.

5. Fertige jeweils eine Zeichnung an.
6. Vergleiche die Formen der Stärkekörner von Kartoffel, Bohnensame und Banane.

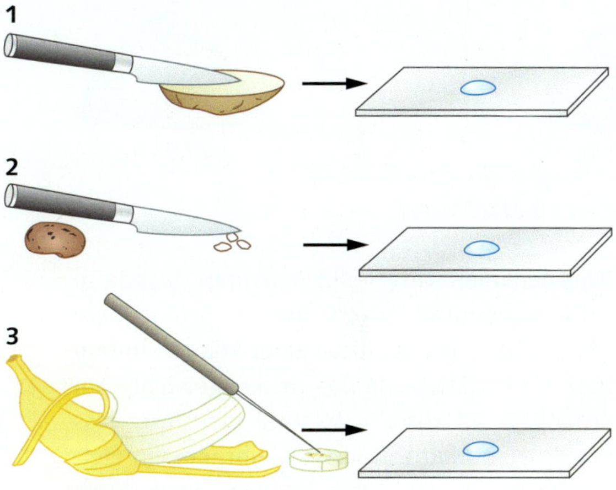

3 Herstellung der Präparate

Erforschung der Fotosynthese

Versuch von VAN HELMONT Um 1635 machte der Naturforscher JOHAN VAN HELMONT ein wichtiges Experiment zur Klärung der Frage, wie Pflanzen sich ernähren.
Damals vermuteten die Wissenschaftler, dass Pflanzen alle zum Wachstum erforderlichen Stoffe aus der Erde entnehmen. VAN HELMONT pflanzte eine junge Weide in einen Topf mit Erde. Zuvor hatte er sowohl die Weide als auch die Erde gewogen. Die Erde deckte er mit einer durchlöcherten Metallplatte ab und verhinderte so, dass durch Wind oder andere Umwelteinflüsse Erde hinzukam oder verloren ging. Er goss die Pflanze ausschließlich mit Regenwasser. Nach fünf Jahren wog er die Weidenpflanze und die Erde im Topf erneut ▶ Bild 1.
Aus seiner Beobachtung zog er die Schlussfolgerung, dass Pflanzen die Stoffe, die sie für ihr Wachstum benötigen, überwiegend aus dem Wasser und nur zu einem sehr geringen Teil aus der Erde entnehmen.

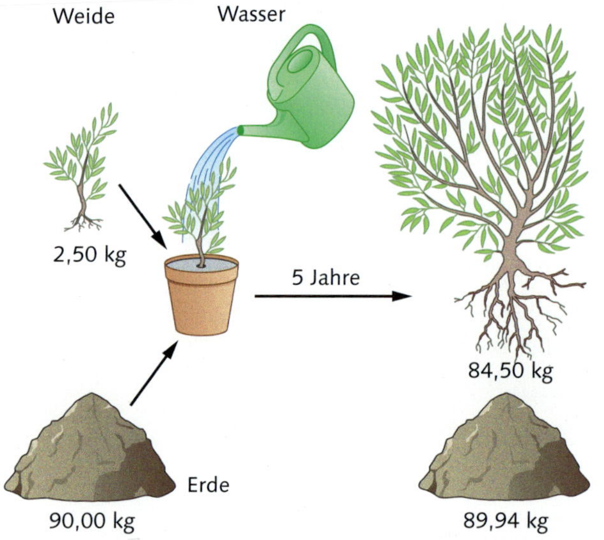

1 Versuch von VAN HELMONT

Weg der Erkenntnis Heute weiß man, dass diese Schlussfolgerung falsch war. Bestimmt man nämlich den Wasseranteil einer Pflanze, indem man sie trocknet und das Trockengewicht vom Frischgewicht abzieht, so stellt man fest, dass ein Rest an Pflanzenmasse bleibt, dessen Herkunft sich weder durch Wasser- noch durch Mineralstoffaufnahme erklären lässt. Pflanzen nehmen also neben Wasser und darin gelösten Mineralstoffen auch noch andere Stoffe auf, die sie im Baustoffwechsel in eigene Pflanzenmasse umwandeln.

Versuche von PRIESTLEY Der Theologe, Philosoph, Chemiker und Physiker JOSEPH PRIESTLEY (▶ Bild 3) vermutete, dass Lebewesen einen Einfluss auf die Zusammensetzung der Luft haben. Er führte im Jahr 1771 eine wichtige Versuchsreihe zur Überprüfung seiner Hypothese durch ▶ Bild 4.

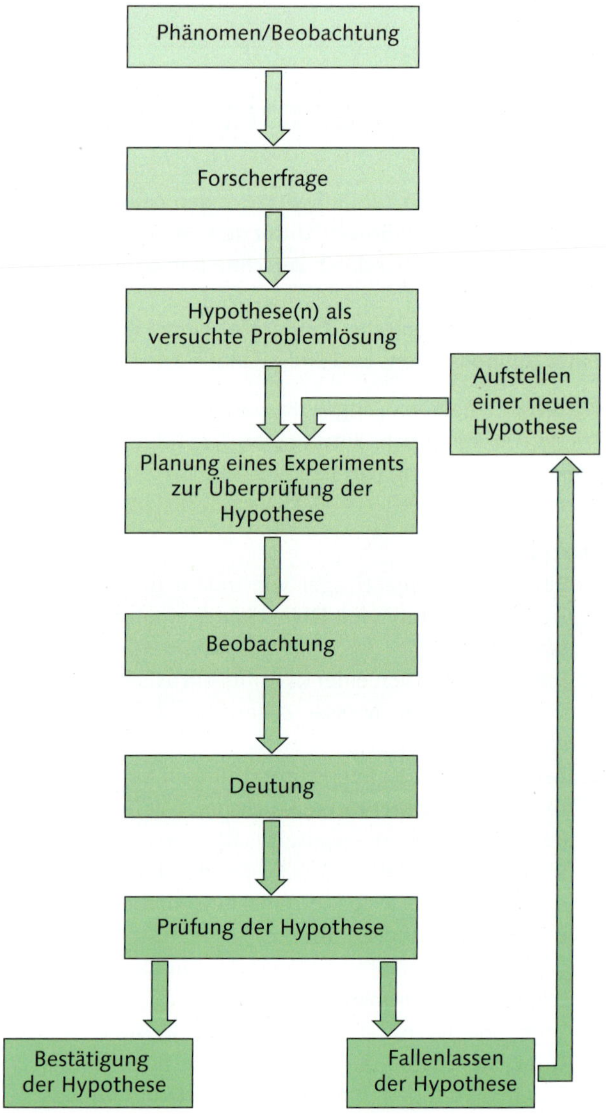

2 Naturwissenschaftlicher Weg der Erkenntnisgewinnung

3 JOSEPH PRIESTLEY (1733–1804)

PRIESTLEY beobachtete, dass eine brennende Kerze, die unter einer luftdicht verschlossenen Glasglocke stand, nach kurzer Zeit erlosch ▶ Bild 4A. In einem weiteren Versuch platzierte er eine grüne Pflanze unter der Glasglocke, unter der zuvor die Kerze erloschen war. Er achtete darauf, dass dabei keine Luft aus der Umgebung in die Glasglocke gelangte. Nach 14 Tagen entzündete er die Kerze unter der Glasglocke und stellte fest, dass sie brannte ▶ Bild 4B.
In einem dritten Versuchsansatz setzte PRIESTLEY eine Maus unter eine luftdicht verschlossene Glasglocke. Die Maus starb nach kurzer Zeit. Setzte er jedoch in einem weiteren Versuch eine Maus unter eine Glasglocke, unter der sich zuvor 14 Tage lang eine grüne Pflanze befunden hatte, überlebte die Maus und die grüne Pflanze gedieh gut ▶ Bild 4C.

Schlussfolgerungen PRIESTLEY schlussfolgerte aus seinen Versuchen, dass eine brennende Kerze und ein atmendes Tier dieselben Stoffe aus der Luft entnehmen. Außerdem stellte er fest, dass Pflanzen und Tiere die Luft in unterschiedlicher Weise verändern. Belichtete Pflanzen geben einen Stoff ab, den eine brennende Kerze ebenso benötigt wie ein atmendes Tier. Pflanzen nehmen einen Stoff aus der Luft auf, den sowohl atmende Tiere als auch brennende Kerzen abgeben, und gedeihen gut in dieser „verbrauchten" Luft.
PRIESTLEY konnte also mit seinen Versuchen bestätigen, dass Lebewesen einen Einfluss auf die Zusammensetzung der Luft haben. Es gelang

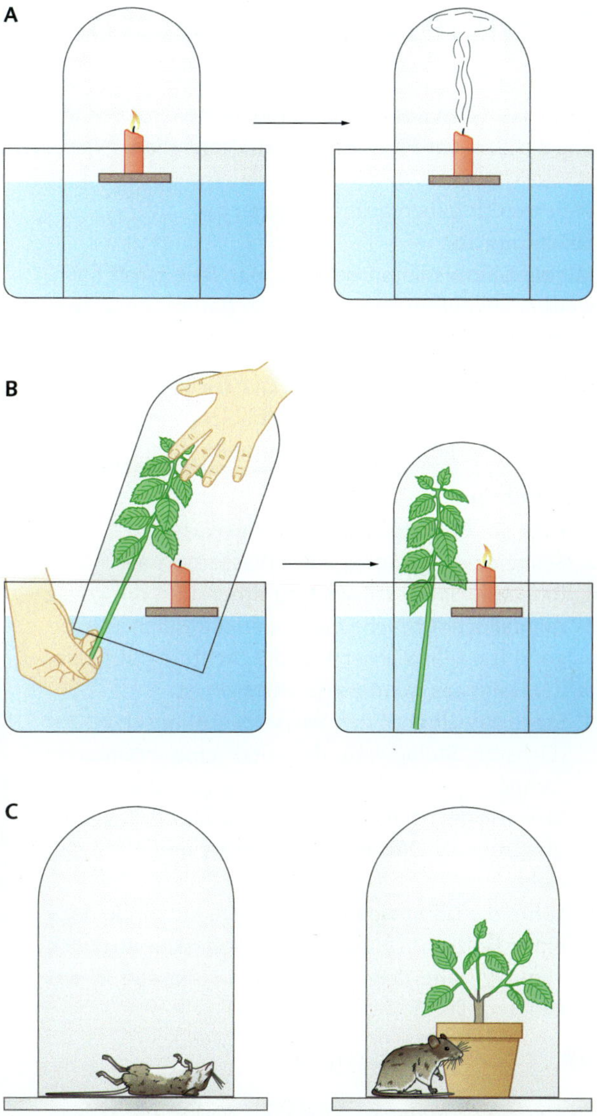

4 Versuche von PRIESTLEY

ihm aber nicht, die Luftbestandteile zu identifizieren, die Pflanzen und Tiere jeweils aufnehmen bzw. abgeben.

1 Bild 2 zeigt in Form eines Fließschemas, wie ein Naturwissenschaftler arbeitet. Erläutere den naturwissenschaftlichen Weg der Erkenntnisgewinnung am Beispiel der Vorgehensweise von VAN HELMONT.

2 Beschreibe PRIESTLEYS Versuchsdurchführung anhand von ▶ Bild 4.

3 Stelle eine Hypothese zu folgender Beobachtung PRIESTLEYS auf: Eine Maus unter einer Glasglocke, die im Dunkeln steht, stirbt auch dann, wenn sich unter der Glasglocke eine grüne Pflanze befindet.

Nachweis von Sauerstoff und Kohlenstoffdioxid

Heute lässt sich das Gas, das Tiere und Menschen mit der Ausatemluft abgeben, und das Gas, das Pflanzen im Licht herstellen, experimentell nachweisen.

Welches Gas geben grüne Pflanzen bei Belichtung ab?

Mit der Glimmspanprobe kann man Sauerstoff nachweisen. Ein glimmender Holzspan flammt bei Anwesenheit von Sauerstoff auf ▶ Bild 1.

Material: 1000-ml-Becherglas, Glastrichter mit Hahn, Glimmspan, Reagenzglas, Streichhölzer, einige Sprosse der Wasserpest, Wasser, Lichtquelle

Durchführung:

1. Fülle das Becherglas mit Leitungswasser.
2. Schneide einige Sprosse der Wasserpest ab.
3. Binde die Sprossstücke zusammen und bringe sie mit der Schnittfläche nach oben unter den wassergefüllten Glastrichter ▶ Bild 2. Achte darauf, dass der Hahn des Trichters geschlossen ist.
4. Stelle das Glas mit den Wasserpestpflanzen bis zur nächsten Biologiestunde unter eine brennende Lampe.
5. Stülpe in der nächsten Biologiestunde ein Reagenzglas über die Öffnung des Trichters und öffne den Hahn.
6. Führe die Glimmspanprobe durch. Entzünde dazu einen Holzspan. Blase ihn aus, sodass er nur noch glimmt. Halte den glimmenden Holzspan in das Reagenzglas.

1 Deute das Versuchsergebnis.

1 Glimmspanprobe

2 Versuchsaufbau

Welches Gas geben atmende Lebewesen ab?

Mit Kalkwasser kann man Kohlenstoffdioxid nachweisen. Klares Kalkwasser färbt sich bei Anwesenheit von Kohlenstoffdioxid milchig trüb ▶ Bild 3.

Material: Becherglas, Kalkwasser, Strohhalm

Durchführung:

1. Fülle ein Becherglas etwa 1 cm hoch mit Kalkwasser.
2. Puste durch einen Strohhalm Ausatemluft in das Kalkwasser.

2 Beschreibe deine Beobachtung.

3 Deute das Versuchsergebnis.

3 Nachweis von Kohlenstoffdioxid

Eigenständige Planung und Durchführung von Experimenten

Das Experimentieren ist eine wichtige Erkenntnismethode in der Biologie. Beim Experimentieren gehen Wissenschaftler systematisch vor.

Schritt 1 Aus einer Naturbeobachtung ergibt sich die Forschungs- oder Problemfrage.

Schritt 2 Zur Beantwortung dieser Frage werden Hypothesen, also begründete Vermutungen über Ursache-Wirkungs-Beziehungen, aufgestellt.

Schritt 3 Es schließt sich die systematische Planung von Versuchen an, mit denen die Hypothesen überprüft werden. Die natürliche Situation wird in einem Kontrollexperiment nachgestellt. Weiterhin werden Versuche geplant, in denen jeweils nur eine Einflussgröße verändert wird. Durch den Vergleich der Beobachtungen des Kontrollexperiments und der übrigen Versuchsansätze wird der Einfluss eines bestimmten Faktors auf das Versuchsergebnis deutlich.

Schritt 4 In einem Versuchsprotokoll werden die Forschungsfrage, die Hypothesen, eine genaue Versuchsbeschreibung mit Angabe der Materialien sowie die Beobachtungen und Messergebnisse festgehalten.

Schritt 5 Schließlich werden die Hypothesen anhand der Versuchsergebnisse überprüft.

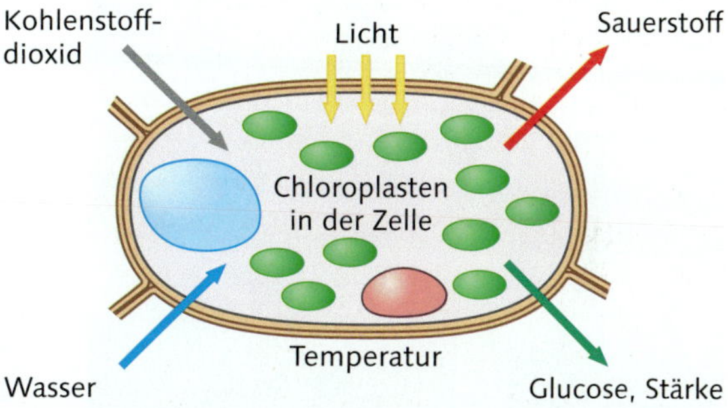

4 Ausgangsstoffe, Einflussfaktoren und Endstoffe der Fotosynthese

Belichtet man Wasserpestpflanzen, so steigen Gasbläschen auf. Es handelt sich bei diesem Gas um Sauerstoff. Da Sauerstoff ein Endstoff der Fotosynthese ist, kann die Zahl der innerhalb einer bestimmten Zeit aufsteigenden Sauerstoffbläschen als Maß für die Fotosyntheseleistung genutzt werden.

Forscherfrage: Wie kann die Fotosyntheseleistung einer Wasserpestpflanze gesteigert werden?

Hypothese: Kohlenstoffdioxid ist ein Ausgangsstoff für die Fotosynthese. Stellt man einer Pflanze mehr Kohlenstoffdioxid zur Verfügung, dann müsste auch die Menge an Endstoffen, z. B. die Sauerstoffmenge, die innerhalb einer bestimmten Zeit hergestellt wird, steigen.

Versuchsplanung

Material: 3 Reagenzgläser, 3 gleich große, ca. 3 cm lange Wasserpestsprosse, Büroklammern, Leitungswasser, abgekochtes Wasser (enthält wenig Kohlenstoffdioxid), Mineralwasser (enthält viel Kohlenstoffdioxid), Lichtquelle, Stoppuhr

Durchführung: Reagenzglas 1 wird mit Leitungswasser befüllt und dient als Kontrolle. Reagenzglas 2 wird mit abgekochtem Wasser, Reagenzglas 3 mit Mineralwasser befüllt. Der Wasserstand in allen Reagenzgläsern muss zu Versuchsbeginn gleich sein und die Wasserpestsprosse müssen gleich groß sein. Sie werden mit einer Büroklammer beschwert so in die Reagenzgläser gestellt, dass die Schnittfläche nach oben zeigt, sich aber unter der Wasseroberfläche befindet. Die Reagenzgläser werden im gleichen Abstand von der Lichtquelle aufgestellt. Über einen Zeitraum von 1 min werden die an der Schnittfläche aufsteigenden Sauerstoffbläschen gezählt.

1 Führt das Experiment durch. Einigt euch in eurer Gruppe darauf, wer die Aufgabe des Materialbeschaffers, des Experimentators, des Zeitnehmers und des Protokollanten übernimmt.

2 Protokolliert eure Ergebnisse.

3 Deutet die Ergebnisse.

4 **A** Entwickelt in eurer Gruppe Experimente, mit denen ihr den Einfluss der Faktoren Licht oder Temperatur auf die Fotosyntheseleistung überprüfen könnt.
B Führt diese Experimente durch.

Bedeutung der Fotosynthese

Die Fotosynthese wird oft als die wichtigste Stoffwechselreaktion auf der Erde bezeichnet. Worin besteht die besondere Bedeutung der Fotosynthese?

1 Keimender Bohnensamen

Bedeutung der Fotosynthese für Pflanzen Blütenpflanzen speichern in ihren Samen, aber auch in überwinternden Speicherorganen Nährstoffe, z. B. Stärke. Wenn ein Samen keimt, nutzt der Pflanzenembryo den Nährstoffvorrat im Samen, um die Keimwurzel und die Keimblätter wachsen zu lassen ▶ Bild 1. Erst wenn der Keimling die ersten grünen Laubblätter ausgebildet hat, kann er Fotosynthese betreiben. So stellt er die Nährstoffe, die er für sein weiteres Wachstum benötigt, aus Kohlenstoffdioxid und Wasser mithilfe des Sonnenlichts selbst her. Viele Frühblüher nutzen die Nährstoffe in ihren Speicherorganen, um im Frühjahr die oberirdischen Pflanzenteile, also den Spross und die Blätter, aufzubauen.

Bedeutung der Fotosynthese für Tiere und Menschen Grüne Pflanzen stellen die Ernährungsgrundlage für Tiere und Menschen dar, weil nur sie in der Lage sind, aus energiearmen Ausgangsstoffen energiereiche Nährstoffe herzustellen. Als Produzenten stehen sie deshalb am Anfang aller Nahrungsketten ▶ Bild 2. Pflanzenfresser ernähren sich direkt von pflanzlichen Produkten und sind somit unmittelbar von der pflanzlichen Nährstoffproduktion abhängig. Fleischfresser ernähren sich wiederum von Pflanzenfressern. Sie sind also indirekt von der Nährstoffproduktion der Pflanzen abhängig.
Bei der Fotosynthese geben Pflanzen außerdem Sauerstoff ab, der für alle atmenden Lebewesen lebensnotwendig ist. Ohne grüne Pflanzen könnten also weder Tiere noch Menschen auf Dauer überleben.

Bedeutung der Fotosynthese für das Klima Ein Laubbaum in unseren Breiten stellt durch Fotosynthese täglich über 10 kg Glucose her und verbraucht dabei etwa 10 000 Liter Kohlenstoffdioxid. Dabei wird die gleiche Menge an Sauerstoff gebildet.
In den letzten 100 Jahren ist der Kohlenstoffdioxidgehalt in der Erdatmosphäre deutlich angestiegen. Forscher haben nachgewiesen, dass Kohlenstoffdioxid als Treibhausgas zur Erderwärmung beiträgt. Bei der Fotosynthese werden von den Pflanzen riesige Mengen an Kohlenstoffdioxid gebunden. In der Wachstumsphase wirken grüne Pflanzen so einem weiteren Temperaturanstieg entgegen und das ist für das Klima auf unserer Erde sehr wichtig.

2 Nahrungskette

3 Industrieanlage

Fossile Brennstoffe Kohle, Torf, Erdgas und Erdöl sind *fossile Brennstoffe*. Der Begriff „fossil" bedeutet, dass sie vor bis zu 500 Millionen Jahren aus Abbauprodukten von toten Kleinstlebewesen und abgestorbenen Pflanzen entstanden sind. Letztendlich gehen alle fossilen Brennstoffe also auf die Stoffproduktion durch Fotosynthese in längst vergangener Zeit zurück. Wir nutzen die in den Brennstoffen gespeicherte Energie zum Heizen, in der Industrie (▶ Bild 3) und im Straßen-, Flug- und Eisenbahnverkehr als Treibstoff.

Energiepflanzen Fossile Brennstoffe werden knapp. Deshalb werden heute verstärkt Energiepflanzen wie Mais oder Raps angebaut ▶ Bild 4. Die Produkte, die diese Pflanzen in der Fotosynthese herstellen, werden als Biokraftstoff oder für Bioheizkraftwerke genutzt ▶ Bild 5. Energiepflanzen dienen also nicht der Ernährung von Mensch und Tier, sondern werden angebaut, um den Energiebedarf in der Industrie und in privaten Haushalten zu decken.
Der Anbau von Energiepflanzen hat aber zur Folge, dass weniger Landfläche für den Anbau von Futterpflanzen und für den Anbau von Pflanzen, die dem Menschen als Nahrung dienen, zur Verfügung steht.
Andererseits wachsen Energiepflanzen im Gegensatz zu fossilen Brennstoffen jährlich nach. Es handelt sich also um nachwachsende Rohstoffe.

1 Stelle die Bedeutung der Fotosynthese in Form eines Lernplakats dar.

2 Erläutere am Beispiel der Fotosynthese das Basiskonzept Stoff- und Energieumwandlung.

3 Erkläre, wieso das Leben auf der Erde ohne die Fotosynthese der grünen Pflanzen nicht möglich wäre.

4 **A** Nenne Vor- und Nachteile des Anbaus von Energiepflanzen.
B Für Biokraftstoff wird mit dem Slogan „Sonne im Tank" geworben. Erläutere.

4 Rapsernte

5 Tankstelle für Biokraftstoff

Zellatmung

1 Keimende Erbsen

Um Leistung zu vollbringen, benötigen die Zellen aller Lebewesen Energie. Im Baustoffwechsel wird Energie zum Auf- und Umbau von Stoffen und im Energiestoffwechsel zum Stofftransport benötigt. Die Energie für alle genannten Lebensvorgänge stammt aus der *Zellatmung*. In dieser Stoffwechselreaktion wird die chemische Energie der Glucose für die Zellen nutzbar gemacht.

Zellatmung Die Zellatmung läuft in mehreren Teilschritten im Zellplasma und in den Mitochondrien, den „Kraftwerken der Zelle", ab. Zellen, die viel Energie brauchen, besitzen auch eine große Zahl an Mitochondrien ▶ Bild 3. In der Zellatmung reagiert der energiereiche Ausgangsstoff Glucose mit Sauerstoff zu den energiearmen Endstoffen Kohlenstoffdioxid und Wasser. Die chemische Energie der Glucose wird dabei so umgewandelt, dass sie von der Zelle auf vielfältige Weise genutzt werden kann.

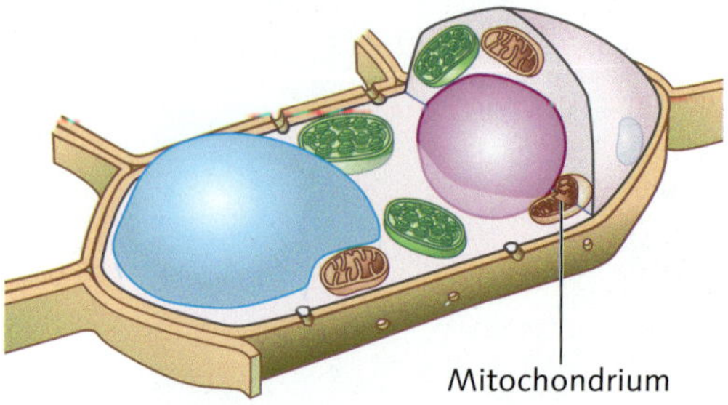

3 Zelle mit Mitochondrien

Stoff- und Energieumwandlung Pflanzen verbrauchen einen Teil der von ihnen in der Fotosynthese hergestellten Nährstoffe in der Zellatmung. Auch in Pflanzenteilen gespeicherte Nährstoffe werden genutzt. So wandeln keimende Erbsensamen (▶ Bild 1) die Speicherstoffe im Samen zunächst in Glucose um. Sie nutzen diese als Ausgangsstoff für die Zellatmung. Bei dieser Stoffwechselreaktion reagiert Glucose mit Sauerstoff zu den energiearmen Endstoffen Kohlenstoffdioxid und Wasser. In den Zellen finden also Stoffumwandlungen statt. Außerdem wird ein großer Teil der chemischen Energie, die in der Glucose gespeichert war, in Form von Wärme frei. In der Zellatmung findet also ebenfalls Energieumwandlung statt.
Auch Tiere und Menschen betreiben Zellatmung. Da sie im Gegensatz zu grünen Pflanzen energiereiche Stoffe wie Glucose nicht mithilfe des Sonnenlichts selbst herstellen können, müssen sie diese über die Nahrung aufnehmen.

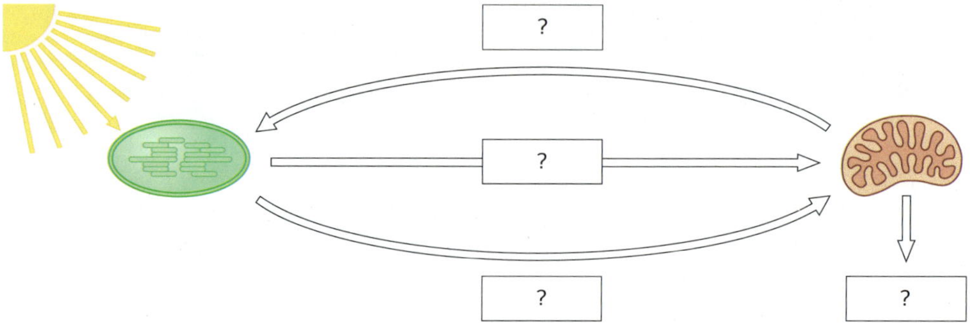

2 Schema zur Fotosynthese und Zellatmung

Fotosynthese und Zellatmung Grüne Pflanzen besitzen in ihren Zellen Chloroplasten und Mitochondrien. In den Chloroplasten stellen sie aus den energiearmen Ausgangsstoffen Kohlenstoffdioxid und Wasser energiereiche Glucose her und geben Sauerstoff ab. Dazu benötigen sie die Energie des Sonnenlichts. Fotosynthese läuft also nur tagsüber ab. In den Mitochondrien wird die energiereiche Glucose unter Sauerstoffverbrauch wieder zu den energiearmen Endstoffen Kohlenstoffdioxid und Wasser abgebaut. Dadurch steht der Pflanze am Tag und in der Nacht Energie für ihren Stoffwechsel zur Verfügung. Bei ausreichender Belichtung stellt die Pflanze bei der Fotosynthese mehr Glucose her, als sie selbst durch Zellatmung verbraucht.

1 **A** Stelle den Prozess der Zellatmung in Form einer Wortgleichung dar. Schreibe die Ausgangsstoffe auf die linke und die Endstoffe auf die rechte Seite.

____ + ____ ⟶ ____ + ____

B Vergleiche die Wortgleichungen von Zellatmung und Fotosynthese.

2 Nimm Stellung zu der Aussage „Pflanzen betreiben tagsüber Fotosynthese, nachts atmen sie".

3 Stelle den Zusammenhang von Zellatmung und Fotosynthese dar, indem du das Schema von ▶ Bild 2 vervollständigst.

Material Methode Praxis

Auch Pflanzen atmen

Die Zellatmung von Pflanzen lässt sich in einem Experiment mit keimenden Erbsensamen nachweisen. Dazu wird Standzylinder A zu einem Viertel mit Erbsensamen befüllt. Diese werden mit Wasser bedeckt. Der Standzylinder wird mit einer Glasplatte verschlossen und bleibt für einen Tag stehen. Standzylinder B bleibt leer, wird aber auch mit einer Glasplatte verschlossen.

Versuch zur Zellatmung

Material: 2 Glasstäbe, 2 Kerzen, Draht, Streichhölzer, 2 Abdeckgläser, Stoppuhr, Barytwasser [$Ba(OH)_2$; GHS05|07] als Nachweismittel für Kohlenstoffdioxid; Barytwasser reagiert mit Kohlenstoffdioxid zu Bariumcarbonat, das einen weißen Niederschlag bildet.

Durchführung:

1. Tauche je einen Glasstab in Barytwasser und halte ihn anschließend in Standzylinder A und B ▶ Bild 4. Verschließe die Standzylinder sofort, nachdem du die Glasstäbe eingeführt hast.
2. Entzünde die Kerzen. Nimm die Abdeckung von den Standzylindern und platziere die brennenden Kerzen in die Standzylinder ▶ Bild 5. Verschließe die Standzylinder sofort wieder mit der Glasplatte. Miss die Zeit bis zum Erlöschen der Kerzenflamme.

4 **A** Nenne die Hypothesen, die du mithilfe der Experimente überprüfen kannst.
B Protokolliere deine Versuchsbeobachtungen.
C Deute die Versuchsergebnisse.

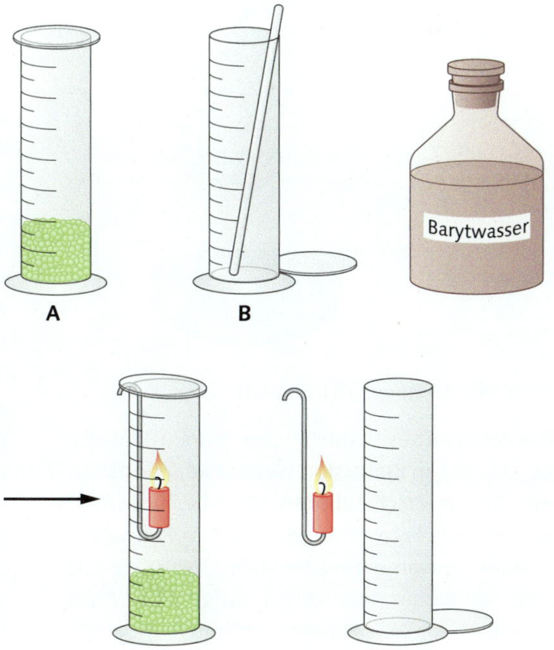

4 Versuchsdurchführung

Zusammenfassung

Kompartimentierung

Kompartimente sind abgegrenzte Reaktionsräume. Auf der Ebene der Organe findet man bei einem pflanzlichen Organismus Blätter, Sprossachse und Wurzeln als Reaktionsräume.

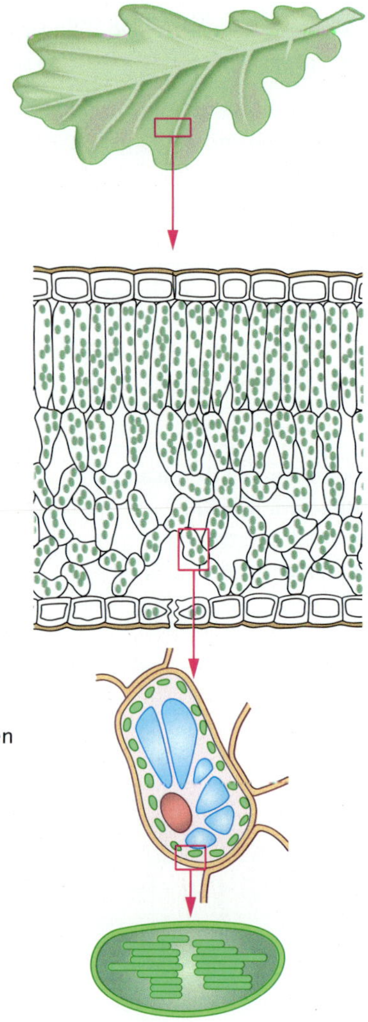

1 Kompartimente im Laubblatt

Die Fotosynthese läuft in den grünen Blättern ab. Das Organ Blatt ist in weitere Reaktionsräume, die unterschiedlichen Gewebe, unterteilt ▶ Bild 1. Die Fotosynthese findet im Palisaden- und im Schwammgewebe statt. Diese Gewebe sind wiederum aus Zellen aufgebaut. Auch innerhalb der Zellen lassen sich voneinander abgegrenzte Reaktionsräume, die Zellorganellen, unterscheiden.

Diese Reaktionsräume übernehmen unterschiedliche Funktionen. So baut die Pflanze bei der Fotosynthese in den Chloroplasten Glucose auf. In der gleichen Zelle betreibt sie in den Mitochondrien Zellatmung und baut Glucose wieder ab ▶ Bild 2. Durch die *Kompartimentierung* können in den verschiedenen Zellorganellen einer Pflanzenzelle gleichzeitig verschiedene Stoffwechselreaktionen ablaufen.

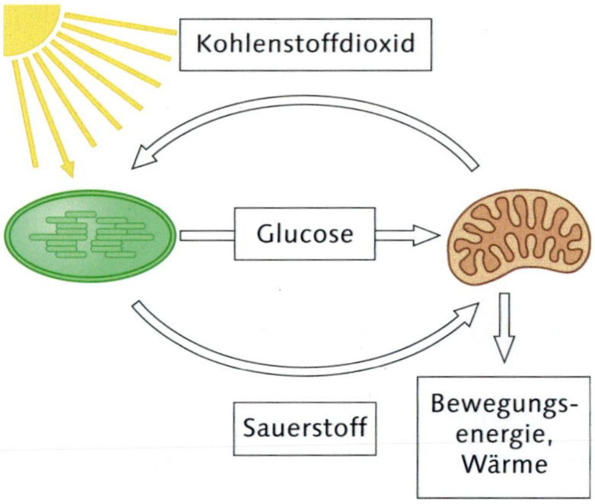

2 Kompartimente in der Zelle: Chloroplast und Mitochondrium

Stoff- und Energieumwandlung

Grüne Pflanzen sind Produzenten. In der Fotosynthese nutzen sie die Energie des Sonnenlichts und stellen in den Chloroplasten aus den energiearmen Ausgangsstoffen Kohlenstoffdioxid und Wasser energiereiche Glucose her und geben Sauerstoff ab ▶ Bild 2. Im Baustoffwechsel der Pflanze werden aus der Glucose viele andere Stoffe, z. B. weitere Kohlenhydrate, Fette und Eiweiße, aufgebaut. Diese Nährstoffe bilden die Ernährungsgrundlage für Tiere.

Pflanzen und Tiere betreiben Zellatmung. In der Zellatmung wandeln sie die Glucose mit dem aufgenommenen Sauerstoff in die energiearmen Endstoffe Kohlenstoffdioxid und Wasser um ▶ Bild 2. Die frei werdende Energie nutzen sie im Energiestoffwechsel für wichtige Lebensvorgänge wie die Bewegung oder die Aufnahme und den Transport von Stoffen. Ein Teil der Energie wird in Form von Wärme abgegeben.

Diese Zusammenhänge werden im Basiskonzept *Stoff- und Energieumwandlung* zusammengefasst.

Teste dich!

1 Fasse die Vorgänge bei der Fotosynthese mit eigenen Worten zusammen.

2 **A** Nenne die in ► Bild 3 dargestellten Blattstrukturen.
B Erläutere das Basiskonzept Struktur und Funktion am Beispiel des Blattes.

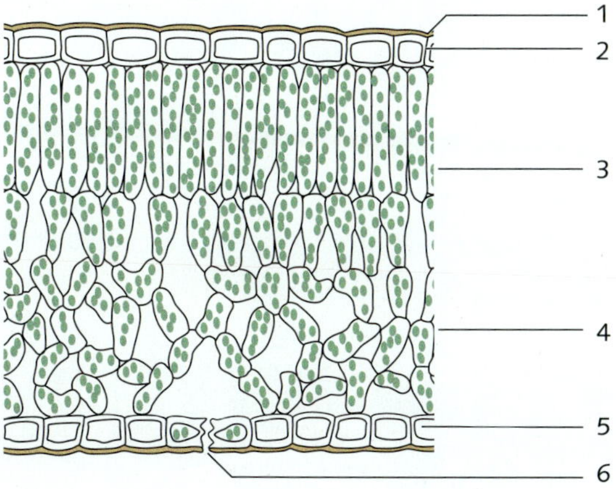

3 Blattquerschnitt

3 Das Diagramm in ► Bild 4 zeigt die Ergebnisse eines Experiments, bei dem die Sauerstoffabgabe einer Pflanze gemessen wurde.
A Beschreibe das dargestellte Ergebnis des Versuchs.
B Entwickle einen Versuchsaufbau, der zu dem dargestellten Ergebnis führen kann.
C Stelle Hypothesen auf, welche Ergebnisse du erwartest, wenn man den Versuch im Dunkeln durchführt.

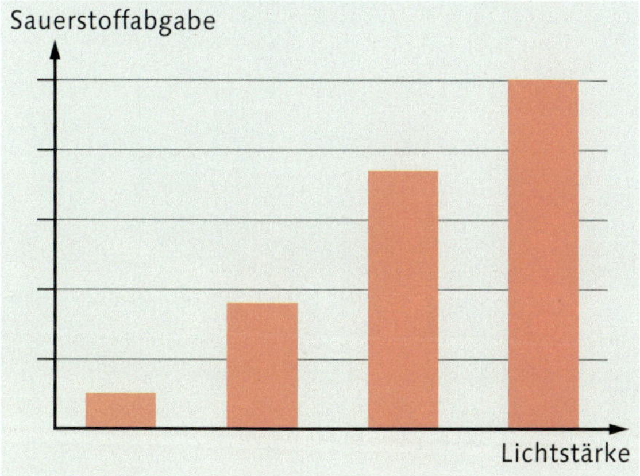

4 Versuch zur Sauerstoffabgabe bei Pflanzen

4 Nenne die Wortgleichung der Zellatmung.

5 Schneeglöckchen sind nach dem langen Winter die ersten Frühlingsboten ► Bild 5. Sie haben den Winter unterirdisch als Zwiebeln überdauert, während die oberirdischen Pflanzenteile abgestorben sind. Schneeglöckchen treiben so früh im Jahr aus, dass der Boden oft noch gefroren oder schneebedeckt ist. Man kann beobachten, dass der Schnee um die Stelle, an der das Schneeglöckchen austreibt, weggeschmolzen ist.
A Erkläre, warum der Schnee schmilzt.
B Erläutere am Beispiel der Schneeglöckchen das Basiskonzept Stoff- und Energieumwandlung.

6 Ein Keimling enthält besonders viele Mitochondrien. Erkläre.

5 Schneeglöckchen im Schnee

7 Nimm Stellung zu der Aussage: „Die Fotosynthese ist die wichtigste Stoffwechselreaktion auf der Erde."

8 Pflanzliche Zellen enthalten neben Chloroplasten auch Mitochondrien. Erkläre an diesem Beispiel das Basiskonzept Kompartimentierung.

► Die Lösungen zu den Aufgaben findest du im Anhang.

Ökologie

Eine Landschaft aus der Vogelperspektive betrachtet zeigt dir ein abwechslungsreiches Bild. Du erkennst unter anderem Gewässer und große, zusammenhängende Waldflächen. Sie bieten Lebensräume für Tier- und Pflanzenarten, zwischen denen zahlreiche Beziehungen bestehen. Da im Wald oder Gewässer unterschiedliche Bedingungen herrschen, findet man in ihnen ganz verschiedene Lebensgemeinschaften von Tieren und Pflanzen. Lebensräume und Lebensgemeinschaften zu untersuchen ist Gegenstand der Ökologie.

Den Wald erleben

**Im Wald gibt es vieles zu entdecken und zu untersuchen.
Einiges davon kann auch ins Klassenzimmer geholt und dort erlebt werden.**

Ein Hörprotokoll anfertigen

Wenn wir unseren Sehsinn ausschalten, nehmen die anderen Sinne die Umgebung viel intensiver wahr. Stelle dich im Wald mit geschlossenen Augen hin und verharre so einige Minuten. Beschreibe deine Eindrücke in dieser Zeit. Vergleiche sie mit den Erlebnissen deiner Mitschüler.

Borke untersuchen

Jeder Baum sieht anders aus. Ein auffälliges Unterscheidungsmerkmal ist die Borke ▶ Bild 1. Tritt an einen Baum heran und berühre dessen Borke. Vergleiche sie mit der eines anderen Baumes. Beschreibe, was dir auffällt.
Von Borken kann man Abriebbilder herstellen. Hierfür benötigst du Wachsmalstifte oder Kohle und weißes Papier. Arbeitet am besten zu zweit. Einer hält das Papier gegen die Borke, der andere nimmt den Stift quer, sodass die lange Seite das Papier berührt, und reibt diesen nicht zu fest über das Papier. Vergleicht eure Abriebbilder. Kennt ihr die Bäume, von denen sie sind? Abriebbilder könnt ihr auch auf dem Schulweg oder zu Hause erstellen und dann in der Klasse miteinander vergleichen.

Fühlboxen

Sucht im Wald verschiedene Gegenstände, z. B. Fichtenzapfen, Laubstreu oder kleine Äste. Ihr müsst aber darauf achten, dass ihr keine Lebensräume zerstört und die Gegenstände auch wieder an ihren Ort zurücklegt.
Um eine Fühlbox herzustellen, schneidet man in eine der Seitenwände eines Schuhkartons ein Loch, durch

2 Schulklasse im Wald

das eine Hand passt. In die Box legt ihr die gefundenen Gegenstände. Wenn ihr mehrere solcher Boxen füllt, könnt ihr ein Ratespiel veranstalten. Die Versuchsperson muss durch Fühlen erraten, was es ist. Es ist selbstverständlich, dass ihr keine Tiere in eine solche Box sperrt.
So befüllte Boxen können auch im Klassenzimmer zum Einsatz kommen. Ihr könnt auch versuchen, die Objekte am Geruch zu erkennen.

Totholz lebt

Abgestorbene Bäume, heruntergefallene Äste und Baumstümpfe verrotten langsam. Man nennt sie Totholz. Totholz bietet vielen Lebewesen einen Lebensraum. Untersuche einen umgestürzten Baum oder herabgefallenen Ast auf seine Bewohner. Achte aber darauf, deren Behausung nicht zu zerstören.

1 Borke von Eiche, Birke und Fichte

Tierspuren im Wald

Die meisten Waldbewohner bleiben unseren Blicken verborgen, weil sie sehr scheu oder nachtaktiv sind. Dennoch hinterlassen sie zahlreiche Hinweise auf ihre Anwesenheit im Wald. Dies können Fraßspuren sein (▶ Bild 6), aber auch Trittsiegel, also Fußabdrücke ▶ Bild 5. Du kannst ebenfalls Haarbüschel oder Federn finden. Auch Hinweise auf kleine Tiere, z. B. die Fraßgänge von Insektenlarven oder die Kinderstuben der Gallwespen (▶ Bild 3), kann man bei genauem Hinsehen beobachten.

Schau dich im Wald ganz genau um, ob du etwas siehst, was dir verrät, dass ein Tier dort war. Trittsiegel sind in schlammigem Boden und in Schnee gut zu sehen. Fraßspuren entdeckt man an Bäumen und Büschen oder deren Samen. Ausscheidungen wie Gewölle von Eulen (▶ Bild 4) findet man nahe an Baumstämmen am Boden.

Erstelle zusammen mit deinen Mitschülern eine Liste der dazugehörenden Tiere und macht euch so einen Überblick über die Vielfalt der Lebewesen im Wald.

5 Trittsiegel vom Reh (links) und Fährte vom Fuchs (rechts)

3 Gallen der Eichengallwespe

4 Gewölle eines Uhus

6 Fraßspuren: Eichhörnchen (a), Haselmaus (b) Specht (c)

Der Wald – ein Dickicht mit System

Ökosystem Wald Der Wald ist seit jeher ein geheimnisvoller und faszinierender Ort für den Menschen. Wer in den Wald hineingeht, sieht nicht nur eine Vielzahl von Bäumen, Sträuchern, Farnen, Moosen und Kräutern. Er riecht auch das feuchte Laub und den Boden, hört ein Rauschen und Rascheln, Zwitschern, Klopfen und andere rätselhafte Geräusche. Sehen kann man die Tiere des Waldes oft erst auf den zweiten Blick. Für die Tiere und Pflanzen bietet der Wald unzählige Lebensräume.
Lebewesen des Waldes besiedeln ganz unterschiedliche Lebensräume wie den Boden, einen Baumstumpf oder das dichte Geäst der großen Bäume. Sie sind an diese Lebensräume angepasst. Alle Lebewesen im Wald bilden eine Lebensgemeinschaft. In ihrer Gesamtheit werden diese Lebensräume mit ihrer Lebensgemeinschaft aus Pflanzen und Tieren als *Ökosystem* bezeichnet.

Stockwerke des Waldes Der Wald ist in verschiedene Stockwerke untergliedert ▶ Bild 1. In der Moosschicht wachsen Flechten, Moose und Pilze. Darauf folgt die *Krautschicht*. Hier findet man Farne sowie verschiedene Blütenpflanzen wie das Springkraut, Leberblümchen und andere Kräuter ▶ Bild 2. Das nächste Stockwerk ist die *Strauchschicht*. Sie erreicht eine Höhe von ca. 3 m und wird von Sträuchern und jungen Bäumen gebildet, z. B. der Haselnuss, dem Weißdorn und der Eberesche. Die *Baumschicht* besteht beispielsweise aus Rotbuchen, Waldkiefern und Eichen, die je nach Art und Alter unterschiedliche Höhen erreichen. Daher unterscheidet man eine niedrige Baumschicht von 20 – 25 m sowie eine hohe Baumschicht bis 40 m Höhe, deren Bäume das Kronendach bilden.

2 Krautschicht mit Farnen

1 Stockwerke des Waldes

3 Moosschicht mit Pilz

Pflanzen sind mit ihren Wurzeln im Boden verankert, sodass die *Bodenschicht* mit dem Wurzelwerk die unterste Schicht darstellt. Auch das sehr weitreichende unterirdische Geflecht der Pilze (▶ Bild 3), das Myzel, ist wesentlicher Teil dieser Bodenschicht. Jede dieser Schichten bietet unterschiedliche Lebensbedingungen für Pflanzen, Pilze und Tiere.

Waldtypen In West- und Mitteleuropa finden sich vor allem *Laubwälder* mit Bäumen, die im Winter ihre Blätter verlieren. Zu den Laubbäumen zählen unter anderem die Stieleiche, die Rotbuche, der Bergahorn und die Gemeine Esche. Wachsen neben Laubbäumen auch Nadelbäume, spricht man von Mischwäldern. In kälteren Regionen sowie höheren Lagen herrschen die immergrünen *Nadelwälder* mit der Waldkiefer, der Fichte und der Weißtanne vor.

Einfluss von Licht und Temperatur Der Lichteinfall ist in den einzelnen Bereichen des Waldes sehr unterschiedlich. Während im Sommer die Baumkronen der Laubbäume viel Licht erhalten, so ist der Waldboden beschattet. Anders ist die Situation im Frühling. Die unbelaubten Baumkronen lassen viel Licht auf den Boden fallen, sodass sich für wenige Wochen ein Teppich aus blühenden Buschwindröschen zeigt ▶ Bild 4.

4 Laubwald im Frühjahr

Eine erhöhte Sonneneinstrahlung führt auch dazu, dass die Temperatur steigt. Im Nadelwald ist es ganzjährig recht dunkel und kühl, weil Nadelbäume in der Regel ihre Nadeln nicht abwerfen.
Licht und Temperatur nehmen maßgeblich Einfluss auf das Vorkommen bestimmter Pflanzen und Tiere. Diese Faktoren werden als *abiotische Umweltfaktoren* bezeichnet.

Nahrung, Nistplatz und Versteck Der Wald bietet Lebensräume für zahlreiche Tiere. Rehe, Hirsche, Wildschweine, Füchse und Eichhörnchen finden hier hinreichend Nahrung. In den mächtigen Baumkronen können verschiedene Vögel wie der Eichelhäher und die Amsel ihre Nester bauen. Andere Vögel wie die Kohlmeise und der Waldkauz nisten in Bruthöhlen. Am und im Boden wimmelt es von kleinen wirbellosen Tieren wie Regenwürmern oder Asseln, die sich von abgestorbenen Blättern ernähren. Nicht nur im Wald findet man viele Lebensräume, sondern sogar in einem einzigen Baum. So hat man herausgefunden, dass in und auf einer alten Eiche ungefähr 500 Arten vorkommen.

1. Stelle die Schichten des Waldes mit ihren jeweiligen Vertretern tabellarisch dar.
2. Im Sommer wachsen keine Buschwindröschen im Wald. Begründe.
3. „Auch ein einzelner Baum ist ein Lebensraum." Nimm begründet Stellung zu dieser Aussage.
4. Beschreibe mithilfe des Textes und ▶ Bild 5 die Bedeutung eines Baumes für den Buntspecht.

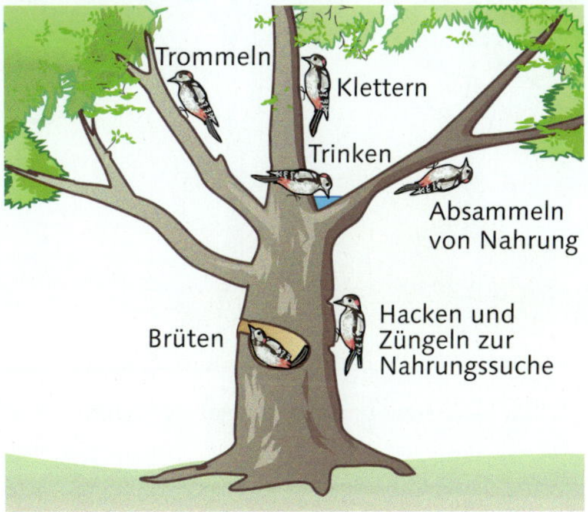

5 Buntspecht und der Lebensraum Baum

Lichtverhältnisse im Wald

Licht ist für die Pflanzen ein sehr wichtiger abiotischer Faktor:
Licht ist für die Fotosynthese und damit für das Wachstum notwendig.

1. Beschreibe das Diagramm in ▶ Bild 2.
2. Deute das Diagramm.
3. Ordne die ▶ Bilder 1 und 3 begründet einer Jahreszeit zu.

1 Laubwald

3 Laubwald zu einer anderen Jahreszeit

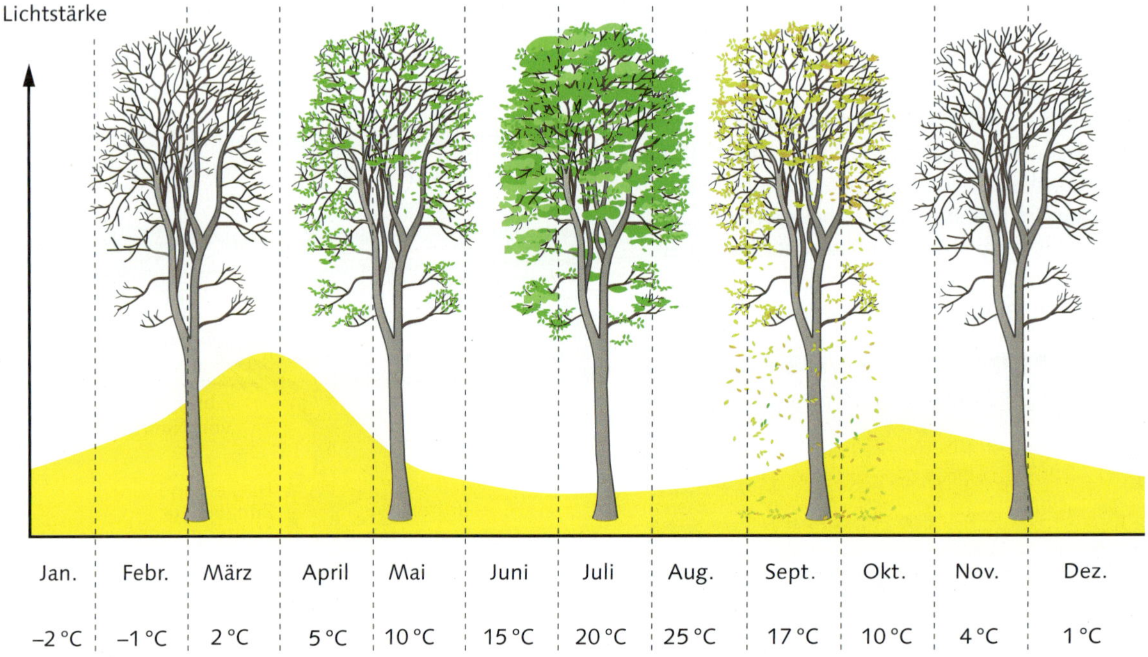

2 Lichtverhältnisse am Waldboden im Laufe der Jahreszeiten

Abiotische Faktoren messen

Abiotische Faktoren spielen im Wald eine wichtige Rolle. Sie charakterisieren den Lebensraum Wald. Finde durch Vergleich mit einem anderen Lebensraum heraus, welche besonderen Lebensbedingungen der Wald bietet.

Temperatur

Die Temperatur misst man mit einem Thermometer. Sie wird in Grad Celsius angegeben. Interessant ist eine Langzeitmessung mit einem Minimax-Thermometer ► Bild 5 d. Es zeigt neben der aktuellen auch die im Zeitraum höchste und niedrigste Temperatur an.

Windgeschwindigkeit

Um die Windgeschwindigkeit zu messen, gibt es spezielle Messgeräte ► Bild 5 a. Man kann die Windgeschwindigkeit aber auch abschätzen ► Bild 4. Die Beaufortskala gibt die Windstärken an, die in Windgeschwindigkeiten umgerechnet werden können.

Lichtstärke

Mit einem Luxmeter (► Bild 5 c) kann man die Lichtstärke messen. Man muss darauf achten, beim Ablesen nicht selbst einen Schatten auf den Sensor des Gerätes zu werfen. Die Lichtstärke besagt, wie groß der einfallende Lichtstrom pro Flächeneinheit ist, und wird in der Einheit lux gemessen.

Windstärke	Beobachtungen an Bäumen	Windgeschwindigkeit in km/h
0	keine Luftbewegung	0 – 2
2	Blätter rascheln	6 – 11
3	Blätter und dünne Zweige bewegen sich	12 – 19
4	Zweige bewegen sich	20 – 28
5	große Zweige und Äste bewegen sich	29 – 30
7	Bäume schwanken	50 – 61
8	große Bäume werden bewegt	62 – 74
9	Äste brechen	75 – 88
10	Bäume werden entwurzelt	89 – 102
12	schwerste Sturmschäden	≥ 117

4 Beaufortskala

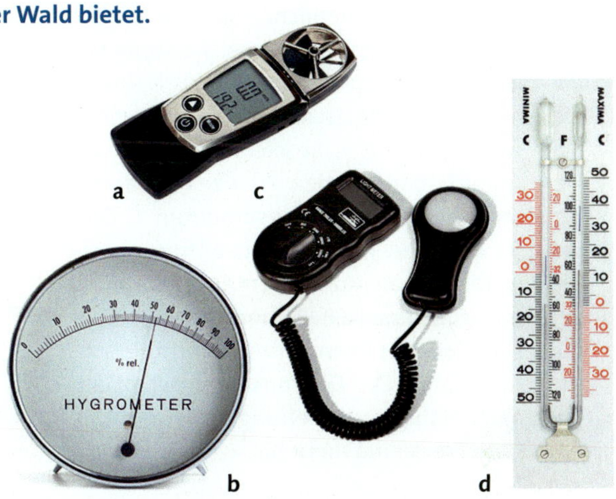

5 Messgeräte: Anemometer (a), Hygrometer (b), Luxmeter (c), Minimax-Thermometer (d)

Luftfeuchtigkeit

Die Luftfeuchtigkeit wird mit einem Hygrometer (► Bild 5 b) bestimmt. Sie wird in Prozent angegeben, da sie den Anteil des Wasserdampfs im Gasgemisch der Luft bezeichnet.

1 **A** Miss die abiotischen Faktoren an einer Stelle mitten im Wald. Nimm die gleichen Messungen auch außerhalb des Waldes vor.
B Beschreibe die Vegetation und Dichte des Bewuchses am Standort der Messung.
C Stelle eine Beziehung zwischen dem Pflanzenbewuchs und den abiotischen Faktoren her.
D Vergleiche die mitten im Wald gemessenen Werte mit den Werten, die außerhalb des Waldes ermittelt wurden.
E Deute deine Ergebnisse und gehe auf die Werte inner- und außerhalb des Waldes ein.

2 **A** Stelle Hypothesen auf, wie sich die Werte in den Jahreszeiten unterscheiden werden.
B Überprüfe deine Hypothesen in einem Experiment.

3 Nimm Stellung zu folgender Aussage: „Das Roden eines Waldgebietes hat schwerwiegende Folgen für die gesamte Umgebung."

Nahrungsbeziehungen

Produzenten und Konsumenten Die Grundlage einer jeden Nahrungsbeziehung sind Pflanzen. Sie fangen das Sonnenlicht ein und stellen durch die Fotosynthese energiereiche Stoffe her, die anderen Lebewesen wiederum als Nahrung dienen. Pflanzen werden daher als *Produzenten*, Tiere als *Konsumenten* bezeichnet. Wenn sich Tiere unmittelbar von den Pflanzen ernähren, bezeichnet man sie als Konsumenten 1. Ordnung. Andere Tiere fressen Pflanzenfresser – sie werden folglich als Konsumenten 2. Ordnung benannt. Konsumenten 3. und höherer Ordnung sind Tiere, die Pflanzenfresser und Fleischfresser erbeuten. Der Endkonsument steht am Ende einer Nahrungsbeziehung, er ist ein Tier, das keinen Fressfeind mehr hat.

Nahrungskette Pflanzen und Tiere im Wald stehen in vielfältiger Beziehung zueinander. Eine dieser Beziehungen ist die Nahrungsbeziehung. Jedes Lebewesen kann Nahrung für ein anderes Lebewesen sein: Die Früchte der Schlehe werden von der Waldmaus gefressen. Die Waldmaus wiederum wird vom Rotfuchs gefressen ▶ Bild 1. Eine Nahrungsbeziehung besteht folglich aus mehreren Gliedern. Man bezeichnet sie als *Nahrungskette*: Das erste Glied in jeder Nahrungskette ist eine Pflanze oder ein Teil einer Pflanze. Diese wird von einem Tier, dem *Pflanzenfresser* (Herbivore), gefressen. Der Pflanzenfresser wird von einem *Fleischfresser* (Carnivore) gefressen, der wiederum Nahrung eines anderen Fleischfressers ist. Viele Tiere sind nicht auf eine bestimmte Nahrung spezialisiert. Diese *Allesfresser* (Omnivore) fressen sowohl Pflanzen als auch Tiere.

2 Nahrungsspektrum des Rotfuchses

Von der Nahrungskette zum Nahrungsnetz Die meisten Tiere sind nicht nur auf eine Nahrung festgelegt: Der Rotfuchs frisst nicht nur Waldmäuse und Eichhörnchen, sondern auch Eidechsen, Regenwürmer, Beeren und Früchte ▶ Bild 2. Die Schlehe wird nicht nur von der Waldmaus gefressen, sondern auch von der Blattlaus oder dem Rotfuchs. So ergibt sich aus verschiedenen untereinander verknüpften Nahrungsketten ein vielfältiges *Nahrungsnetz* ▶ Bild 3. Dabei gilt: Je artenreicher ein Lebensraum ist, desto umfangreicher ist auch das Nahrungsnetz.

Räuber-Beute-Beziehung Der Rotfuchs streift als Räuber in Wald und Flur auf der Suche nach Beute umher. Dazu zählen junge Rebhühner, Stockenten, Wildkaninchen und vor allem Feldmäuse. Zwischen dem Fuchs und den Beutetieren herrscht eine *Räuber-Beute-Beziehung*.

1 Beispiel für eine Nahrungskette; → bedeutet „wird gefressen von".

Beobachtungen zeigen, dass diese Beutetiere niemals in der Gefahr sind, vom Rotfuchs ausgerottet zu werden. Dies wird deutlich, wenn man *Populationen* betrachtet. Das ist die Anzahl der Tiere einer Art, die ein bestimmtes Gebiet besiedeln. Werden Beutetiere wie das Wildkaninchen weniger, so wird auch die Zahl der Füchse geringer, weil sie keine Nahrung mehr haben. Oder sie stellen sich auf leichter erreichbare Nahrung um. So kann sich die Population der Wildkaninchen erholen. Andererseits können sich die Wildkaninchen nie so stark vermehren, dass sie das Ökosystem schädigen. Wächst ihre Zahl übermäßig, so vermehren sich auch die Füchse und die Zahl der Wildkaninchen sinkt rasch wieder.

Alle Wechselwirkungen, die sich zwischen den Lebewesen in einem Ökosystem ergeben, werden als *biotische Umweltfaktoren* zusammengefasst.

1 Nenne in ▶ Bild 1 den Produzenten und den Konsumenten.

2 **A** Gib in ▶ Bild 3 drei Nahrungsketten an, die beim Rotfuchs enden. Verwende den Pfeiltext „wird gefressen von".

B Erkläre am Beispiel der Waldmaus den Begriff Nahrungsnetz.

C Erläutere die Auswirkungen auf ein Nahrungsnetz, wenn durch regelmäßige Rodungsmaßnahmen die Pflanzen des Waldrandes abgeholzt bzw. abgemäht werden.

3 Der Dachs ist ein Säugetier. Seine Nahrung besteht einerseits aus pflanzlicher Kost wie Früchten, Nüssen und Beeren. Andererseits frisst er auch Regenwürmer, Insekten und Kleinsäuger. Prüfe mithilfe von ▶ Bild 3, ob der Dachs am Waldrand zu beobachten sein könnte.

4 Dachs

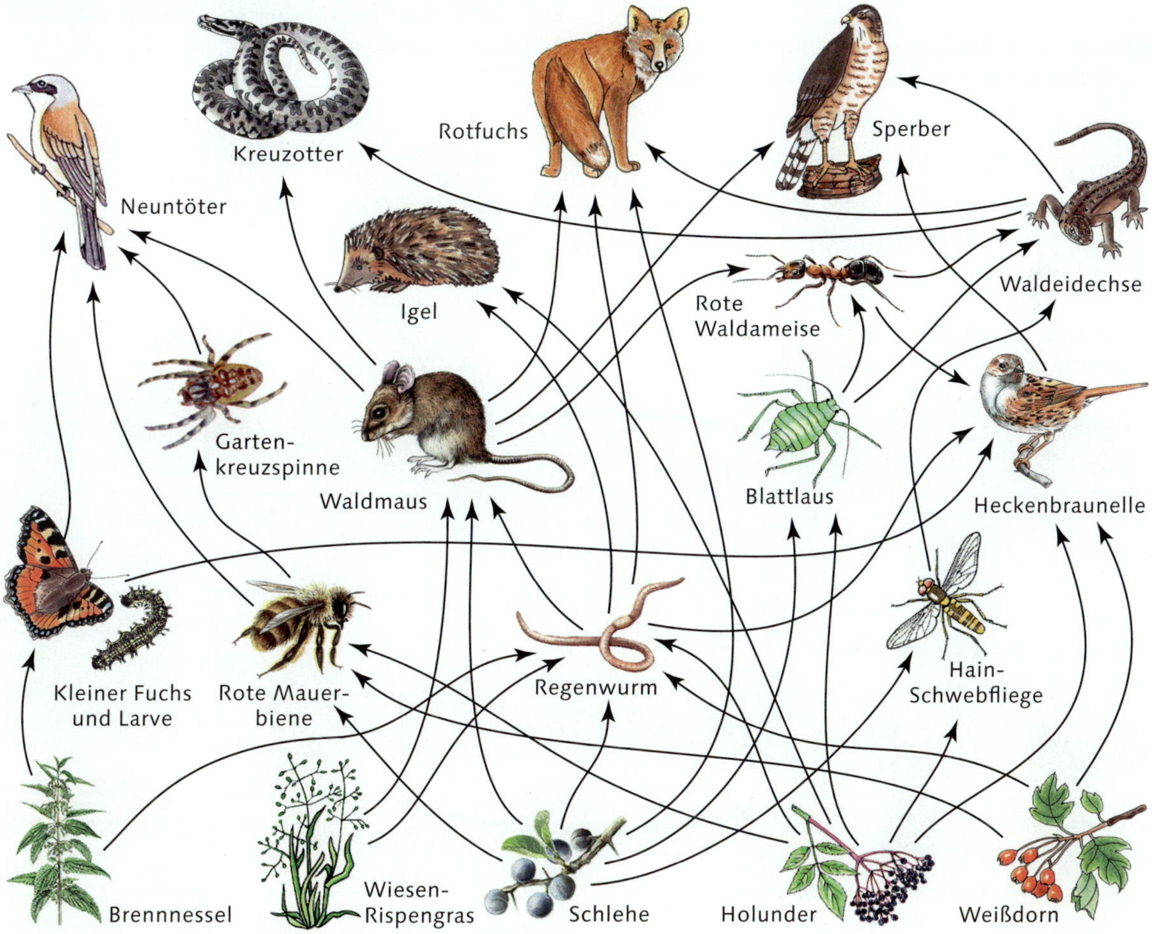

3 Nahrungsnetz mit Lebewesen des Waldrandes

Räuber-Beute-Beziehung

Tiere stehen in Nahrungsbeziehungen zueinander. Ein Beispiel ist die Beziehung zwischen dem Räuber Mäusebussard und der Beute Feldmaus.

1 Feldmäuse

3 Mäusebussarde

1. Übernimm ▶ Bild 2 vereinfacht in dein Heft. Ordne den Pfeilen das Zeichen + bzw. – zu.

   + bedeutet: je mehr ... desto mehr
   sowie: je weniger ... desto weniger

   – bedeutet: je mehr ... desto weniger
   sowie: je weniger ... desto mehr

2. Beschreibe die in ▶ Bild 2 dargestellte Räuber-Beute-Beziehung. Formuliere Je-desto-Sätze.

3. Erläutere, warum die Feldmäuse nicht aussterben.

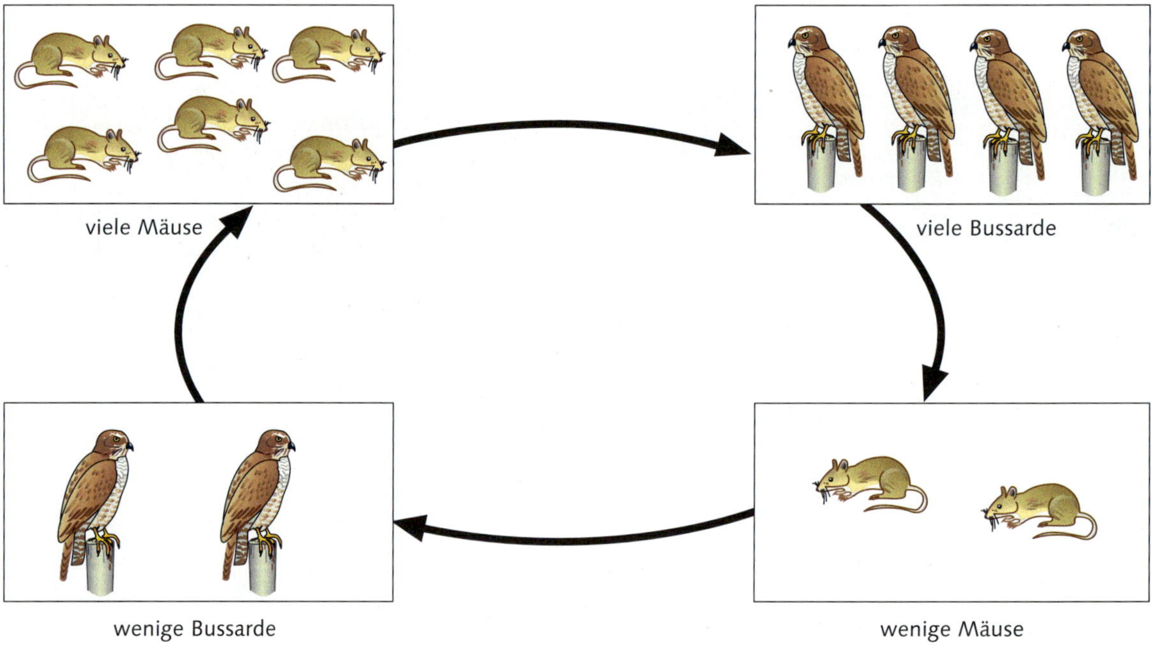

2 Räuber-Beute-Beziehung zwischen Mäusebussard und Feldmaus

Populationen beeinflussen sich gegenseitig

Umweltfaktoren haben einen Einfluss auf die Größe von Populationen. Die Wechselwirkungen von Räuber und Beute ist dabei maßgeblich. Verändert sich die Anzahl der Räuber, so verändert sich auch die Anzahl der Beutetiere.

Der in Nordamerika vorkommende Schneeschuhhase ist das wichtigste Beutetier des Kanadischen Luchses ► Bild 5. Zwei Populationen dieser Arten wurde über viele Jahre beobachtet.

1 A Beschreibe, wie sich die Populationen von Schneeschuhhasen und Luchsen in den ersten 10 Jahren entwickeln ► Bild 4.
B Vergleiche die Populationsentwicklung von Schneeschuhhase und Luchs.
C Deute die Populationsentwicklung von Schneeschuhhase und Luchs.

2 A Übertrage das Diagramm aus ► Bild 4 in deine Mappe und skizziere den Fortlauf des Graphen für weitere 20 Jahre.
B Begründe den Verlauf deines Diagramms.

3 Das schneeweiße Fell der Schneeschuhhasen war bei Menschen sehr beliebt und hat zu einer starken Bejagung der Tiere geführt. Erkläre die Auswirkungen dieser massiven Jagd auf die Luchspopulation.

5 Kanadischer Luchs und Schneeschuhhase

4 Der Bestand an Räuber- und Beutetieren reguliert sich gegenseitig und mit zeitlicher Verzögerung. Erläutere diesen Sachverhalt.

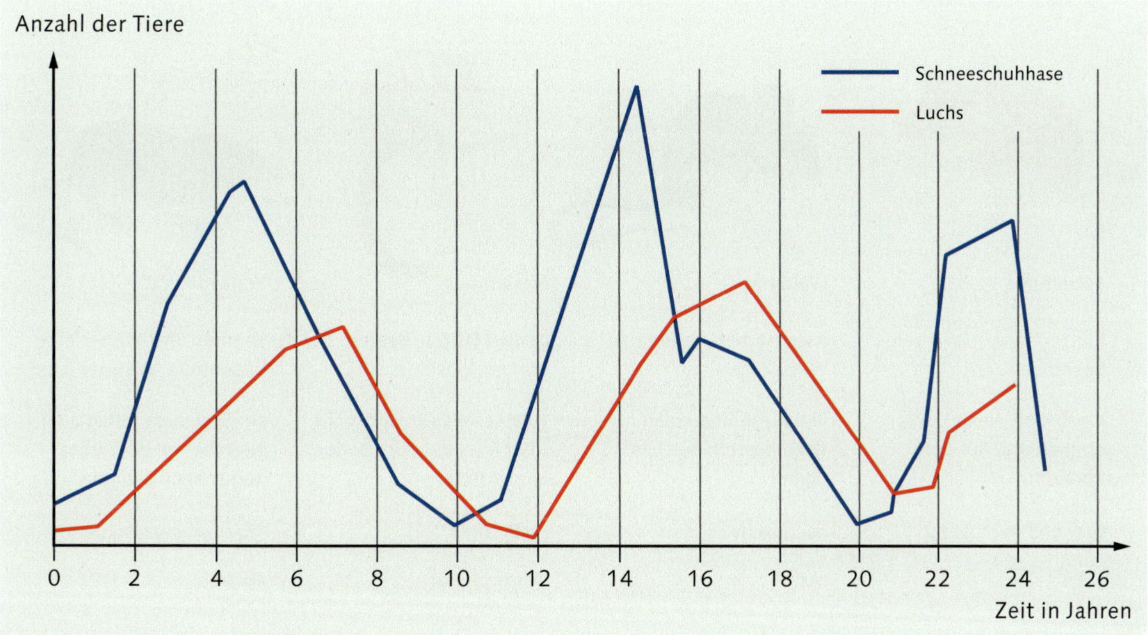

4 Veränderung der Populationen von Schneeschuhhase und Luchs

Konkurrenz und ökologische Nische

Konkurrenz und Ressource Nahrungsnetze zeigen, dass bestimmte Pflanzen oder Tiere von mehreren Konsumenten gefressen werden. Zwischen den Lebewesen herrscht *Konkurrenz.* Treten Individuen verschiedener Arten in Konkurrenz zueinander, spricht man von *zwischenartlicher Konkurrenz.* Die Vertreter einer Art stehen in *innerartlicher Konkurrenz* zueinander, wenn es in einer Population zu viele Individuen derselben Art gibt. Konkurrenz tritt auf, weil eine Ressource begrenzt vorliegt. Der Begriff *Ressource* umfasst nicht nur Nahrung, sondern auch Reviere, Nistmaterial, Nistplätze, Verstecke, Winterquartiere oder Paarungspartner. Die begrenzten Ressourcen sind ein regulierender Faktor im Ökosystem.

Die Zahl der Individuen einer Population wird von den zur Verfügung stehenden Ressourcen bestimmt. Gibt es mehr Individuen als verfügbare Ressourcen, überleben nicht alle. So wird die innerartliche Konkurrenz reguliert.

Ökologische Nische Ein Tier oder eine Pflanze beansprucht immer nur Teile einer Ressource und zeigt Angepasstheiten daran. Dies nennt man *ökologische Nische.* Sie bezeichnet keinen festen Ort, an dem man ein Tier oder eine Pflanze auffindet. Sie umfasst alle Bedürfnisse eines Lebewesens. Dabei sind Angepasstheiten im Körperbau, aber auch angeborene Verhaltensweisen, z. B. Tag- und Nachtaktivität, von Bedeutung. Die ökologische Nische verringert die zwischenartliche Konkurrenz.

Konkurrenzvermeidung bei Tieren Die Tabelle zeigt Mäusearten, die im Wald vorkommen ▶ Bild 1. Sie konkurrieren nur bedingt um Ressourcen, denn jede Mäuseart bekleidet eine eigene ökologische Nische.

Konkurrenzvermeidung bei Pflanzen Pflanzen konkurrieren oft um abiotische Faktoren wie Licht, Wasser, Temperatur und Bodenbeschaffenheit, aber auch um biotische Faktoren wie Bestäuber und Samenverbreiter. Auch Pflanzen besetzen ökologische Nischen. So wachsen Frühblüher wie das Scharbockskraut zu einer Zeit, wenn die Bäume noch kein Laub tragen. Dadurch bekommen sie Licht, können wachsen und werden von Bestäubern gesehen. Manche Pflanzen haben besondere Fortpflanzungsstrategien: Das Scharbockskraut vermehrt sich

Art	Rötelmaus	Waldmaus	Haselmaus	Waldspitzmaus
Nahrung	Blätter, Samen, Wurzeln, Beeren	Baumsamen, Insekten, Wirbellose	Triebe, Blüten, Beeren, Samen, Insekten	Spinnen, Insekten, kleine Weichtiere, Würmer
Wohnraum	am Boden, Nester unter Steinen und auf dem Boden	in Baumhöhlen oder Vogelnestern, auch im Boden	Nester im Gestrüpp dicht über oder auf dem Boden, kann klettern	am Boden, in selbst gegrabenen oder übernommenen Gängen
Aktivität	tag- und nachtaktiv	nachtaktiv	nachtaktiv	tag- und nachtaktiv
Überwinterung	aktiv	aktiv	Winterschlaf	aktiv

1 Steckbriefe verschiedener Mäusearten

Buschwindröschen

Wuchshöhe: 10–15 cm
Blütezeit: März bis Anfang April
Besonderheit: unterirdischer Wurzelstock, bis zu 30 cm lang; bildet Ausläufer, aus denen neue Pflanzen wachsen

2 Steckbrief des Buschwindröschens

nicht nur über Samen, sondern auch ungeschlechtlich über Brutknöllchen.
Viele Laubbäume wie die Salweide blühen, bevor sie ihre Blätter voll ausgebildet haben. Sie werden von verschiedenen Wildbienenarten bestäubt, die nur im Frühjahr fliegen und die Blüten so gut erreichen können. Andere Pflanzen kommen mit wenig Licht oder Wasser aus oder wachsen nur auf bestimmten Böden, auf denen andere nicht gedeihen können.

1 Nenne den Unterschied zwischen innerartlicher und zwischenartlicher Konkurrenz.

2 Erkläre den Begriff ökologische Nische.

3 **A** Stelle in einer Tabelle dar, um welche Ressourcen die in ► Bild 1 gezeigten Mäuse konkurrieren.
B Erläutere, warum die Mäuse nebeneinander existieren können.

4 **A** Beschreibe die ökologische Nische des Buschwindröschens ► Bild 2.
B Erläutere, wie es Konkurrenz vermeidet.

Die ökologische Nische des Buntspechts

Der Buntspecht zeigt mehrere Angepasstheiten im Körperbau und Verhalten und bekleidet so eine ökologische Nische ► Bilder 3 und 4. Die Ressource Baumstamm ist für ihn Nahrungsquelle und Nistplatz. Er baut Höhlen in sie und markiert sein Revier durch Trommeln auf das Holz.

5 Der Buntspecht hackt Bohrgänge von Insektenlarven in Borke und Holz auf und holt sich seine Beute heraus. Erläutere die Besonderheiten des Schnabels und der Spechtzunge in Bezug auf den Nahrungserwerb des Spechts ► Bild 3.

6 Grünspecht und Buntspecht kommen im gleichen Gebiet vor. Erkläre, wie Konkurrenz bezüglich der Nahrung vermieden wird ► Bilder 4 und 5.

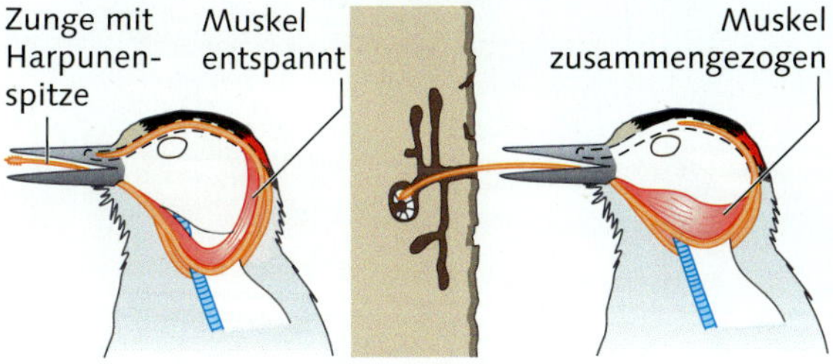

3 Angepasstheiten des Buntspechts

4 Nahrungsspektrum des Buntspechts

5 Nahrungsspektrum des Grünspechts

Die Systematik und die Wirbellosen

System von Linné 1735 ordnete der Forscher Carl von Linné Tiere und Pflanzen aufgrund ihrer äußeren Merkmale in Gruppen ein und schuf ein Ordnungssystem, nach dessen Grundstruktur auch heute noch gearbeitet wird. Nach Linné fasst man verschiedene Arten aufgrund von Ähnlichkeiten zu Gattungen zusammen. Mehrere Gattungen mit ähnlichen Merkmalen werden zu Familien gruppiert. Ordnungen werden in Klassen und diese in Stämme eingeordnet. Mehrere Stämme bilden Reiche.

Dadurch entsteht ein ineinandergeschachteltes System ▶ Bild 1. Linné versuchte in seinem System, die Verwandtschaftsbeziehungen der Lebewesen darzustellen. Heute weiß man, dass nicht alle verwandtschaftlichen Beziehungen aufgrund äußerer Merkmale eindeutig bestimmt werden können.

Biologen bezeichnen jede Art mit einem Doppelnamen. Er setzt sich aus einem lateinischen Gattungs- und Artnamen zusammen. So heißt der zum Stamm der Ringelwürmer gehörende Gewöhnliche Regenwurm wissenschaftlich *Lumbricus terrestris*, wobei der erste Teil der Gattungsname und der zweite der Artname ist.

Systematik der Wirbellosen Der Begriff „Wirbellose“ ist ein Oberbegriff, der alle Tiere ohne Wirbelsäule umfasst. Er taucht aber in keiner Systematik auf. Zu den Wirbellosen gehören ganz verschiedene Stämme, z. B. die Gliederfüßer ▶ Bild 1. Der Stamm der Gliederfüßer umfasst viele Klassen, deren Angehörige an ihrer Beinanzahl unterschieden werden können. Eine Klasse bilden die Insekten, zu denen mehrere Ordnungen gehören. Die Insektenordnungen teilt man vor allem nach der Beschaffenheit ihrer Flügel ein. Hautflügler stellen eine Ordnung dar. Zu ihnen zählen die Faltenwespen. Sie werden in mehrere Gattungen unterteilt, wie die der Kurzkopfwespen. Zu einer Gattung gehören meistens viele Arten, hier die Gemeine Wespe, die Deutsche Wespe und die Rote Wespe.

1 Beschreibe Linnés Vorgehensweise bei der Erstellung der Systematik.

2 Zu den Gliederfüßern gehören verschiedene systematische Gruppen ▶ Bild 1. Begründe, warum man diese einerseits als Stamm zusammenfasst, sie anderseits aber in Klassen, Ordnungen, Familien und Gattungen unterteilt.

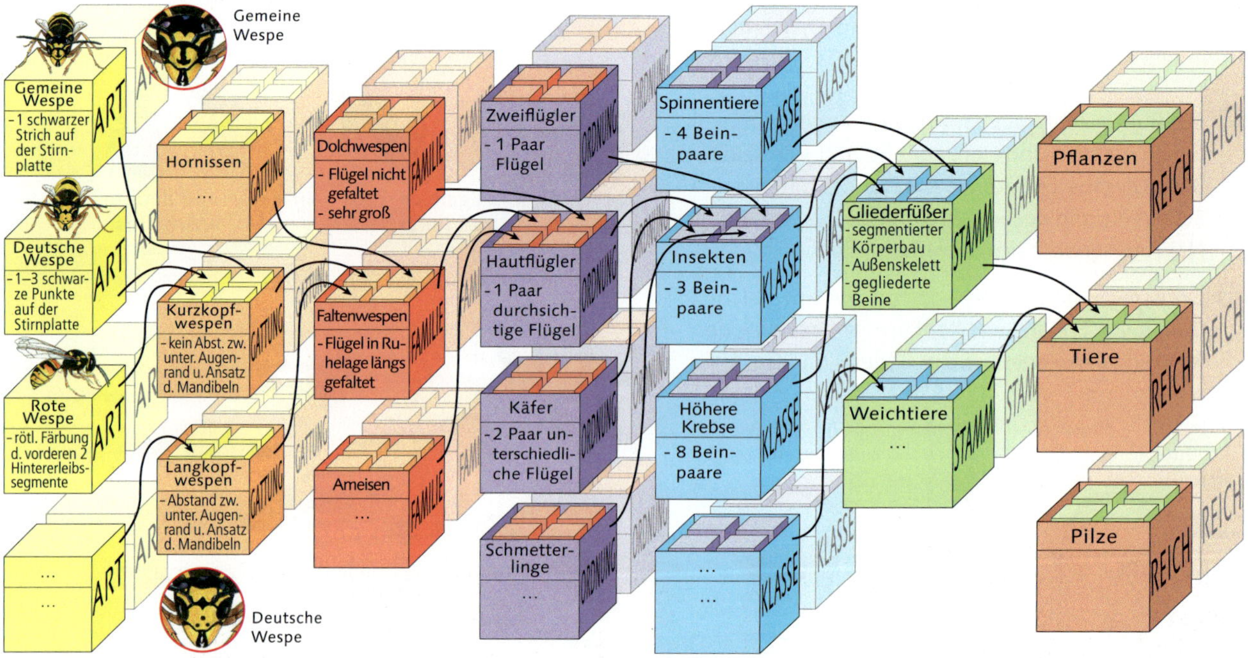

1 Schachtelsystem der Systematik mit einem Ausschnitt aus der Systematik der Gliederfüßer

Wirbellose Tiere im Wald

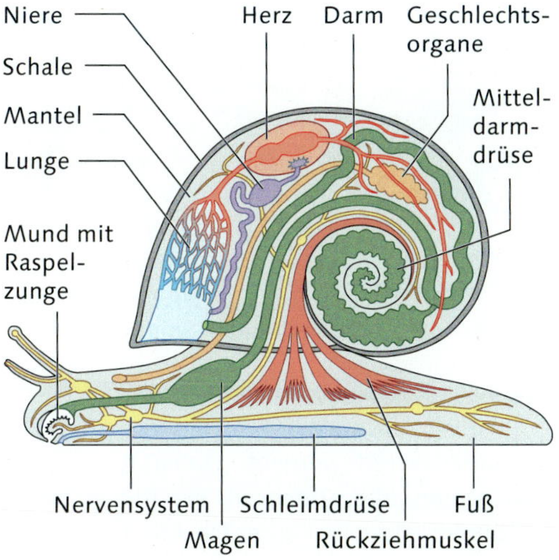

2 Körperbau der Weinbergschnecke

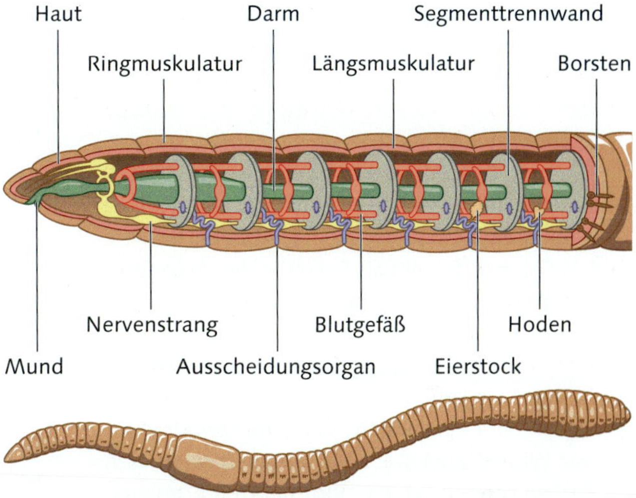

4 Körperbau des Regenwurms

Weichtiere Im Wald findet man verschiedene Schneckenarten. Die Schnecken bilden eine Klasse, die zum Stamm der Weichtiere gehört. Im Grundbauplan (▶ Bild 2) haben alle Schnecken einen Eingeweidesack mit den inneren Organen, einen Kriechfuß und einen Kopf mit Augen an den Spitzen der Fühler ▶ Bild 3. Bei Gehäuseschnecken wie der Weinbergschnecke schützt ein spiraliges Schneckenhaus den Eingeweidesack. Bei Gefahr ziehen sie Kopf und Kriechfuß ein. Wegschnecken sind gehäuselos, ihr Eingeweidesack liegt im muskulösen Kriechfuß.

Zur Fortbewegung sondern Schnecken Schleim ab, über den sie dann mit Muskelkraft gleiten. Ihre Nahrung zerkleinern sie mithilfe einer mit vielen kleinen Zähnchen besetzten Raspelzunge. Die meisten landlebenden Schnecken haben eine Lunge und ein einfaches Nervensystem. Sie sind Zwitter und pflanzen sich geschlechtlich fort. Dabei kommt es in der Regel zur wechselseitigen Befruchtung mit einem Artgenossen.

Ringelwürmer Die zum Stamm der Ringelwürmer gehörenden Tiere sind beinlos, haben einen gegliederten Körper und bewegen sich kriechend fort. Der Gewöhnliche Regenwurm zeigt eine deutliche Körpergliederung aus gleichartigen Abschnitten, den *Segmenten* ▶ Bilder 4 und 5. Jedes Segment ist gleich aufgebaut. Die inneren Organe wie die Verdauungsorgane, das einfache Nervensystem und das Ringgefäßsystem mit Herzfunktion sind auch segmentiert. Die Hohlräume im Innern sind mit einer Flüssigkeit gefüllt, die als Hydroskelett dient und durch Druck dem Körper Stabilität gibt. Regenwürmer haben keine speziellen Atmungsorgane, sie atmen über die Haut. Regenwürmer sind *Zwitter*, die sich gegenseitig befruchten. Ein Zwitter hat männliche und weibliche Geschlechtsorgane.

Spinnentiere Alle Spinnentiere haben vier Beinpaare, einen mit der Brust verschmolzenen Kopf, das Kopfbruststück und einen Hinterleib

3 Weinbergschnecke und Rote Wegschnecke

5 Gewöhnlicher Regenwurm

mit den inneren Organen. Der Körper ist von einem Außenskelett umgeben. Spinnen leben meist räuberisch. Sie betäuben oder töten ihre Beute mit einem Gift und injizieren ein Verdauungssekret in ihr Beutetier, das dieses von innen zersetzt. Anschließend saugen sie den Brei mit den gelösten Nährstoffen durch ihre winzige Mundöffnung.
Die zur Ordnung der Webspinnen (▶ Bild 4) gehörenden Tiere bauen zum Beutefang Netze oder andere Gespinste aus Spinnfäden ▶ Bild 1. Die Spinnseide wird als Sekret in den Spinndrüsen produziert und über die Spinnwarzen am Hinterleib abgegeben. In der Luft erhärtet sie.
Eine weitere Gruppe der Spinnentiere sind die Milben. Sie leben entweder als Abfallfresser, als Räuber oder saugen Pflanzensäfte oder Blut von Wirbeltieren. Die zu den Milben zählenden Zecken können bei ihrer Blutmahlzeit Krankheiten auf den Menschen übertragen.

Krebse Zur Klasse der Höheren Krebse zählt die Ordnung der Asseln mit Arten wie Rollassel, Mauerassel und Kellerassel ▶ Bild 2. Die Vorfahren der Asseln lebten im Wasser. Auch heute lebende Asseln atmen noch mit Kiemen und brauchen eine feuchte Umgebung. Asseln haben einen abgeplatteten Außenpanzer, der segmentiert ist. Am Kopf sitzen Facettenaugen, Mundwerkzeuge und zwei Paar Antennen, von denen eines sehr klein ist. Der Brustabschnitt bildet den Hauptteil des Körpers, an jedem seiner Segmente liegt eines der sieben Laufbeinpaare. Am Hinterleib finden sich weitere Tastorgane, die fächerartig aussehen können und sich aus dem umgebildeten achten Beinpaar entwickelt haben.

Tausendfüßer Vertreter der Tausendfüßer findet man unter Steinen und in der Laubstreu. Ihr Körper ist segmentiert. An einen antennentragenden Kopf schließen sich Körpersegmente mit Beinpaaren an. An jedem Segment sitzen entweder ein Beinpaar (Klasse der Hundertfüßer) oder zwei Beinpaare (Klasse der Doppelfüßer). Ein Außenskelett verleiht Stabilität. Tausendfüßer atmen über *Tracheen*, ein fein verzweigtes Röhrensystem im Körper. Die Atemluft gelangt über kleine Öffnungen in den Körper. Wie die meisten Wirbellosen haben sie ein offenes Blutgefäßsystem. Es besteht aus einem offenen Herzschlauch, der eine farblose Flüssigkeit, die Hämolymphe, durch den Körper pumpt. Die meisten Tausendfüßer ernähren sich von totem Pflanzenmaterial. Einige Arten wie der Gemeine Steinläufer leben räuberisch ▶ Bild 3.

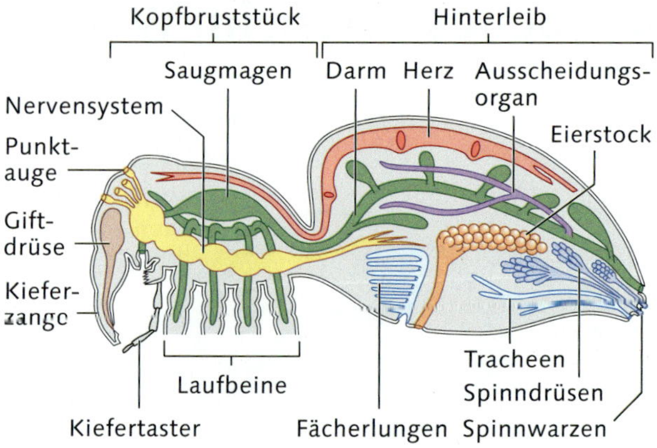

4 Körperbau einer Webspinne

1. Vergleiche die hier vorgestellten Wirbellosen in einer Tabelle; Kriterien: Fortbewegung, Organe, Fortpflanzung, Nahrungsaufnahme, Skelett.
2. Bei jeder Wirbellosengruppe werden im Text besondere Strukturen und Organe genannt: Außenskelett, Hydroskelett, Tracheen, Raspelzunge, Spinnwarzen, offenes Blutgefäßsystem.
   A Beschreibe deren Bau und Funktion.
   B Nenne die Klassen, bei denen diese Strukturen auftreten.
3. Spinnentiere sind eine Klasse der Gliedertiere. Nenne Merkmale, mit denen sie sich von den anderen Klassen unterscheiden.
4. Informiere dich über verschiedene Wirbellose, z. B.: Weinbergschnecke, Rollassel, Regenwurm, Hundertfüßer. Erstelle Steckbriefe.

1 Bodentrichterspinne mit Beute

2 Kellerassel

3 Steinläufer

Das große Krabbeln – Insekten

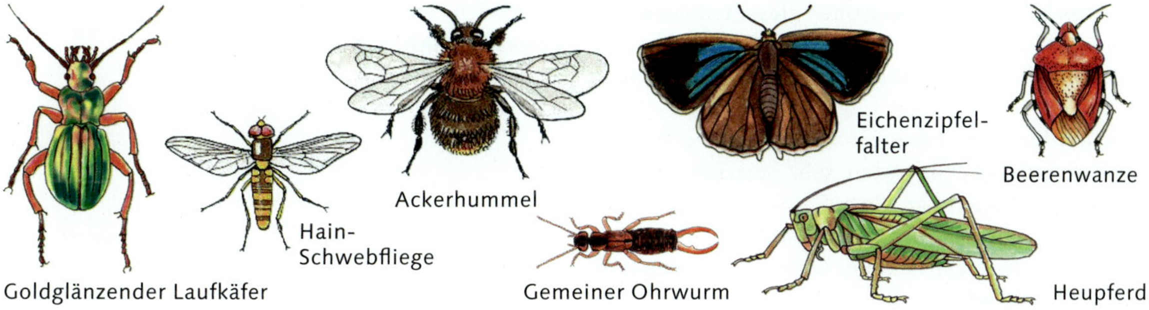

5 Vielfalt der Insekten

Insekten sind die artenreichste Tierklasse weltweit. Sie zeigen außerdem eine große Vielfalt ▶ Bild 5.

Körperbau Alle Insekten haben ein festes, aber biegsames Außenskelett. Der Körper der Insekten gliedert sich in Kopf, Brust und Hinterleib ▶ Bild 6. Am Kopf befinden sich die Facettenaugen und Antennen sowie Mundwerkzeuge. Die Antennen sind die Träger des Tast-, Geruchs- und Geschmackssinns.
An der Brust setzen drei Beinpaare und ein oder zwei Flügelpaare an. Nur wenige Arten haben keine Flügel oder sind nur zur Paarungszeit beflügelt, z. B. manche Ameisen. Im Innern des Brustabschnitts befindet sich die Muskulatur für die Fortbewegung, die bei den fliegenden Arten stark ausgeprägt ist. Der Hinterleib enthält alle übrigen Organe: den Darmtrakt, die Geschlechtsorgane, ein offenes Herz und ein Strickleiternervensystem, das bis in den Kopf reicht. Insekten atmen über Tracheen.

Insektenordnungen Zu den Insekten gehören viele verschiedene Ordnungen. Diese sind anhand ihres Äußeren deutlich zu unterscheiden. Anzahl und Beschaffenheit der Flügel sind ein wichtiges Ordnungskriterium. Bei den Zweiflüglern ist nur ein Flügelpaar zu erkennen (▶ Bild 5, Hain-Schwebfliege), bei Hautflüglern zwei Flügelpaare (Ackerhummel) und bei den Schmetterlingen sind die zwei Flügelpaare mit farbigen Schuppen bedeckt (Eichenzipfelfalter). Bei den Käfern ist das vordere Flügelpaar verhärtet und schützt das zweite häutige Flügelpaar (Goldglänzender Laufkäfer).

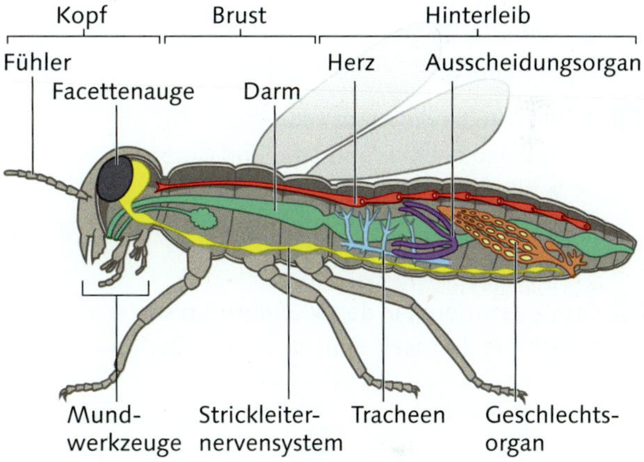

6 Grundbauplan der Insekten

Die Fähigkeit zu fliegen ermöglicht es den Tieren, große Strecken zu überwinden, neue Gebiete zu besiedeln, Paarungspartner zu finden und weit entfernte Futterquellen zu erschließen.
Das Nahrungsspektrum der Insekten umfasst Pflanzensäfte, Pollen, Nektar, aber auch andere Insekten oder Blut von Wirbeltieren. Die Mundwerkzeuge der einzelnen Arten zeigen Angepasstheiten an die Art der Nahrung.

1. Vergleiche den äußeren Körperbau von Eichenzipfelfalter, Goldglänzendem Laufkäfer, Schwebfliege und Ackerhummel ▶ Bild 5. Fertige eine Tabelle an.
2. Beerenwanze, Gemeiner Ohrwurm und Heupferd gehören zu keiner der im Text genannten Ordnungen. Begründe, warum es sich um Insekten handelt.
3. Erkläre die Bedeutung des Fliegens für viele Insekten.
4. Diskutiere die Vor- und Nachteile eines Außenskeletts bei Insekten gegenüber einem Innenskelett.

Beine von Insekten

Insekten besiedeln alle Regionen dieser Erde und ganz verschiedene Lebensräume. Ihre Gliedmaßen zeigen im Bau Angepasstheiten an die unterschiedliche Lebensweise und ermöglichen vielfältige Formen von Bewegungen.

Insekten besitzen drei Beinpaare. Die Beine können bei unterschiedlichen Arten sehr verschieden aussehen, lassen sich aber alle auf einen Grundbauplan zurückführen. Alle Insektenbeine sind in fünf Teile gegliedert: Hüfte, Schenkelring, Schenkel, Schiene und Fuß mit Kralle ▶ Bild 4.

1 **A** Skizziere den Grundbauplan des Insektenbeins in dein Heft ▶ Bild 4.
B Benenne die mit Ziffern versehenen Abschnitte.

2 **A** Beschreibe die Abwandlung vom Grundbauplan bei Klammerbein und Grabbein ▶ Bilder 2 und 3.
B Erkläre den Zusammenhang von Struktur und Funktion.

3 Ordne den Tieren in den ▶ Bildern 5 bis 7 begründet die Insektenbeine zu ▶ Bilder 1 bis 3.

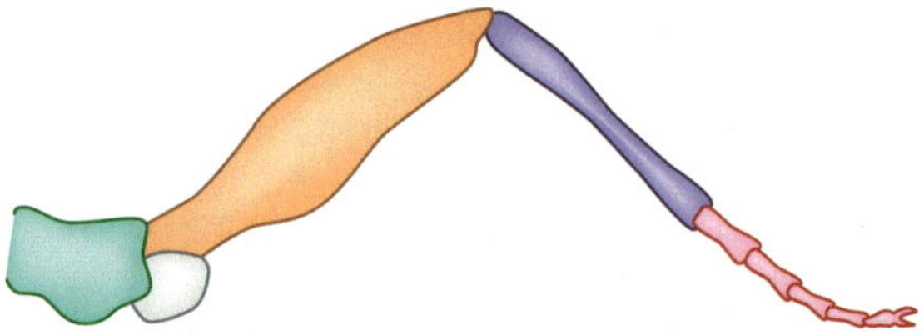

1 Laufbein

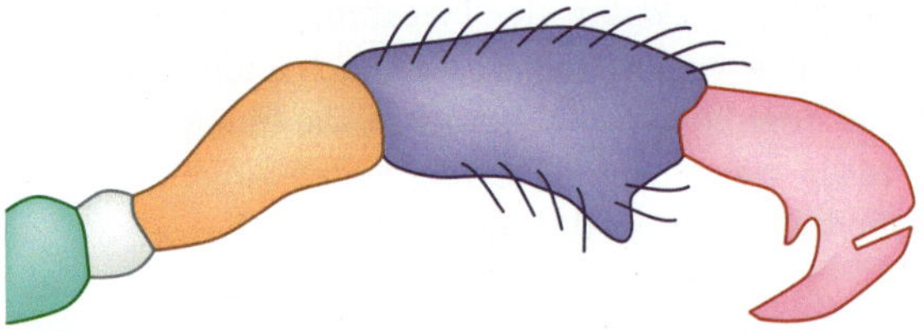

2 Klammerbein

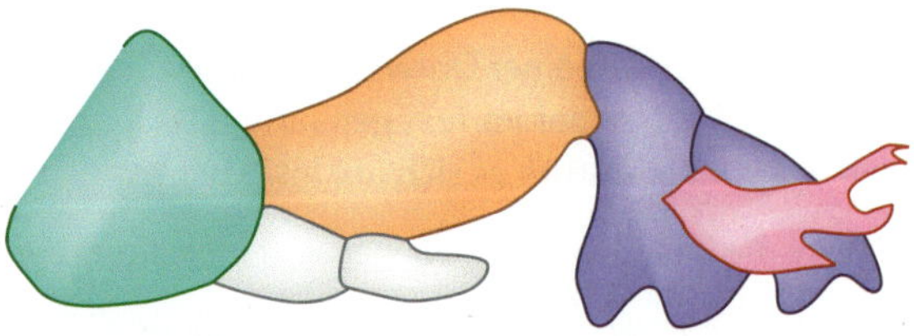

3 Grabbein

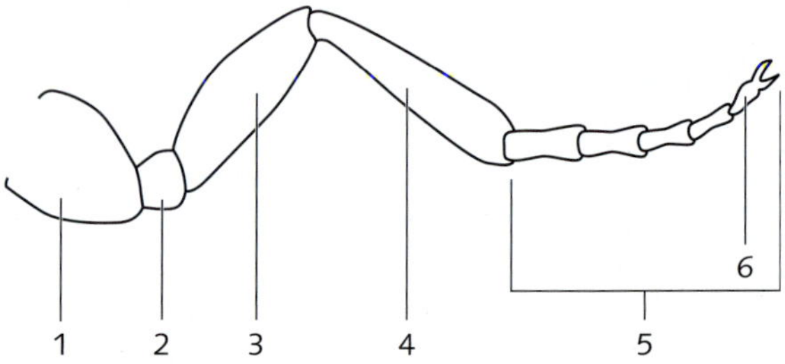

4 Grundbauplan des Insektenbeins

5 Maulwurfsgrille

6 Goldglänzender Laufkäfer

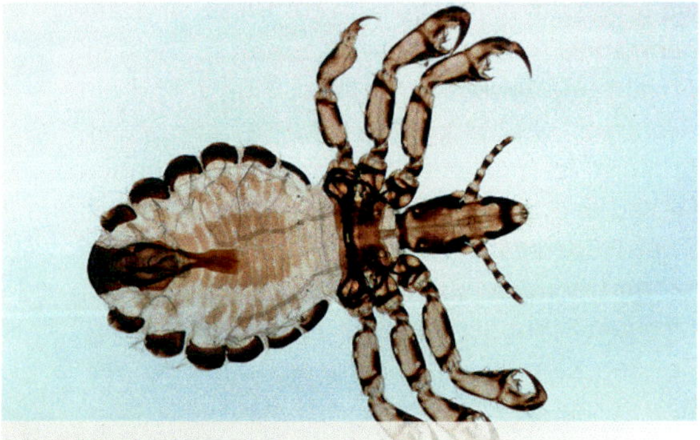

7 Schweinelaus

Fortpflanzung und Entwicklung der Insekten

Die meisten Insekten pflanzen sich geschlechtlich fort. Einige Arten können jedoch auch unbefruchtete Eier legen, aus denen Larven schlüpfen. Die Entwicklung nach dem Schlüpfen kann auf zweierlei Weise erfolgen. Als *Metamorphose* bezeichnet man den Gestaltwandel eines Lebewesens im Laufe seiner Entwicklung.

Unvollkommene Metamorphose Bei der unvollkommenen Metamorphose sehen alle Larvenstadien der Imago sehr ähnlich. Als *Imago* bezeichnet man das geschlechtsreife Insekt. Die Larven sind viel kleiner als die Imagines und noch nicht geschlechtsreif. Bei beflügelten Arten sind die Flügel erst bei der Imago fertig ausgebildet.
Da das Außenskelett nicht mitwachsen kann, finden während der Entwicklung der Larven mehrere Häutungen statt. Unter dem Außenskelett entwickelt sich ein noch weiches, neues Skelett. Danach reißt das alte Außenskelett auf, das Tier schlüpft hinaus, die Tracheen pumpen sich mit Luft voll und das neue Skelett dehnt sich, bevor es an der Luft aushärtet. Imagines häuten sich nicht mehr. Die unvollkommene Metamorphose kommt z. B. bei Wanzen (▶ Bild 8) und Heuschrecken vor.

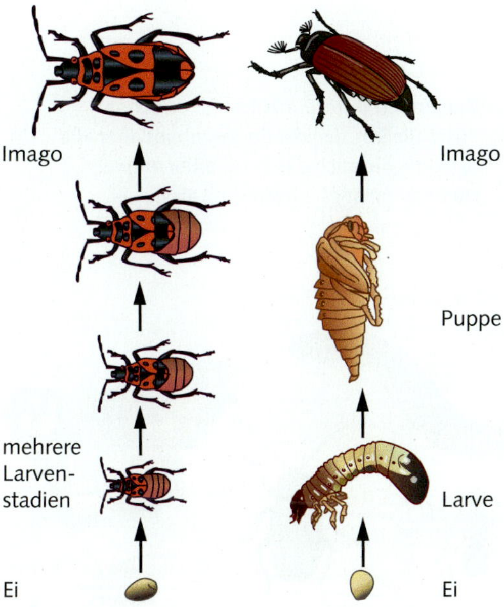

8 Unvollkommene (Feuerwanze) und vollkommene Metamorphose (Maikäfer)

9 Raupe und Imago des Kleinen Eisvogels

Vollkommene Metamorphose Bei der vollkommenen Metamorphose unterscheidet sich die Imago von der Larve. So sieht man einer Schmetterlingsraupe ihre spätere Gestalt genauso wenig an wie einer Käferlarve ▶ Bilder 8 und 9. Die Larven unterscheiden sich auch in der Lebensweise von der Imago. Als Raupen bezeichnet man Larven, die mit Stummelfüßen kriechen, Maden nennt man Larven, die keine Beine haben. So unterscheidet sich schon die Fortbewegung der Larven von den meist fliegenden Imagines. Aber auch das Nahrungsspektrum ist verschieden. So fressen Schmetterlingsraupen Blätter, Schmetterlinge trinken meist Nektar.
Die Larven fangen unmittelbar nach dem Schlüpfen mit dem Fressen an und wachsen schnell. Sie häuten sich mehrmals, bis sie eine bestimmte Größe erreicht haben. Dann verpuppen sie sich. Die *Puppe* besitzt keine Beine und ist meist völlig bewegungslos. Im Puppenstadium findet die Verwandlung von der Larve zur Imago statt. Dabei verändern sich innerer und äußerer Bau des Tieres komplett. Dann reißt die Puppenhülle auf und die Imago schlüpft.

1. Vergleiche vollkommene und unvollkommene Metamorphose ▶ Bild 8.
2. Erkläre, warum Insekten sich während ihrer Entwicklung regelmäßig häuten müssen.

METHODE

Einen Bestimmungsschlüssel anwenden

Mit Bestimmungsschlüsseln kann man Tiere leicht selbst bestimmen. Dabei kann man schnell bestimmte Stämme deutlich von anderen abgrenzen. Sie helfen, ein Tier in einen Stamm oder eine Klasse einzuordnen. Mit weiterführenden Bestimmungsschlüsseln lässt sich auch die jeweilige Art bestimmen.

Mit dem unten stehenden Bestimmungsschlüssel kannst du Wirbellose leicht einer systematischen Gruppe zuordnen. Du betrachtest immer ein Kriterium, für das es jeweils zwei Auswahlmöglichkeiten gibt. Eine dieser Möglichkeiten muss zutreffen, dann kannst du bei dem genannten Unterpunkt weiterlesen.

Um das Tier von ▶ Bild 3 zu bestimmen, gehst du so vor. Du fängst bei 1 an zu lesen:

1 Verwende den Bestimmungsschlüssel für die Wirbellosen in ▶ Bild 2. Ordne die Arten a–k den Klassen zu.

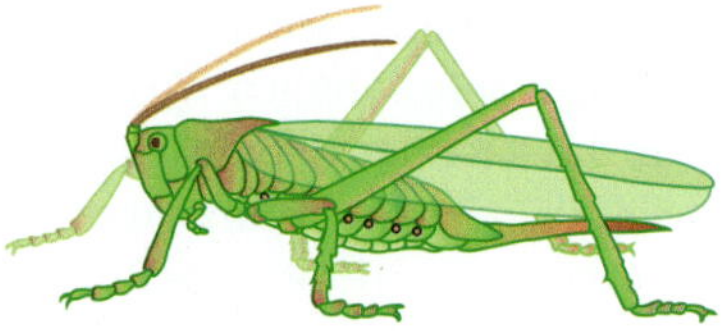

3 Zu bestimmendes Tier

Schritt	Merkmal	lies weiter bei	Arbeitsschritt für Beispieltier ▶ Bild 3
1	ohne Beine mit Beinen	2 3	Die Frage ist, ob das Tier Beine hat oder nicht. Es hat Beine, also liest du bei 3 weiter.
2	ohne erkennbare Körpergliederung mit ringförmigen Gliedern	Weichtiere Ringelwürmer	
3	mit mehr als 4 Beinpaaren mit 4 oder weniger Beinpaaren	4 5	Hier wird unterschieden, ob das Tier vier Beinpaare, mehr oder weniger hat. Da du nur drei Beinpaare zählen kannst, gehst du zu Punkt 5.
4	mit mehr als 10 Beinpaaren, Körper lang gestreckt und gegliedert mit 7 Beinpaaren, Körper abgeflacht	Tausendfüßer Krebstiere	
5	4 Beinpaare, keine Antennen 3 Beinpaare, Körper gegliedert in Kopf, Brust, Hinterleib, 1 Paar Antennen, meist geflügelt	Spinnentiere Insekten	Den ersten Unterpunkt kannst du schon ausschließen, der zweite beschreibt aber alle Aspekte, die auch das Beispieltier aufweist. Du bestimmst es einwandfrei als Insekt.

1 Bestimmungsschlüssel

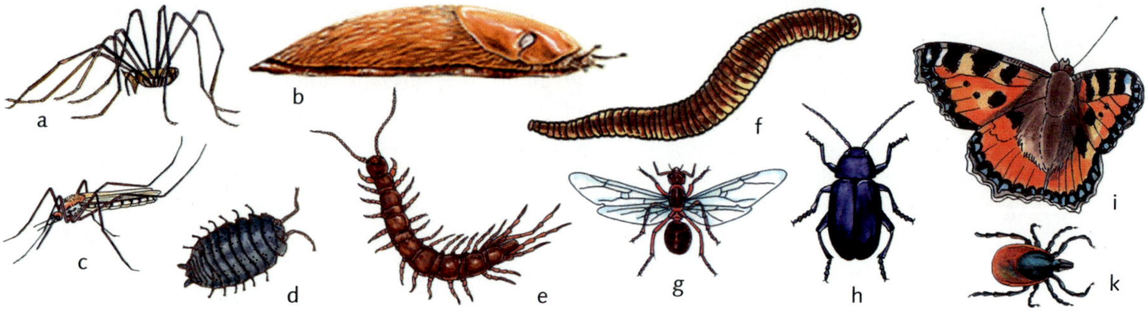

2 Übungstiere zum Selberbestimmen

Einen Bestimmungsschlüssel anfertigen

Einen Bestimmungsschlüssel für eine bekannte Gruppe von Tieren kann man leicht auch selbst anfertigen. Man braucht dafür eindeutige Kriterien.

	Kopf	Brust	Hinterleib	Flügel	3 Beinpaare	Antennen
Schmetter-linge	mit Facetten-augen, einem Paar Antennen	behaart, deutlich vom Hinterleib abgegrenzt	behaart, länglich, segmentiert	2 nicht durchsich-tige Paare	Beine ähnlich gestaltet	...
Käfer	...					

4 Beispieltabelle

1 Beschreibe stichwortartig die typischen Merkmale der Insektenordnungen: Schmetterlinge, Fliegen, Hautflügler und Käfer. Lege eine Tabelle an ▶ Bild 4.

2 Nenne die Ordnungen, zu denen die dargestellten Insekten gehören ▶ Bild 5.

3 **A** Um einen Bestimmungsschlüssel anzufertigen, benötigst du Kriterien, nach denen die Tiere eindeutig unterschieden werden können. Die Anzahl der Beine oder Antennen sind dabei als Kriterien nicht geeignet. Geeignete Kriterien sind die Anzahl und Beschaffenheit der Flügel oder die Form der Antennen. Entscheide dich für eines dieser Kriterien.

B Entwickle mithilfe deiner Aufzeichnungen einen Bestimmungsschlüssel, mit dem du die Tiere einwandfrei als Schmetterlinge, Fliegen, Hautflügler und Käfer bestimmen kannst. Achte darauf, dass es zu jedem Kriterium genau zwei Merkmalsausprägungen gibt, die unterschieden werden können. Verfeinere im nächsten Schritt das Kriterium weiter, z. B. die Beschaffenheit der Flügel bei zwei Flügelpaaren. Oder finde ein neues Kriterium, das zwei Ordnungen voneinander abgrenzt. Der Bestimmungsschlüssel in ▶ Bild 1 dient dir als Vorlage.

4 In ▶ Bild 2 sind auch einige Insekten abgebildet. Bestimme sie, soweit es dein Bestimmungsschlüssel erlaubt.

5 Verschiedene Insekten

Laubstreuzersetzung

Biomasse im Wald Als *Biomasse* wird die Substanz einzelner oder aller Lebewesen pro Flächen- oder Volumeneinheit eines Ökosystems bezeichnet. Die Pflanzen des Waldes, vor allem die Bäume, erhöhen ihre Biomasse, indem sie Holz, Borke und Blätter bilden. Dieser Stoffaufbau geschieht über die Fotosynthese.
In einem Buchenwald können pro Jahr und Hektar 10 t Biomasse neu gebildet werden. Davon hat das Holz den größten Anteil, aber allein 4 t Biomasse werden durch die Blätter gebildet.

Laubstreuzersetzung Unter 1 m² Waldboden findet man mehr Lebewesen, als es Menschen auf der Erde gibt ▶ Bild 1. Der Boden lebt. Wenn die Blätter im Herbst zu Boden fallen, beginnt ein eigenständiger Kreislauf. Die Blätter stapeln sich nicht von Jahr zu Jahr zu immer höher werdenden Schichten auf, sondern sie werden zersetzt.
Bei der Laubstreuzersetzung (▶ Bild 2) werden die frisch gefallenen Blätter zunächst von größeren Tieren wie Schnecken und Tausendfüßern angefressen. Aber auch kleine Tiere wie die Springschwänze können mit dem Fensterfraß beginnen. Anschließend fressen Käferlarven und Hornmilben, gefolgt von Springschwänzen und Asseln. Die Blätter zeigen nun Lochfraß. Wenn nur noch die Leitungsbahnen der Blätter zu sehen sind, nennt man das Skelettfraß. Die an der Laubstreuzersetzung beteiligten Tiere geben Kot ab, der von noch kleineren Lebewesen zersetzt wird. Bakterien und Pilze verwerten die kleinsten Bestandteile. Am Ende bleibt Humus übrig, der mineralstoffhaltig ist und den Waldpflanzen als Dünger dient.
Alle Lebewesen, die an der Zersetzung toter Biomasse beteiligt sind, nennt man *Destruenten*, das heißt Zersetzer. Nicht alle Destruenten sind allein auf das Zersetzen von Laub oder Holz spezialisiert, manche leben auch als Räuber. So fressen viele Käfer und deren Larven kleinere Destruenten. Einige Destruenten verwerten Kot anderer Tiere oder deren Kadaver.

Organismengruppe	Anzahl in 1 m² der obersten 10 cm Bodenschicht
Bakterien	Billionen
Einzeller	Billionen
Fadenwürmer	1000000
Milben	100000
Springschwänze	50000
Tausendfüßer	300
Käfer und -larven	100
Fliegenlarven	100
Regenwürmer	80
Spinnen	50
Asseln	50
Schnecken	50

1 Häufigkeit von Bodenlebewesen

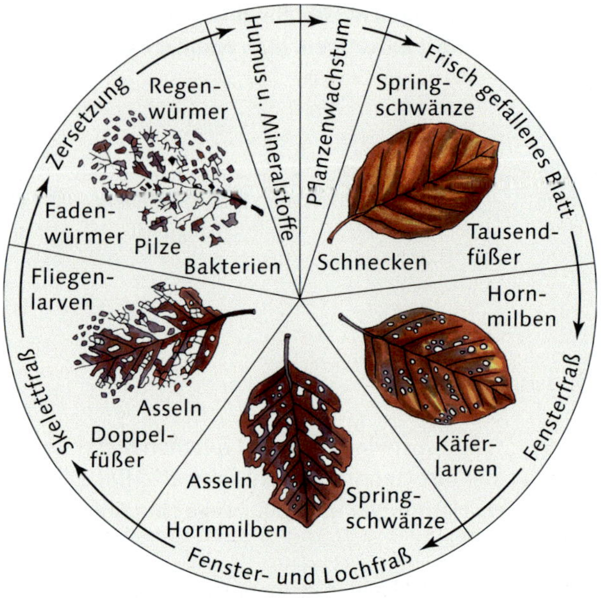

2 Laubstreuzersetzung

1 **A** Beschreibe ▶ Bild 2.
B Erläutere, warum die Laubstreuzersetzung als Kreislauf dargestellt werden kann.

2 Skizziere aus den Angaben im Text ein Nahrungsnetz für die Lebewesen des Waldbodens. Bedenke, dass auch viele nur räuberisch lebende Tiere wie Bodenspinnen und Weberknechte, Mäuse- und Vogelarten, Dachs und Fuchs in das Nahrungsnetz gehören.

3 Für manche Biomasse-Kraftwerke wird allein Biomasse aus dem Wald entnommen. Dabei wird nicht nur Holz geschlagen, sondern auch Laub in großen Mengen entnommen. Beurteile dieses Vorgehen.

Untersuchung der Laubstreu

Jedes Jahr im Herbst fallen Abermillionen Blätter von den Bäumen – warum aber ist die Laubschicht trotzdem nur wenige Zentimeter dick? Die Untersuchung der Laubstreu kann hier Aufschluss geben.

Material: Metermaß, Lupe, Taschenlampe, Bestimmungsbuch, Federstahlpinzette

Vorbereitung: Suche eine geeignete Stelle im Wald. Stecke auf dem Waldboden eine Fläche von ca. 0,5 m × 0,5 m ab.

Schritt 1 Aufbau der Laubstreuschicht

Der Waldboden ist bedeckt mit der Laubstreuschicht, die aus Ästen und Blättern besteht. Sie sowie die oberste Bodenschicht sollen Gegenstand deiner Untersuchung sein.
Beschreibe die Bestandteile der Streuschicht:

a Hebe aus dem abgesteckten Quadrat die Bestandteile schichtweise ab.

b Breite jeweils kleine Portionen einer jeden Schicht auf je einem weißen Blatt Papier aus. Es sollten mindestens 4 verschieden aussehende Schichten zu sehen sein.

c Fasse deine Beobachtungen (z. B. Größe der Bestandteile, Aussehen, Feuchtigkeit) tabellarisch in den Kategorien obere, mittlere, untere Laubstreuschicht und oberste Bodenschicht zusammen.

Schritt 2 Sichtbarmachen der Laubzersetzung

Dazu werden die einzelnen Schichten der Laubstreu vorsichtig auseinandergenommen. Suche in der Laubstreu gute Beispiele für die verschiedenen Zersetzungsstufen eines Blattes. Ordne die Teile auf einem weißen DIN-A4-Blatt an.

Schritt 3 Lebewesen der Laubstreuschicht

Untersuche nun deine Streuschichtproben auf Kleinlebewesen. Ermittle mithilfe eines Bestimmungsbuchs oder -schlüssels die Zugehörigkeit zu den Gruppen der Wirbellosen. Nimm eine Federstahlpinzette und Lupe zu Hilfe. Fertige eine Tabelle an, in der du die Häufigkeit der gefundenen Lebewesen einträgst.

1 Dokumentiere die Schritte 1–3 deiner Laubstreuuntersuchung. Du kannst zur Veranschaulichung Fotos oder Zeichnungen hinzufügen.

2 Die Zersetzung des organischen Materials, wie sie in der Laubstreu zu beobachten ist, erfolgt durch die Destruenten.
Erläutere die Bedeutung der Destruenten für die Lebensgemeinschaft des Waldes.

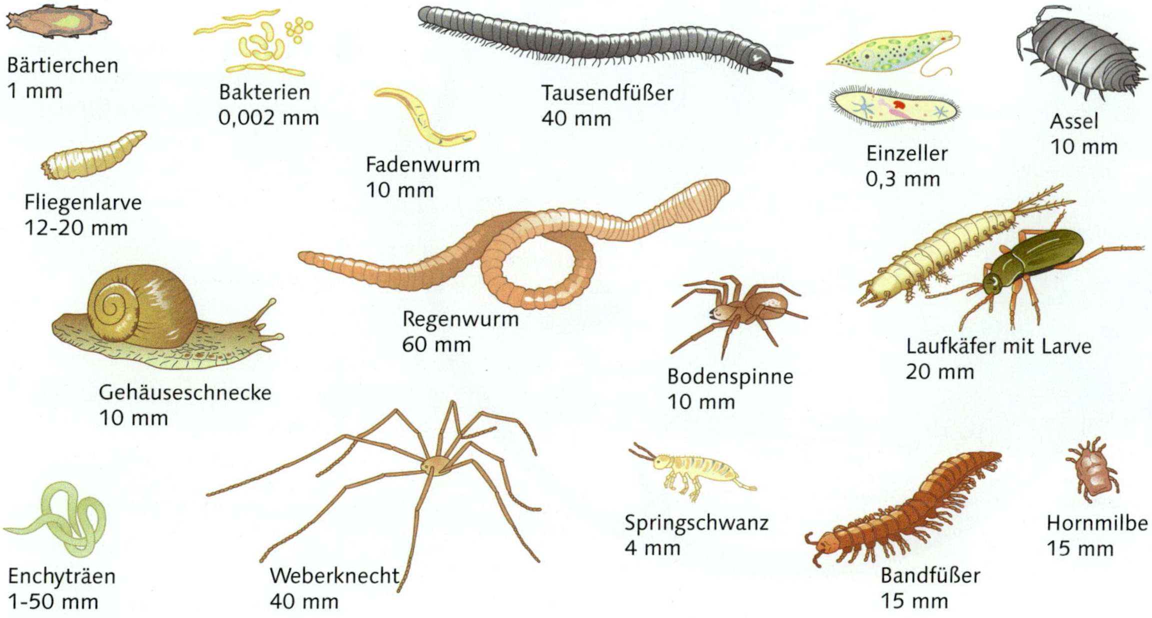

3 Wirbellose in der Laubstreu

Stoffkreisläufe im Ökosystem

Alle Lebewesen müssen Stoffe und Energie umwandeln, um leben zu können. Dabei durchlaufen die Stoffe in einem Ökosystem einen ständigen Kreislauf.

Mineralstoffe, Kohlenstoff und Sauerstoff sind in zahlreichen Verbindungen enthalten, die ständig ineinander umgewandelt werden. So bleiben sie dem Kreislauf erhalten.

Weg des Kohlenstoffdioxids Pflanzen stellen als Produzenten mithilfe des Sonnenlichts aus Kohlenstoffdioxid und Wasser energiereiche Stoffe wie Glucose her und geben Sauerstoff dabei ab. Für ihr Wachstum benötigen sie außerdem Mineralstoffe.

Tiere als Konsumenten nehmen die von den Pflanzen hergestellten Kohlenstoffverbindungen wie z. B. Glucose mit der Nahrung auf und verwerten sie in der Zellatmung unter Verbrauch von Sauerstoff. Dabei geben sie Kohlenstoffdioxid ab.

Sterben Tiere und Pflanzen, werden sie von den Destruenten zersetzt, sodass gespeicherte Mineralstoffe und Wasser dem Kreislauf wieder zugeführt werden ▶ Bild 1. Dabei wird in der Biomasse gebundener Kohlenstoff als Kohlenstoffdioxid wieder frei. Auch beim Verbrennen von Pflanzenmaterial wird der gespeicherte Kohlenstoff als Kohlenstoffdioxid frei.

Fossile Energieträger Wenn Pflanzen unter Luftabschluss geraten, entsteht Torf. Dieser kann in weiteren Prozessen unter hohem Druck über einen sehr großen Zeitraum hinweg zu Braunkohle und später zu Steinkohle umgewandelt werden. In diesen Kohlenstofflagern ist der Kohlenstoff aus den Pflanzen gespeichert. Erst wenn diese fossilen Energieträger verbrannt werden, kommt der gespeicherte Kohlenstoff in Form von Kohlenstoffdioxid in den Kreislauf zurück.

1 **A** Beschreibe den Weg von Kohlenstoffdioxid und Sauerstoff im Ökosystem Wald ▶ Bild 1.
B Erläutere, wieso diese Kreisläufe eng miteinander verbunden sind.

2 Erkläre, warum fossile Energieträger als Kohlenstofflager bezeichnet werden.

3 Begründe, warum es kein Ökosystem ohne Destruenten geben kann.

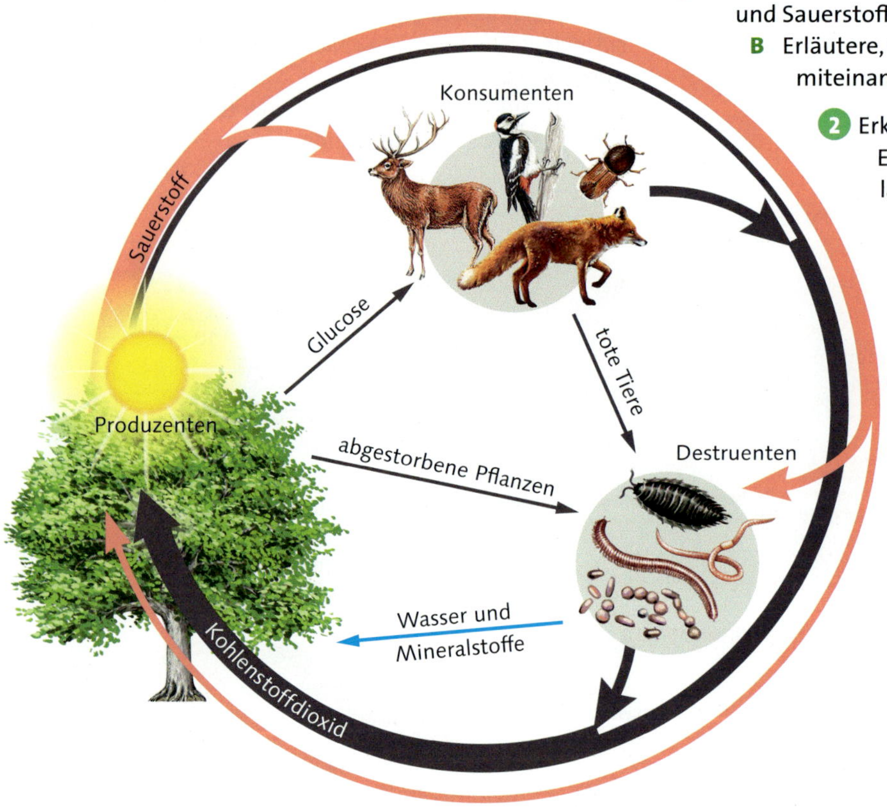

1 Stoffkreisläufe im Ökosystem Wald

Diagramme erstellen

In der Biologie helfen Diagramme, Sachverhalte und Zusammenhänge zu veranschaulichen. Je nachdem, was dargestellt werden soll, benutzt man verschiedene Diagrammtypen.

Mit Säulendiagrammen arbeiten

Säulendiagramme dienen dazu, Häufigkeitsverteilungen zu veranschaulichen. Im Gegensatz zu Tabellen wie in ▶ Bild 2 zeigen Diagramme Zusammenhänge auf.

1 Stelle die Informationen aus ▶ Bild 2 in einem Säulendiagramm dar. Das Diagramm soll zeigen, wie viele Konsumenten sich von den genannten Nahrungsressourcen ernähren.

2 Erläutere dein Diagramm.

Konsument	Auszug der Nahrungsressourcen
Rotfuchs	Feldmäuse, Regenwürmer, Raupen, Schnecken, Obst, Aas, Vögel ...
Europäischer Dachs	Käfer, Regenwürmer, Wühlmäuse, Aas, Obst, Feldfrüchte, Wurzeln, Eicheln ...
Baummarder	Wühlmause, Vögel, Aas, Vogeleier, Schnecken ...
Wildschwein	Regenwürmer, Eicheln, Schnecken, Blätter, Obst, Aas, Feldfrüchte, Wühlmäuse, Feldmäuse ...
Igel	Schnecken, Regenwürmer, Obst, Raupen ...

2 Nahrungsressourcen verschiedener Waldtiere

Mit Streifendiagrammen arbeiten

In ▶ Bild 4 ist die Bodenzusammensetzung im Wald in zwei Streifendiagrammen dargestellt. Die gesamte Streifenfläche entspricht dabei 100 % und wird je nach Anteil der einzelnen Bestandteile des Bodens in unterschiedlich große Bereiche untergliedert. Durch Streifendiagramme werden Daten gut veranschaulicht, die in Unterkategorien aufgeteilt sind.

3 **A** Beschreibe die Diagramme in ▶ Bild 4.
B Deute die Diagramme.

4 Skizziere zu den Angaben in ▶ Bild 3 zwei Streifendiagramme.

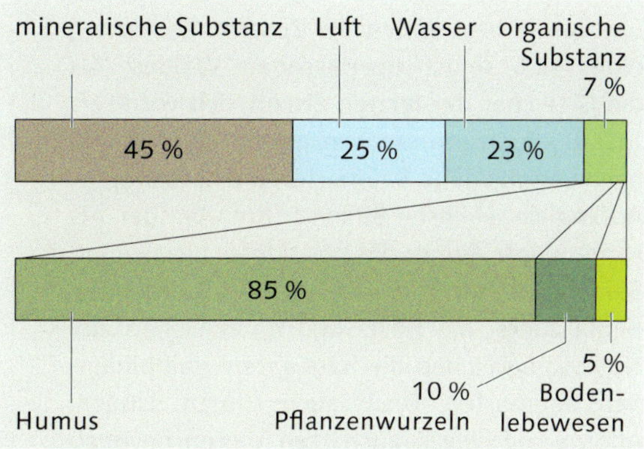

4 Streifendiagramme zur Bodenzusammensetzung

Gliederfüßer bilden einen der artenreichsten Stämme im Tierreich. Allein 85 % der Gliederfüßer sind Insekten. Auf die Klasse der Spinnentiere entfallen etwa 9 %. Krebstiere sind mit 4 % vertreten. Die Klasse der Tausendfüßer umfasst etwa 1 % und das verbleibende 1 % entfällt auf weitere Gliederfüßerklassen.

Die Insekten gliedern sich in mehrere Ordnungen. So sind 35 % aller Insekten Käfer und 18 % Schmetterlinge. Die Ordnung der Zweiflügler umfasst etwa 12 % und die der Hautflügler 10 % aller Insekten. Die übrigen 25 % der Insekten entfallen auf sonstige Ordnungen, die hier nicht aufgeführt wurden.

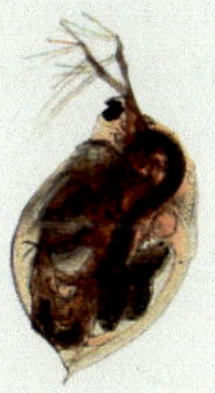

Jeden Tag entdecken Forscher neue Arten, andere sterben aus, die meisten davon sind Gliederfüßer.

Die genaue Anzahl der bekannten Arten variiert ständig.

3 Informationen über den Stamm der Gliederfüßer

Veränderungen in den Naturwäldern

1 Buchenwald

Geschichte der Urwälder Mitteleuropas Boden und Klima bestimmen die Zusammensetzung eines sich selbst überlassenen Waldes. Als die Gletscher der letzten Eiszeit sich vor etwa 10 000 Jahren zurückzogen, eroberten nach und nach verschiedene Baumarten die Kältesteppe. Anfänglich wuchsen Birken-Föhren-Wälder. Als Föhre wurde früher die Waldkiefer bezeichnet. Bald wanderten mit dem wärmer werdenden Klima zuerst die Hasel und dann Eichen ein. Nun waren Eichen die häufigsten waldbildenden Baumarten. Doch auch Ulmen, Linden, Ahorne und viele Straucharten folgten, bevor ab etwa 5500 v. Chr. Rotbuche und Weißtanne nach Norden vordrangen. Ab ca. 2000 v. Chr. war die Rotbuche die häufigste Baumart.

Der Buchenwald (▶ Bild 1) war nun der vorherrschende Waldtyp in Mitteleuropa und wäre es noch heute, wenn der Mensch nicht ca. 4000 v. Chr. angefangen hätte, das Bild des Waldes zu verändern.

Die Fläche Deutschlands wäre heute zu 70 % mit Buchenwäldern bzw. Buchenmischwäldern aus Rotbuchen und anderen Baumarten bedeckt. Auf 30 % der Fläche wüchsen aufgrund der sandigen Böden kiefernreiche Wälder, die mit Eichen und anderen Laubbäumen durchsetzt wären.

Einflüsse der frühen Menschen Mit Beginn der Jungsteinzeit in Mitteleuropa 5500 v. Chr wurden aus umherziehenden Jägern und Sammlern Wanderfeldarbeiter. Sie zeigten noch eine waldverbundene Lebensweise.

Die ersten großflächigen Waldrodungen sind für den Beginn der Bronzezeit (2200 v. Chr.) belegt. Bei einer *Rodung* werden alle Bäume in einem Waldgebiet gefällt und entfernt, um den Boden anders zu nutzen, z. B. für den Ackerbau. Um das Jahr 0 waren noch 70 – 75 % der Fläche des heutigen Deutschlands mit Wald bedeckt ▶ Bild 2. Dies blieb trotz der verschiedenen Rodungsmaßnahmen die nächsten Jahrhunderte unverändert, denn gerodete Flächen konnten sich erholen, während neue Waldgebiete erschlossen wurden. Auch der Vormarsch der

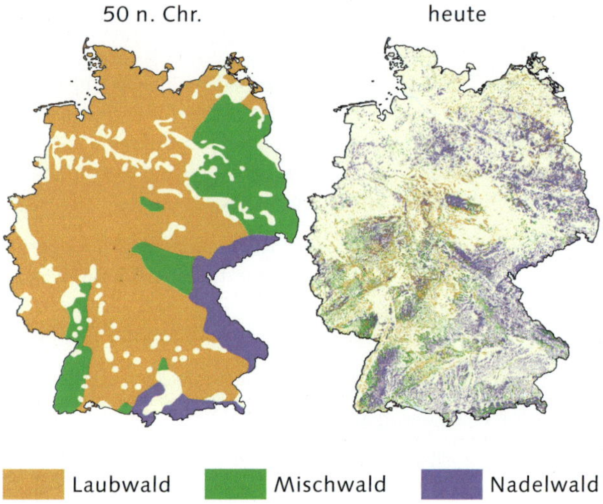

2 Waldverteilung in Deutschland

Römer änderte an diesem Zustand nichts. Während der Völkerwanderungen im 4. und 5. Jahrhundert n. Chr. fand eine natürliche Wiederbewaldung statt. Um eine immer größer werdende Bevölkerung mit Wohnraum und Ackerland zu versorgen, fing mit Beginn des Frühmittelalters um 500 n. Chr. eine 800 Jahre währende Rodungsperiode an. Die mittelalterlichen Rodungen haben die heutige Verteilung der Wälder in Deutschland festgelegt. Es sind nun nur noch 30 % des Landes mit Wald bedeckt. Echte Urwälder als ungeplünderte Naturwälder gibt es seit 1800 n. Chr. nicht mehr in Deutschland.

Folgen der Waldveränderung Im 19. Jahrhundert begann mit massiven Aufforstungen die Forstwirtschaft. Mit Fichten wurden Bäume angepflanzt, von denen man sich einen hohen Holzertrag erhoffte, die aber nicht an die vorherrschenden Umweltbedingungen angepasst waren. Diese Angepasstheit zeigt sich besonders daran, wie gut ein Baum extremem Wetter trotzen kann. Die Form seiner Wurzeln ist dafür ausschlaggebend. So gibt es *Pfahlwurzler* und *Flachwurzler* ▶ Bild 3.

Die Wurzeln der Flachwurzler breiten sich tellerförmig in den oberen Bodenschichten aus. Flachwurzler sind Fichten, Hainbuchen und Weiden. Sie sind anfälliger für Sturmschäden, denn sie haben wenig Halt. Beim Umstürzen reißen sie den Wurzelteller mit dem Erdreich aus. Bei starken Orkanen wie Lothar (1999) und Kyrill (2007) wurden Fichtenforste großflächig zerstört.

Die Hauptwurzel der Pfahlwurzler geht senkrecht tief in den Boden. Eichen, Tannen und Kiefern sind Pfahlwurzler und wachsen am besten auf trockenen, tiefgründigen Böden, finden aber auch in Felsspalten Halt.

Stehen Pfahlwurzler auf dem falschen Boden, kann ein Sturm sie ebenfalls zerstören. Sie knicken beim Umstürzen wie Streichhölzer um. Umstürzende Bäume reißen auch andere Bäume mit. So entstehen Lücken im Wald, in denen die jüngeren Bäume heranwachsen und das Blätterdach des Waldes wieder auffüllen.

Abgeknickte Bäume und herabgefallene Äste sterben ab und bilden das *Totholz* ▶ Bild 1. So bezeichnet man tote Bäume oder Äste sowie die Baumstümpfe gefällter Bäume. Es bietet Lebensraum für viele Tier-, Pflanzen- und Pilzarten, die das Holz zersetzen und Mineralstoffe für neu wachsende Bäume nutzbar machen.

Wenn ganze Landstriche durch Sturm oder Rodungsmaßnahmen entwurzelt wurden, können Wind und Regen den Boden abtragen. Das nennt man *Erosion*.

1 **A** Nenne Ursachen für Veränderungen im Ökosystem Wald in Deutschland.
B Beschreibe die Gründe für diese Veränderungen.

2 Fertige einen Zeitstrahl an, der die Entwicklung der Wälder in Deutschland mit den wichtigsten Stationen darstellt.

3 **A** Beschreibe ▶ Bild 2.
B Erkläre die Karte in ▶ Bild 2. Verwende hierfür auch physische und geologische Karten aus einem Atlas.

4 **A** Erkläre, warum sich Stürme auf Bäume unterschiedlich auswirken.
B Beschreibe den Einfluss der verschiedenen Umsturzarten auf das Ökosystem.

3 Flachwurzler und Pfahlwurzler vor und nach dem Sturm

Nutzung des Waldes

Nutzung früher Der Wald wurde immer schon auf vielfältige Weise genutzt und dadurch verändert ▶ Bild 1. Durch die starken Abholzungen gab es immer weniger brauchbares Holz. Aus diesem Anlass wurden die ersten Regeln zum Umgang mit dem Wald und dem Holz aufgestellt. Auch pflanzte man nun gezielt Baumarten wie Hasel, Linde, Eiche und Weide an. Diese konnten nach der Abholzung aus der Wurzel neu ausschlagen. Dadurch war gesichert, dass Brennholz nachwuchs.

Nachhaltigkeit Um 1700 gab es großen Holzmangel. Hinzu kamen Erosionsschäden und Überschwemmungen. Brunnen trockneten aus, weil durch den fehlenden Wald der Grundwasserspiegel sank. Man erkannte, dass man dem Wald nicht mehr Holz entnehmen darf, als er von selbst neu produzieren kann. Außerdem wurde man sich der Verantwortung nachfolgenden Generationen gegenüber bewusst. Keine Generation darf einer nachfolgenden ihre Probleme hinterlassen. Dieses Konzept wird als *Nachhaltigkeit* bezeichnet und hat in der Forstwirtschaft seinen Anfang genommen. Heute findet es in vielen Bereichen Anwendung.

Forstwirtschaft Mit der Verwendung von Braun- und Steinkohle wurde ein Teil des Holzmangels kompensiert, denn durch die Erfindung der Dampfmaschine konnten diese Energieträger in großem Stil genutzt werden. Nun fing man gezielt an, die Wälder aufzuforsten. Nutzungsweisen für Waldgebiete wurden festgelegt.
Der Wirtschaftswald, auch *Forst* genannt, entstand. Hier werden Bäume angepflanzt, die man auf lange Sicht nutzen kann, und nicht solche, die von Natur aus gewachsen wären. Es wird für die Zukunft geplant. Man unterscheidet verschiedene Bewirtschaftungsmodelle. Beim *Kahlschlag* sind alle Bäume gleich alt, wenn sie gefällt werden. Bei der Abholzung entsteht eine kahle Fläche, die neu bepflanzt wird. Unterschiedlich alte Flächen liegen nebeneinander ▶ Bild 2. Bei der *Plenterung* werden einzelne Bäume gefällt und durch neue ersetzt. Bäume unterschiedlichen Alters kommen auf derselben Fläche vor. Je nach beabsichtigter Nutzung werden bestimmte Bäume vermehrt angepflanzt. Von den 72 Baumarten in unseren Forsten werden 26 Laubbaumarten und 7 Nadelbaumarten wirtschaftlich genutzt. Fichte und Kiefer sind dabei die wichtigsten Vertreter.

1 Nutzung des Waldes früher

2 Kahlschlag und Plenterung: zwei unterschiedliche Bewirtschaftungsformen des Waldes

Anfänglich setzte man in *Monokulturen* auf Massenproduktion für die Holz verarbeitende und Papierindustrie. Hier sind nur Bäume einer Art vorhanden. Diese sind aber oft anfällig für Schädlinge, die sich durch das umfassende Nahrungsangebot explosionsartig vermehren können und das Holz unbrauchbar machen. Deswegen geht man heute dazu über, verschiedene Baumarten innerhalb eines Forsts anzupflanzen. Veränderungen der Artenzusammensetzung haben auch einen großen Einfluss auf die Tierarten, die den Lebensraum besiedeln.

Totholz Mittlerweile weiß man, dass Totholz wichtig für den Wald ist ▶ Bild 3. Es wird von Wirbellosen, Pilzen und Bakterien zersetzt. Die Artenvielfalt in Wäldern, aus denen Totholz entfernt wird, nimmt rapide ab, weil wichtige Bestandteile des Nahrungsnetzes fehlen. Manche Konsumenten haben dann keine Lebensgrundlage mehr. Zudem werden dadurch weniger Mineralstoffe durch Destruenten in den Stoffkreislauf zurückgegeben. Heute gibt es Bestrebungen, den Totholzanteil in privaten Wäldern zu erhöhen. Nicht mehr jeder Baum eines Forsts wird abtransportiert, sodass die Zersetzung auf natürliche Weise erfolgt.

3 Totholz

Klimawandel Der Klimawandel betrifft auch unsere Wälder. Aufgrund der erhöhten Temperaturen schlagen Bäume früher aus und werfen ihr Laub später ab. Krankheitserreger und Schadinsekten können sich stärker vermehren und sind gerade für Monokulturen eine große Gefahr, weil sie sie völlig zerstören.
Fichten wachsen natürlicherweise unterhalb der Baumgrenze in Gebirgen und zeigen Angepasstheiten an die kühleren Temperaturen dort. Die steigenden Temperaturen bewirken z. B. ein vermindertes Wachstum oder einen starken Befall durch Schadinsekten. Die Förster müssen darauf reagieren und auf andere Baumarten ausweichen.

1 Beschreibe die Nutzung des Waldes durch den Menschen früher und heute. Verwende dafür ▶ Bild 1.

2 Erkläre anhand eines Beispiels, was unter Nachhaltigkeit zu verstehen ist.

3 Stelle Hypothesen über die Auswirkung von Plenterwirtschaft und Kahlschlag auf die abiotischen Faktoren auf ▶ Bild 2.

4 **A** Erläutere die Gefahren für die Lebensgemeinschaft Wald, die durch Klimaveränderungen drohen.
B Erkläre, weshalb Monokulturen besonders anfällig auf den Klimawandel reagieren.

METHODE

Diagramme auswerten

Zusammenhänge in einem Ökosystem werden häufig mit Diagrammen dargestellt. Beim Auswerten eines Diagramms gehst du nach einem bestimmten Schema vor.

Schritt 1 Beschreibe, was das Diagramm darstellt. Dies ist dem Titel des Diagramms und der Beschriftung der y- und x-Achsen zu entnehmen.

Schritt 2 Nun wird der Inhalt des Diagramms beschrieben. Dazu müssen die wesentlichen biologischen Begriffe verwendet werden. Lege den Schwerpunkt hierbei auf die besonderen Auffälligkeiten im Diagramm.

Schritt 3 Ziehe Schlussfolgerungen aus dem Diagramm. Hierbei sollen auch weitere Kenntnisse herangezogen werden, um das Diagramm vollständig zu deuten.

Liniendiagramme auswerten

In einem Fichtenwald herrschen andere Lebensbedingungen als einem Buchenwald.

1 Beschreibe die Liniendiagramme in ▶ Bild 1.
Verwende folgende Textbausteine:
„Das Diagramm zeigt ... in Abhängigkeit von ...“
„Auf der y-Achse ist ... aufgetragen und auf der x-Achse ...“
„... nimmt stetig zu/ab.“
„... ist ab ... konstant.“
„Die Werte .... unterscheiden sich/nicht.“

2 Werte die Diagramme aus. Begründe dabei die Unterschiede beim Lichteinfall und Niederschlag in Fichtenforst und Buchenwald.

Streifendiagramme auswerten

Die Veränderung des Waldes durch den Eingriff des Menschen beschränkt sich nicht nur auf die Fläche, die der Wald einnimmt. Auch die Zusammensetzung mit Baumarten kann sich verändern und damit die Lebensgemeinschaft im Wald.

3 **A** Beschreibe die beiden Diagramme in ▶ Bild 2.
B Erläutere mithilfe von ▶ Bild 3, wieso man bestimmte Baumarten bevorzugt anpflanzt.

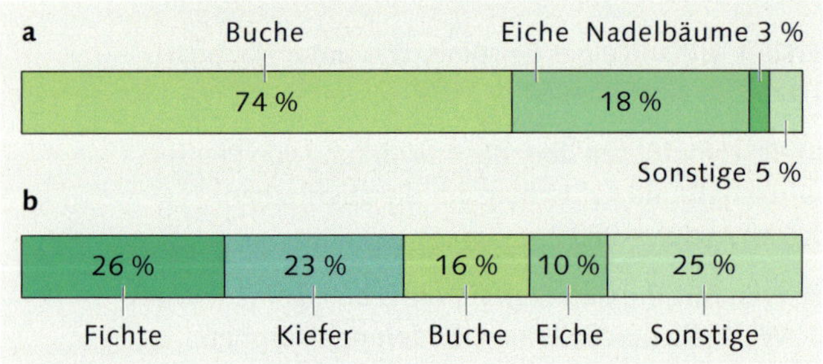

1 Anteile der Baumarten im Wald früher (a) und heute (b)

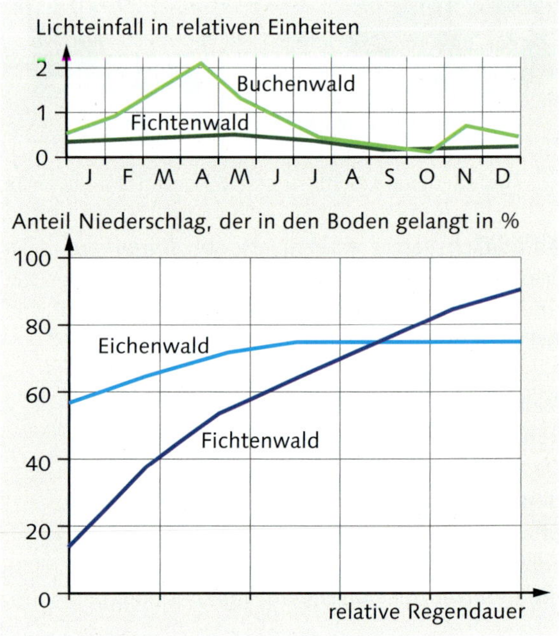

2 Lichteinfall und Niederschläge in Laub- und Nadelwald

Baumart	Schlagreife* (in Jahren)	Endbaumhöhe (in Metern)	Natürliches Höchstalter (in Jahren)
Rotbuche	120–160	35	200–300
Stieleiche	180–300	25	500–800
Rotfichte	80–120	40	200–300
Waldkiefer	80–140	36	200–300

* Die Schlagreife ist das Alter, in dem ein Baum nutzbringend gefällt werden kann.

3 Merkmale einiger Baumarten

Ökologisch bewerten

Durch die Bewirtschaftung des Waldes nimmt der Mensch Einfluss auf das Ökosystem. Jede Maßnahme sollte zunächst vor dem Hintergrund des Schutzes von Tieren und Pflanzen bewertet werden. Dabei müssen die kurz- und die langfristigen Folgen berücksichtigt werden. Jede Bewertung einer Maßnahme folgt einer Dreischrittigkeit, die hier dargestellt wird.

Schritt 1 Entwickle Argumente für und gegen eine Maßnahme. Verschiedene Gruppen können unterschiedliche Argumente und Schwerpunkte haben.

Schritt 2 Überprüfe alle Argumente. Dabei müssen auch die Argumente anderer Interessenten berücksichtigt werden. Schätze kurzfristige und langfristige Folgen des Handelns ab.

Schritt 3 Begründe die Entscheidung, die getroffen wird. Erläutere dazu, welche Argumente dir besonders wichtig sind.

Totholz lebt!

Ökologen haben im Rahmen einer Studie eine Artenliste des wirtschaftlich genutzten Raschelwaldes erstellt und Alarmierendes festgestellt: Es gibt immer weniger Tierarten in diesem Wald! Würde man Totholz im Wald belassen, würde sich dieser Zustand schnell bessern, so ihre These. Nun treffen sich heute Mittag Vertreter verschiedener Interessengruppen, um darüber zu diskutieren. Sie beraten, ob das Konzept bei der Bewirtschaftung des Waldes überarbeitet werden muss. Es nehmen der verantwortliche Förster des Waldes, die Ökologen und Mitglieder des Gemeinderats teil. Nach Bekanntgabe des Termins haben sich auch Vertreter des ortsansässigen Vereins der Waldfreunde eingeladen, um ihre Interessen vorzubringen.

5 Ausgangssituation

Erprobt das ökologische Bewerten im Rollenspiel. In ▶ Bild 5 ist die Ausgangssituation dargestellt.

1 Bildet gleich große Gruppen, jede Gruppe übernimmt die Position einer der Parteien: Förster, Gemeinderat, Ökologen, Vereinsmitglieder.

2 **A** Jede Gruppe liest ihre Zusatzinformationen (▶ Bild 4) und notiert sich den Standpunkt, den sie einnehmen will.

B Entwickelt dazu Argumente. Hierbei können auch weitere Informationen herangezogen werden (siehe Grundwissen). Dabei müssen die kurzfristigen und die langfristigen Folgen des Handelns abgeschätzt werden.

C Es hilft, auf die Argumente der Gegenparteien vorbereitet zu sein oder Verbündete zu finden. Macht euch auch mit deren Anliegen (▶ Bild 4) vertraut. Erweitert eure Aufzeichnungen.

3 **A** Bildet eine Diskussionsrunde mit einem Vertreter pro Gruppe. Das Mitglied des Gemeinderats ist der Moderator. Die anderen Schüler beobachten die Diskussionsrunde und machen sich Notizen.

B Begründe, wie die Entscheidung zustande kam. Überlege dazu, welche Argumente als besonders wichtig angesehen wurden. Begründe, ob auch ein anderes Ergebnis möglich gewesen wäre.

Förster: „Wir betreiben eine Kahlschlagwirtschaft. Deshalb werden alle Stämme mit schweren Maschinen abtransportiert. Totholz wird nicht zurückgelassen, denn darin können sich Schädlinge wie der Borkenkäfer ausbreiten. Herabfallendes Totholz gefährdet die Forstarbeiter, für deren Sicherheit ich garantiere."

Gemeinderat: „Der Gemeinderat ist durch die Untersuchungen der Ökologen verunsichert. Wir entscheiden, wie der Förster den Wald zu bewirtschaften hat. Es soll möglichst viel Nutzholz entnommen werden, denn das bringt Einnahmen für die Gemeinde."

Ökologen: „Totholzarten fehlen im Wald. Darunter fallen nicht nur Pilzarten und Bakterien, sondern auch viele Käferarten, die es im Wald ohne Totholz nicht mehr gibt. Die Anzahl der Schnecken, Spinnen und insektenfressenden Kleinsäuger sowie die der Vögel ist gesunken."

Verein der Waldfreunde: „Unser Wunsch ist es, dass ein Erlebniswald angelegt wird. Wir planen die Anlage eines Wildgeheges mit Rotwild und Wildschweinen und einen Waldlehrpfad. Außerdem sollen Rückepferde und keine schweren Maschinen mehr die Stämme abtransportieren, um Bodenlebewesen zu schonen."

4 Informationen für die verschiedenen Parteien

Wasser als Lebensraum – Ökosystem See

Lebensraum Gewässer Gewässer ist der Oberbegriff für in der Natur fließendes oder stehendes Wasser. Fließgewässer sind z. B. Bach und Fluss. Zu den stehenden Gewässern, auch Stillgewässer genannt, zählen der See, der flache Weiher und der Teich, der künstlich angelegt ist. Bei einem See unterscheidet man den Uferbereich und den Wasserkörper mit seiner Tiefenstruktur. Alle Lebewesen im und am See bilden eine *Lebensgemeinschaft*. In ihrer Gesamtheit werden diese Lebensräume mit ihrer Lebensgemeinschaft aus Pflanzen und Tieren als *Ökosystem* bezeichnet.

Zonierung des Sees Aufgrund typischen Pflanzenvorkommens wird der See in verschiedene Zonen eingeteilt ▶ Bild 1. Nähert man sich einem See, so stößt man zunächst am Seeufer auf Bäume und auf eine dichte Schicht aus Sträuchern und Kräutern. In dieser *Bruchwaldzone* findet man als häufige Baumart die Schwarzerle. Das lichtarme Dickicht wird bestimmt von der wasserliebenden Sumpfsegge, der Sumpfschwertlilie und der leuchtend gelben Sumpfdotterblume. Zum Wasser hin folgt eine Zone mit Rohrkolben und Schilfrohr, die dieser *Röhrichtzone* auch ihren Namen gegeben haben. Sie dringen bis zu einer Wassertiefe von 2 m in den See vor. See- und Teichrosen mit ihren zum Teil auf dem Wasser liegenden Blättern kennzeichnen die *Schwimmblattzone*. Sie besitzen bis zu mehrere Meter lange Blattstiele und sind mit verdickten, waagerecht wachsenden Sprossachsen, den Rhizomen, im Boden verankert. Ihre Wurzeln fehlen oder sind nur schwach ausgeprägt. Pflanzen der *Tauchblattzone* wie das Laichkraut, die Wasserpest und das Hornblatt sind gänzlich von Wasser bedeckt. In einem klaren, lichtdurchfluteten See findet man in der *Tiefalgenzone* die Armleuchteralge und das Quellmoos.

1 Zonierung des Sees

Pflanzliches Leben im Wasser Die Algen im Oberflächenwasser eines Sees zählen ebenfalls zur Pflanzengesellschaft eines Sees, wenngleich sie mit bloßem Auge kaum zu erkennen sind. Sie werden als *Phytoplankton* bezeichnet. Die Lichtverhältnisse in der oberen Wasserschicht des Sees ermöglichen diesen mikroskopisch kleinen Organismen, Fotosynthese zu betreiben.

Abiotische Faktoren Betrachtet man die verschiedenen Zonen in und am See, wird deutlich, dass Licht, Temperatur, Sauerstoff sowie die Wasser- und Mineralstoffverfügbarkeit maßgeblich das Vorkommen von Organismen beeinflussen. Sie werden als *abiotische Umweltfaktoren* zusammengefasst. Die Lebewesen zeigen Angepasstheiten an diese Faktoren im Bau und in der Funktion ihrer Organe.

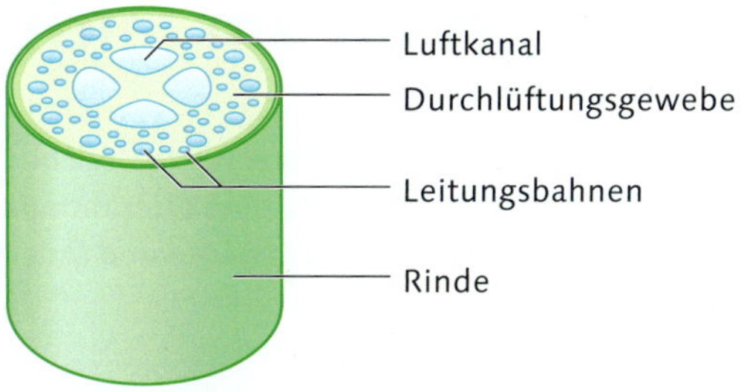

2 Querschnitt durch den Blattstiel der Seerose

Pflanzen in und am Wasser Landpflanzen vertragen es nicht, wenn ihre Wurzeln dauerhaft im Wasser stehen. Diese Staunässe verhindert die Belüftung der Wurzeln und begünstigt die Vermehrung von Bakterien, die das Pflanzenmaterial zersetzen. Man bezeichnet diese als Fäulnis. Wie gelingt es den Pflanzen im und am See, trotz der Staunässe Fotosynthese zu betreiben und zu wachsen?
Viele am und im Wasser vorkommende Pflanzen besitzen in den Wurzeln, der Sprossachse oder den Blättern Gewebe mit großen, luftgefüllten Hohlräumen. Diese *Durchlüftungsgewebe* gewährleisten einerseits eine gute Versorgung mit Sauerstoff und verhindern Fäulnisprozesse, andererseits ermöglichen sie Auftrieb. Pflanzenteile sind somit stärker dem Licht zugewandt. So durchziehen luftgefüllte Röhren die Wasserschwertlilie und versorgen ihre Wurzel mit Sauerstoff. Die Blätter der Seerose liegen aufgrund ihres ausgeprägten Durchlüftungsgewebes der Wasseroberfläche auf. Des Weiteren sind sie mit den in der oberen Epidermis liegenden Spaltöffnungen mit der Außenluft verbunden. Durchlüftete Blattstiele (▶ Bild 2) sorgen für den nötigen Auftrieb. Die Wurzeln dienen nicht in erster Linie der Mineralstoffaufnahme, sondern der Verankerung im Boden.

1 **A** Benenne die Zonen des Sees.
B Nenne die jeweiligen abiotischen Faktoren.

2 Beschreibe am Beispiel der Seerose das Basiskonzept Struktur und Funktion.

3 Auf dem Grund eines tiefen Sees findet man keine Wasserpflanzen. Erkläre diese Beobachtung.

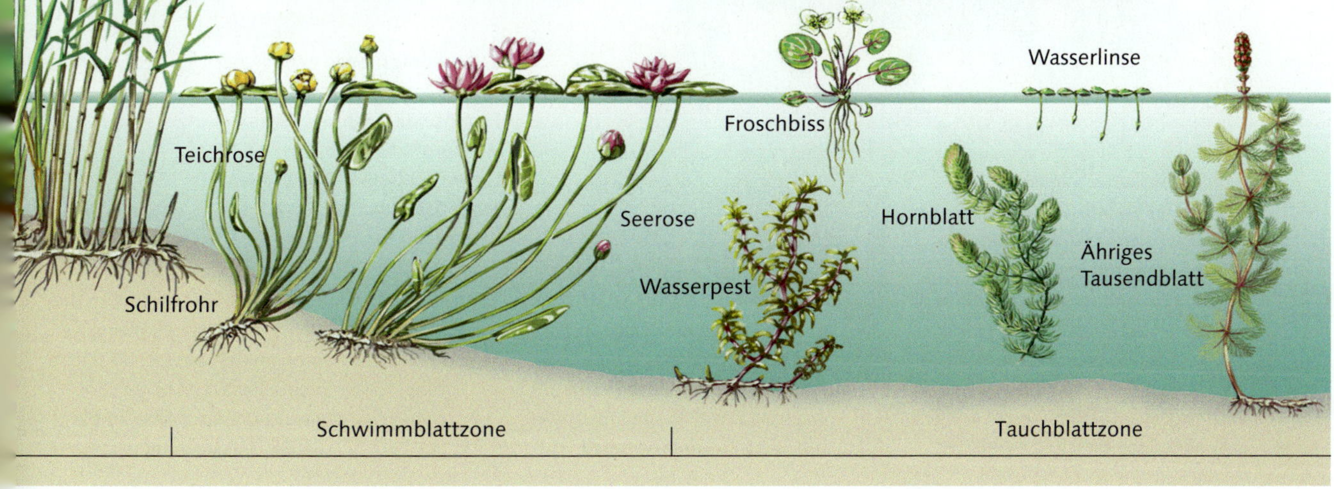

Entdeckungstour am Teich

Gewässer bieten vielfältige Lebensräume für zahlreiche Tiere und Pflanzen. Sogar in einem kleinen Teich kannst du eine Vielzahl verschiedener Lebewesen entdecken. Sie finden hier Nahrung, Verstecke und Möglichkeiten, sich fortzupflanzen.

1. Betrachte ▶ Bild 1 und lies die Texte zu den einzelnen Lebewesen. Ordne die Texte A–M den Abbildungen 1–12 zu.
2. Erstelle mithilfe des Buches und weiteren Informationsquellen einen Steckbrief eines der abgebildeten Teichlebewesen.
3. Nahrungsbeziehungen zwischen Lebewesen können als Nahrungsketten dargestellt werden, z. B.: Alge → Stechmückenlarve → Stichling. Der Pfeil bedeutet „wird gefressen von“. Skizziere eine Nahrungskette im Teich aus möglichst vielen Gliedern.

A Die Seerose besitzt Schwimmblätter, die auf der Wasseroberfläche liegen und so das Sonnenlicht nutzen.

B Der Teichfrosch legt seine Eier, den Laich, im Schutz von Uferpflanzen ab. Aus den Eiern schlüpfen Larven, die Kaulquappen. Sie entwickeln sich im Wasser zu Fröschen. Während Kaulquappen kleine Pflanzenteile fressen, ernährt sich der erwachsene Teichfrosch von Insekten.

C Die Wasseroberfläche ist für den Wasserläufer wie eine zähe Haut, auf der er laufen kann und Ausschau nach kleinen Beutetieren wie Mückenlarven hält.

D Der Graureiher wartet stocksteif am Teichrand, dann sticht er mit seinem spitzen Schnabel blitzschnell nach kleineren Fischen, Fröschen, Molchen, Schlangen und Wasserinsekten.

E Die Königslibelle geht an der Teichoberfläche auf Jagd nach Fluginsekten. Sie legt Eier an Wasserpflanzen ab, aus denen Larven schlüpfen. Diese leben räuberisch und fressen z. B. Kaulquappen.

F Die Teichlinse gehört zu den kleinsten Blütenpflanzen. Sie kann an der Wasseroberfläche dichte Bestände bilden, sodass kaum noch Licht in das tiefere Wasser gelangt.

1 Lebewesen im und am Teich

G Der Teichmolch gehört wie Kröten und Frösche zu den Amphibien. Er besitzt einen Ruderschwanz und ist dadurch unter Wasser sehr beweglich. Er jagt z. B. Insektenlarven und Wasserflöhe. Einer seiner Fressfeinde ist der Graureiher.

K Die Stechmückenlarve kommt zum Atmen an die Wasseroberfläche und versorgt sich über das Atemrohr am Hinterleib mit Luft.

H Im Wasser leben viele pflanzliche und tierliche Kleinstlebewesen, die nur schwer mit dem bloßen Auge zu erkennen sind, z. B. kleine Algen oder Wasserflöhe. Sie sind als Nahrung wichtig für größere Lebewesen.

I Ein Röhricht ist eine Ansammlung verschiedener Pflanzen an Gewässerrändern. Typisch ist der Rohrkolben mit seinen zigarrenähnlichen Blütenständen.

L Namensgebend und besonders auffällig beim Stichling sind die drei aufstellbaren Stacheln vor der Rückenflosse. Er jagt z. B. Wasserflöhe und Stechmückenlarven.

M Die Stockente sucht den Teichgrund unter anderem nach Insekten, Schnecken und Wasserpflanzen ab. An der Teichoberfläche frisst sie Wasserlinsen.

Nahrungsbeziehungen im See

Produzenten, Konsumenten und Destruenten Die grünen Pflanzen im und am Gewässer fangen das Sonnenlicht ein und stellen bei der Fotosynthese Nährstoffe her, die anderen Lebewesen wiederum als Nahrung dienen. Daher bezeichnet man grüne Pflanzen als *Produzenten*. Tiere, die diese Pflanzen fressen, werden als *Konsumenten* bezeichnet. Die zurückbleibenden organischen Überreste und Ausscheidungsprodukte werden dann von Kleinstlebewesen, den Zersetzern oder auch *Destruenten*, zerlegt.

Im See ist es vor allem das Phytoplankton, das für die Nährstoffproduktion verantwortlich ist und die Nahrungsgrundlage anderer Lebewesen darstellt. Wie alle grünen Pflanzen benötigt das Phytoplankton Licht zur Fotosynthese.

Nährschicht und Zehrschicht In eine Wassertiefe von 1 m gelangen nur noch etwa 50 % des eingestrahlten Lichts. Folglich findet man die Produzenten überwiegend in der oberen Schicht des Sees, im Oberflächenwasser. Diese *Nährschicht* ist also reich an Sauerstoff und arm an Kohlenstoffdioxid ▶ Bild 1.

Die Konsumenten sind auch in der darunterliegenden, tieferen Schicht zu finden. Sie ernähren sich von organischer Substanz. Bei ihren Stoffwechselprozessen verbrauchen sie Sauerstoff und geben Kohlenstoffdioxid ab. Diese Schicht wird daher als *Zehrschicht* bezeichnet. Am Seegrund, wo sich abgestorbenes organisches Material sammelt, wirken die Destruenten. Destruenten zersetzen diese organischen Überreste unter Sauerstoffverbrauch zu Mineralstoffen und Kohlenstoffdioxid.

Nahrungsbeziehungen im See Ernähren sich Tiere unmittelbar von den Pflanzen, bezeichnet man sie als Konsumenten 1. Ordnung. Andere Tiere ernähren sich von diesen Pflanzenfressern – folglich werden sie als Konsumenten 2. Ordnung benannt. Konsumenten 3. Ordnung sind Fleischfresser, die andere Fleischfresser erbeuten. Der Endkonsument hat keinen natürlichen Fressfeind mehr.

Sterben Produzenten und Konsumenten, so wird das organische Material von den Destruenten in seine kleinsten Bestandteile zersetzt. Die freigesetzten Mineralstoffe sind dann wie-

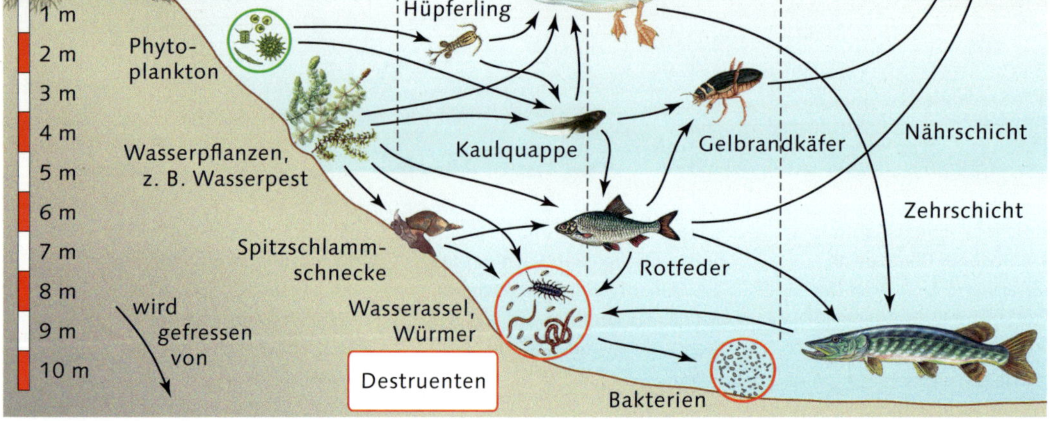

1 Lebensgemeinschaft im See

derum Grundlage für das Wachstum der grünen Pflanzen. Alle Wechselwirkungen zwischen den Lebewesen in einem Ökosystem fasst man unter dem Begriff *biotische Umweltfaktoren* zusammen.

Nahrungskette Pflanzen und Tiere im See stehen in vielfältiger Beziehung zueinander. Eine davon ist die Nahrungsbeziehung. Jedes Lebewesen kann Nahrung für ein anderes Lebewesen sein: So wird die Wasserpest von der Schlammschnecke gefressen. Die Schlammschnecke wiederum wird von der Rotfeder gefressen. Eine Nahrungsbeziehung besteht folglich aus mehreren Gliedern. Man bezeichnet eine solche Nahrungsbeziehung als *Nahrungskette*.

Von der Nahrungskette zum Nahrungsnetz Die meisten Tiere sind nicht nur auf eine Nahrung festgelegt: Die Rotfeder frisst nicht nur Schlammschnecken, sondern auch Pflanzen wie das Laichkraut, das Tausendblatt und die Wasserpest. Auf diese Weise ergibt sich aus verschiedenen Nahrungsketten ein vielfältiges Nahrungsnetz ▶ Bild 1.

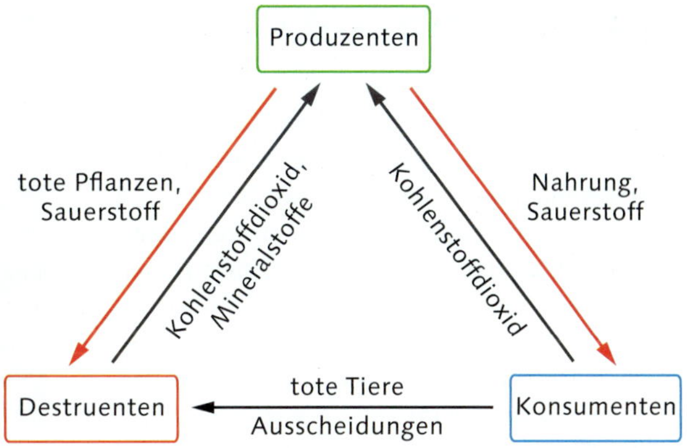

2 Beziehungen zwischen Produzenten, Konsumenten und Destruenten

1 **A** Stelle ausgehend von ▶ Bild 1 die Vertreter der Produzenten, Konsumenten und Destruenten in einem See tabellarisch dar.
B Nenne drei Nahrungsketten, wie sie im See zu finden sind.

2 Beschreibe die Beziehungen zwischen Produzenten, Konsumenten und Destruenten anhand von ▶ Bild 2.

3 Destruenten sind ausschließlich am Seegrund zu finden. Erkläre diese Aussage.

Einfluss des Menschen auf das Ökosystem

Das Zwischenahner Meer ist ein großer See und ein beliebtes Ausflugsziel für Groß und Klein. Das Füttern der Enten mit Brotkrumen steht bei Eltern, Großeltern und Kindern ganz hoch im Kurs. Nun erbost ein Verbotsschild die Besucher und der Frieden am See ist ernsthaft in Gefahr ▶ Bild 3.

4 Erläutere, was mit den Brotkrumen geschieht, die nicht von den Enten gefressen werden.

5 Das Füttern von Enten und der dadurch vermehrte Kot führen zu einem verstärkten Algenwachstum.
A Erkläre diesen Sachverhalt. Der Grundwissenstext bietet dir Hilfe.
B Nenne positive und negative Auswirkungen der Algenbildung.

6 Beurteile abschließend den Text in ▶ Bild 3.

3 Entenfüttern verboten!

Spezialisten im Ökosystem Gewässer

Angepasstheiten im Körperbau, aber auch angeborene Verhaltensweisen ermöglichen es Lebewesen, nebeneinander zu existieren, ohne in Konkurrenz miteinander zu treten. Man spricht davon, dass sie eine *ökologische Nische* bekleiden.

Libellen Mosaikjungfern (▶ Bild 1) sind Libellen und gehören zu den Insekten. Sie sind hervorragende Flieger und erbeuten im Flug mit ihren Fangarmen andere Insekten. Auch die Paarung erfolgt im Flug. Nach der Paarung legt das Weibchen die Eier in stehenden Gewässern ab. Die Larven schlüpfen dort und leben räuberisch. Mit den Mundwerkzeugen, die zu einer Fangmaske umgebildet sind, erbeuten sie andere Insektenlarven, kleine Fische und Kaulquappen. Die Larven atmen Sauerstoff aus dem Wasser. Alle Larvenstadien überwintern im Wasser. Nach ein oder zwei Jahren klettern die Larven an einem Pflanzenstängel an die Luft und verpuppen sich dort. Die Imagines schlüpfen im selben Jahr. Sie leben oft nur wenige Wochen.

Gelbrandkäfer Die bis zu 3,5 cm großen Gelbrandkäfer (▶ Bild 2) kommen in stehenden Gewässern vor. Diese Insekten können tauchen,

1 Blaugrüne Mosaikjungfer: Imago und Larve

2 Gelbrandkäfer: Imago und Larve

aber auch fliegen. Ihr drittes Beinpaar ist zu paddelförmigen Schwimmbeinen umgebildet. Männchen haben Saugnäpfe am ersten Beinpaar, die ein Festhalten bei der Nahrungsaufnahme oder bei der Paarung ermöglichen. Gelbrandkäfer halten einen Luftvorrat in einer Kammer unter ihren Flügeldecken und können so unter Wasser atmen. Sie müssen ihn alle 15 min an der Wasseroberfläche erneuern. Mit ihren kräftigen Mundwerkzeugen erlegen und zerteilen sie ihre Nahrung, die aus kleineren Wassertieren wie Kaulquappen, Jungfröschen, Insektenlarven und kranken Fischen besteht. Gelbrandkäfer paaren sich im Herbst. Im Frühjahr legen die Weibchen mithilfe eines Legestachels bis zu 1000 Eier in das Innere von Wasserpflanzen.

Die Larven leben im Wasser und ernähren sich räuberisch von verschiedenen Wassertieren. Sie injizieren Verdauungssäfte in ihre Beutetiere, die so von innen verdaut werden. Anschließend saugen sie die nährstoffreiche Flüssigkeit aus. Im Herbst vergraben sich die Gelbrandkäferlarven an Land und verpuppen sich dort. Nach der Metamorphose schlüpfen im Frühjahr die Imagines.

1. Gelbrandkäfer und Mosaikjungfern sowie ihre Larven kommen in den gleichen Gewässern vor. Erläutere, warum sie nicht dieselbe ökologische Nische besetzen.

Teiche – gestaltet von Menschen

3 Zwei Gartenteiche

Ein künstlich geschaffener Lebensraum Teiche werden von Menschen angelegt, während Seen natürlich entstandene Gewässer sind. Teiche sind im Gegensatz zu Seen selten tiefer als 2 m. Das Licht erreicht in Teichen an allen Stellen den Gewässerboden, sodass dieser vollständig von Pflanzen besiedelt werden kann. Eine geringe Tiefe bedeutet aber auch, dass das Wasser relativ rasch erwärmt wird.

Nutzung von Teichen Bereits im Mittelalter wurden in Mitteleuropa große Teiche für die Karpfen- oder Forellenzucht angelegt. Es gibt in vielen Dörfern auch heutzutage noch Feuerlöschteiche. In Parks oder Grünanlagen sollen Teiche zur Verschönerung beitragen. Immer häufiger sind Teiche auch in Hausgärten zu finden ▶ Bild 3.

Bedeutung für Lebewesen Teiche zeichnen sich oft durch eine außerordentliche Vielfalt an Tier- und Pflanzenarten auf engstem Raum aus. Sie bieten Lebensräume für heimische Insekten wie Libellen und Gelbrandkäfer (▶ Bilder 1 und 2), aber auch für Amphibien, Fische und viele Kleinstlebewesen. Zahlreiche Pflanzenarten wie Schilfrohr, Krebsschere und Teichrose können in den verschiedenen Bereichen des Teichs wachsen ▶ Bild 3. Tiere nutzen Pflanzen im und am Teich als Versteck, als Nahrung oder um Eier abzulegen. Auch die Wasseroberfläche, z. B. für den Wasserläufer (▶ Bild 4), das Wasser selbst oder der Grund des Gewässers können als Lebensraum dienen.

1 Stelle die Merkmale von Teich und See in Form einer Tabelle vergleichend dar.

Merkmal	Teich	See
Entstehung		
Nutzung		
Struktur		
Umweltfaktor Temperatur		
Umweltfaktor Licht		

2 **A** Vergleiche die beiden Gartenteiche in ▶ Bild 3.
B Begründe, welcher Teich als Lebensraum für Tiere und Pflanzen geeigneter ist.

4 Wasserläufer

Gewässeruntersuchung am See

Einige der abiotischen und biotischen Faktoren im Ökosystem See könnt ihr mit einfachen Mitteln selbst untersuchen.

Messung der Temperatur

Am Ende eines Stegs kann man die Wassertiefe messen. Dort sollte man auch die Temperatur in möglichst vielen Tiefen ermitteln.

Material: Thermometer an einer Schnur mit Markierungen in 50-cm-Abständen

Durchführung:
Beginnt mit einer Messung an der Wasseroberfläche. Lasst das Thermometer dann ins Wasser hinab, bis die erste Markierung an der Oberfläche ist. Wenn nötig, beschwert das Thermometer. Holt das Thermometer nach etwa 2 min wieder herauf und lest den Wert ab. Lasst es dann bis zur zweiten Markierung herab. Wiederholt die Messungen in verschiedenen Wassertiefen und tragt die Werte in eine Tabelle ein.

1 **A** Erstelle ein Liniendiagramm für die Temperaturen in unterschiedlichen Wassertiefen.
B Beschreibe, wie sich die Temperatur mit zunehmender Tiefe verändert.

2 Messung der Sichttiefe

Bestimmung des Nährstoffangebots über die Sichttiefe

Da das Phytoplankton den höchsten Biomasseanteil im See bildet, ist dessen Menge eine Hilfsgröße, um den Nährstoffgehalt des Sees zu bestimmen. Je mehr dieser Algen vorhanden sind, umso nährstoffreicher ist der See ▶ Bild 3. Da die Menge des Phytoplanktons die Sichttiefe beeinträchtigt, kann man über die Sichttiefe das Nährstoffangebot des Sees bestimmen.

Material: Secchi-Scheibe (▶ Bild 1) oder Topfdeckel mit einer Schnur mit 20-cm-Markierungen, Probengefäß an einer Schnur

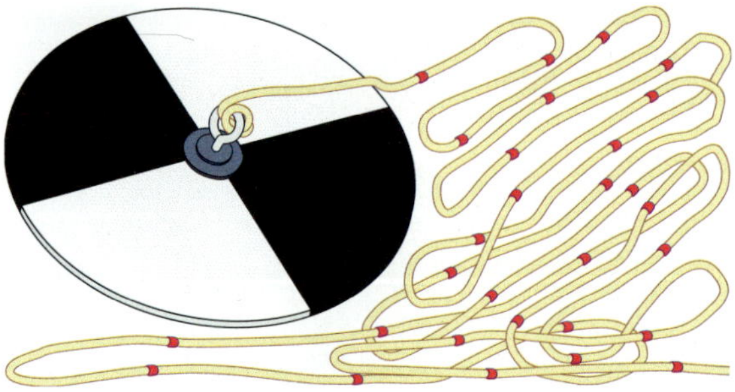

1 Secchi-Scheibe

Durchführung:
Lasst die Scheibe an einer tiefen Stelle an der Schnur ins Wasser ab. Achtet darauf, dass ihr von oben auf die Scheibe blicken könnt, und notiert die Tiefe, ab der die Umrisse der Scheibe gerade verschwinden. Nehmt auch eine Wasserprobe.

2 **A** Beschreibe das Aussehen des Wassers und stelle Vermutungen über den Gehalt an Phytoplankton auf.
B Erläutere die Bedeutung der Sichttiefe (also die Tiefe, in die Licht kommt) für die Lebewesen im See.
C Stelle eine Beziehung zwischen den Pflanzen der Uferzonen und der Sichttiefe her.

Sichttiefe	Nährstoffgehalt	Stufe
groß (ca. 5–10 m)	gering	I
mittel (ca. 1–5 m)	mittel	II
gering (< 1 m)	hoch	III
nur wenige cm	sehr hoch	IV
nur wenige cm	extrem hoch	IV

3 Sichttiefe und Nährstoffgehalt des Sees

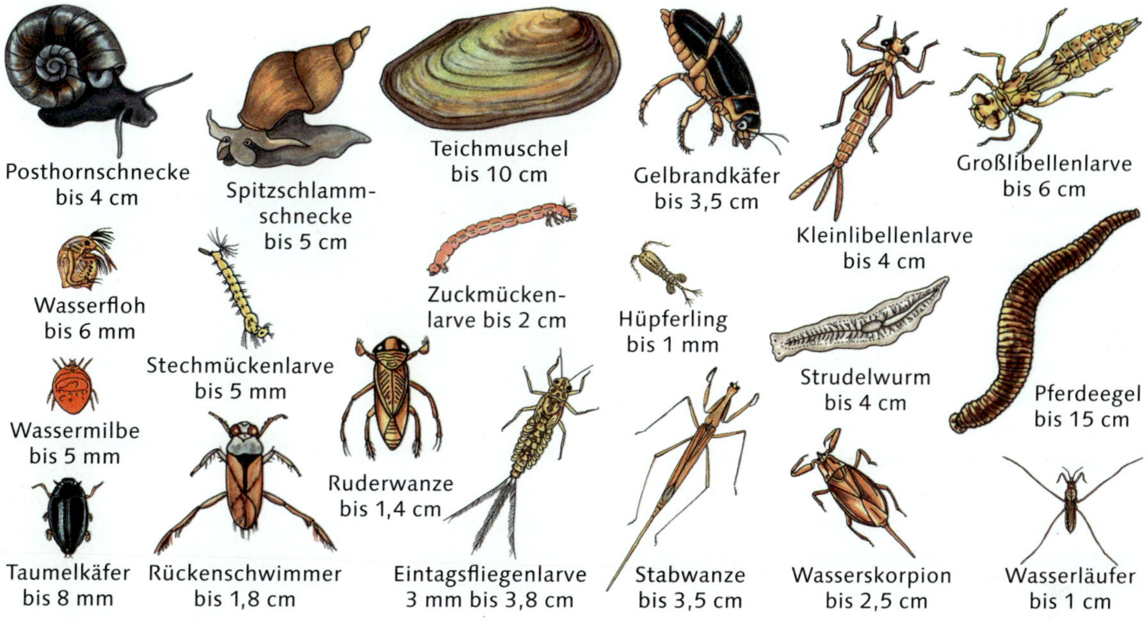

4 Tiere des Uferbereichs

Lebewesen im Uferbereich

Bewegt euch im Uferbereich vorsichtig und achtet darauf, dass keine Pflanzen zerstört werden. Lasst die Tiere nach der Untersuchung wieder frei!

Material: Kescher, Glasbehälter, Lupe

Durchführung:
Füllt ein Glas mit Seewasser. Streift mit dem Kescher langsam durch das Wasser im Uferbereich. Überführt den Inhalt des Keschers in das Glas.

3 Bestimme die Tiere mithilfe von ▶ Bild 4. Manche Tiere siehst du nur mit der Lupe genau.

Pflanzenbestimmung in der Uferzone

Achtet auch bei dieser Untersuchung darauf, dass ihr keine Pflanzen zerstört.

Material: 10 m langes Seil, 2 m langer Zollstock, Pflanzenbestimmungsbücher

Durchführung:
1. Spannt das Seil senkrecht vom Wasserrand ausgehend in den Uferbereich hinein ▶ Bild 5.
2. Beginnt nahe beim Wasser und legt dort den Zollstock quer über das Seil.
3. Bestimmt nun alle Pflanzen, die der Zollstock berührt, mithilfe der Bestimmungsbücher.
4. Wiederholt diese Vorgehensweise 1 m (2 m, 3 m, ...) weiter vom See entfernt.
5. Zeichnet die Positionen der Pflanzen in eine maßstabsgetreue Skizze ein.

Die so erstellte Zeichnung stellt den Uferbereich aus der Vogelperspektive dar.

4 **A** Skizziere mindestens zwei Uferbereiche.
B Vergleiche anhand der Skizzen die Uferbereiche miteinander.
C Vergleiche deine Skizzen mit ▶ Bild 1 auf Seite 118 zur Uferzonierung.

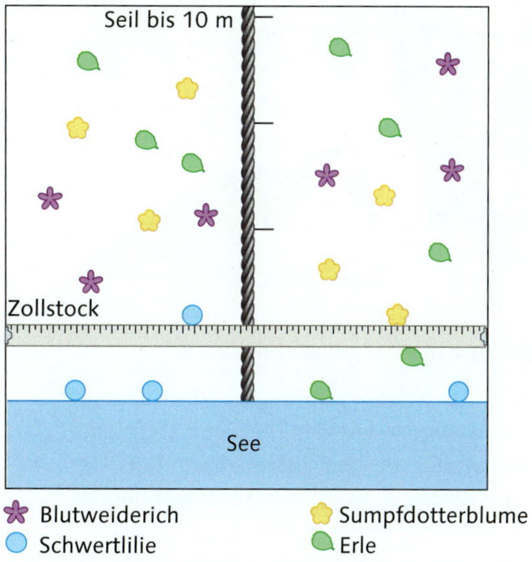

5 Pflanzenbestimmung in der Uferzone

Zusammenfassung

Stoff- und Energieumwandlung

Pflanzen sind Produzenten, die bei der Fotosynthese energiereiche Stoffe aufbauen. Jede Nahrungskette beginnt mit einer Pflanze, die einem Pflanzenfresser als Nahrung dient, der wiederum von einem Fleischfresser erbeutet werden kann. Tiere nehmen Sauerstoff aus der Luft auf und wandeln die energiereichen Stoffe aus ihrer jeweiligen Nahrung um. Destruenten zersetzen den Kot dieser Tiere, aber auch deren Kadaver, Totholz und im Herbst gefallenes Laub. Dadurch zirkulieren in den Pflanzen gebundener Kohlenstoff, Sauerstoff und die beim Abbau freigesetzten Mineralstoffe in Kreisläufen.

Diese Vorgänge beschreibt das Basiskonzept *Stoff- und Energieumwandlung.*

Variabilität und Angepasstheit

Indem Tiere und Pflanzen ökologische Nischen in ihrem Ökosystem bekleiden, minimieren sie zwischenartliche Konkurrenz. Jede Tier- und Pflanzenart zeigt unterschiedliche Angepasstheiten in ihrem Körperbau und ihrem Verhalten. So kann sie die knappen Ressourcen anders nutzen als andere Arten. Buntspecht und Grünspecht suchen an unterschiedlichen Stellen ihre Nahrung und können so Konkurrenz vermeiden ▶ Bild 1.

1 Buntspecht und Grünspecht

Der Bau der Insektenbeine gibt Hinweise auf die Fortbewegungsart der Tiere und stellt eine Angepasstheit an den Lebensraum dar. Der Gelbrandkäfer z. B. hat als wasserbewohnendes Insekt Schwimmbeine ▶ Bild 2. Bei Insekten, die eine vollständige Metamorphose durchlaufen, unterscheiden sich Larve und Imago deutlich im Körperbau. So sind sie an unterschiedliche Lebensräume angepasst.

2 Gelbrandkäfer

Seerosen besitzen Durchlüftungsgewebe. Diese gewährleisten eine gute Sauerstoffversorgung. Außerdem haben die Pflanzenteile dadurch Auftrieb im Wasser und können abiotische Faktoren wie z. B. das Sonnenlicht besser nutzen.

Das Basiskonzept *Variabilität und Angepasstheit* beschreibt diese Zusammenhänge.

Steuerung und Regelung

Die Populationen von Räubern und Beutetieren beeinflussen sich gegenseitig ▶ Bild 3. Je größer die Räuberpopulation ist, desto mehr Beutetiere werden gefressen und desto kleiner wird die Beutetierpopulation. Sind weniger Beutetiere vorhanden, haben die Räuber weniger Nahrung und ihre Anzahl verringert sich. Je weniger Räuber vorhanden sind, desto mehr Beutetiere wird es wieder geben. So werden die Populationsgrößen reguliert.

Diese Vorgänge gehören zum Basiskonzept *Steuerung und Regelung.*

3 Räuber-Beute-Beziehung

Teste dich!

1 Neozoen sind Lebewesen, die ursprünglich nicht in heimischen Ökosystemen vorkommen. Sie wurden entweder vom Menschen ausgewildert, wie Fasan oder Wildkaninchen, sind als exotische Haus- oder Pelzfarmtiere entkommen oder aus angrenzenden Gebieten zugewandert. Der Marderhund (▶ Bild 5) wird wegen seines Pelzes gezüchtet. Entlaufene Tiere vermehren sich seit Jahrzehnten in unseren Wäldern.

A Begründe, mit welchen einheimischen Tieren der Marderhund in zwischenartliche Konkurrenz tritt.

B Skizziere ein Nahrungsnetz für mehrere Waldtiere, in dem auch der Marderhund vorkommt.

C Zu den Wildtierbeständen, die durch Jäger reguliert werden, gehören neben Rotwild auch Füchse und Marderhunde. Stelle begründete Hypothesen darüber auf, wie sich die Anzahl der erlegten Füchse in den letzten Jahrzehnten verändert haben könnte.

Marderhund

Herkunft: Ostasien
Größe: Kopf-Rumpf-Länge ca. 50–68 cm, Höhe 38–51 cm, Körpermasse 4–6 kg
Lebensweise: dämmerungs- und nachtaktiv, Winterruhe
Wohnraum: Baue in Wäldern mit viel Unterholz
Nahrung: Wirbellose, Amphibien, kleine Säugetiere, Vögel, Vogeleier, Pflanzen, Früchte
Feind: Wolf, Braunbär, Luchs

5 Steckbrief des Marderhundes

2 Populationen von Räubern und Beutetieren stehen in Wechselbeziehung zueinander.

A Beschreibe das Diagramm ▶ Bild 4.

B Zum Zeitpunkt 1 geht durch Bekämpfungsmaßnahmen die Beutetierpopulation fast auf null zurück. Zeichne den weiteren Kurvenverlauf ab diesem Punkt für den Fall, dass die Räuber nicht auf andere Beute ausweichen können.

C Zum Zeitpunkt 2 sterben die meisten Tiere der Räuberpopulation an einer Krankheit. Zeichne den weiteren Kurvenverlauf für den Fall, dass zum Zeitpunkt 3 eine neue Räuberpopulation in das Ökosystem einwandert und sich vermehrt.

3 Vergleiche unvollständige und vollständige Metamorphose bei den Insekten.

4 Nenne Gemeinsamkeiten und Unterschiede der Spinnentiere und Insekten.

5 Der Uferbereich von Seen lässt sich in bestimmte Zonen einteilen.

A Die Zonierung ist abhängig von den abiotischen Faktoren. Übernimm ▶ Bild 6 als Skizze in dein Heft. Zeichne die möglichen Zonen in a und b ein.

B Begründe die Unterschiede.

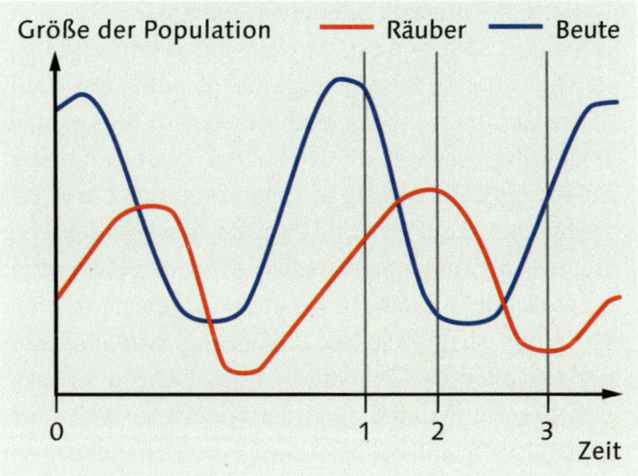

4 Veränderung einer Räuber- und Beutepopulation

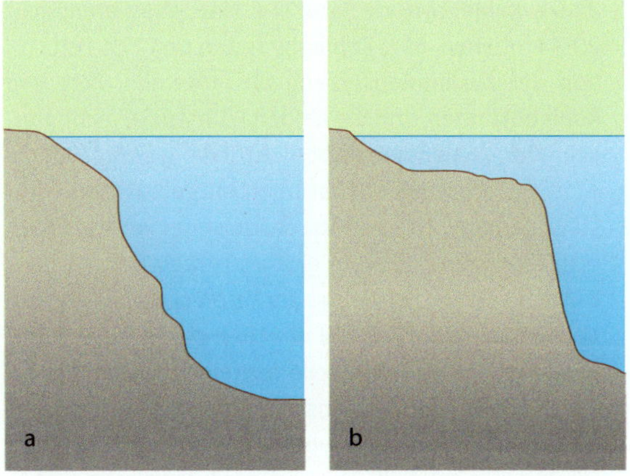

6 Verschiedene Uferbereiche

▶ Die Lösungen zu den Aufgaben findest du im Anhang.

Anhang

Lösungen zu „Teste dich!“

Stoffwechsel des Menschen

1 **A** Der Energiebedarf setzt sich aus Grundumsatz und Leistungsumsatz zusammen. Der Grundumsatz ist abhängig vom Alter, Geschlecht und Gewicht. Deshalb wird sich der Grundumsatz nur geringfügig unterscheiden. Der Leistungsumsatz aber ist von den unterschiedlichen Aktivitäten abhängig, je aktiver, desto höher der Leistungsumsatz. Dies trifft auf die Profisportlerin im Vergleich zur Büroangestellten zu. Die Profisportlerin hat also einen deutlich höheren Energiebedarf als die Büroangestellte.

B Während des Trainings steigt der Energiebedarf. Das Herz schlägt schneller, man atmet häufiger und tiefer. Der Energiebedarf der Muskulatur steigt enorm, sodass der Stoffwechsel in Schwung kommt. Es wird mehr Blut in kürzerer Zeit transportiert. Die Zellatmung läuft auf Hochtouren. Im Anschluss an das Training müssen die Glucosedepots wieder aufgefüllt werden, damit man auch den nächsten körperlichen und geistigen Anstrengungen gewachsen ist.

Aufgrund des regelmäßigen Ausdauersports können die Muskeln diese Aufgaben besser und schneller erfüllen, die Blutzirkulation ist verbessert, da auch der Herzmuskel besser trainiert ist, und durch das Training ist die Erholungszeit (Regenerationsphase) verkürzt.

2 **A** Im mitgebrachten Frühstück sind 14,9 g Proteine, 92,0 g Kohlenhydrate und 24,5 g Fett enthalten. Dies entspricht einem Anteil von 11 % Proteinen, 70 % Kohlenhydraten und 19 % Fett.

Das eingetauschte Frühstück enthält 25,8 g Proteine, 84,6 g Kohlenhydrate und 17 g Fett. Dies entspricht 20 % Proteinen, 67 % Kohlenhydraten und 13 % Fett.

Von der Zusammensetzung an Proteinen, Fett und Kohlenhydraten sind die beiden Frühstücke recht ähnlich. Der Kohlenhydratanteil ist fast gleich, 70 % zu 67 %. Der Proteingehalt ist beim mitgebrachten Frühstück geringer, 11 % zu 20 %, dafür ist der Fettgehalt im erstgenannten Frühstück größer: 19 % zu 13 %.

B *Nachweis von Fetten mit der Fettfleckprobe:* Die Probe wird für kurze Zeit auf ein Löschpapier bzw. Filterpapier gelegt und die Stelle mit einem Bleistift markiert. Das Papier wird anschließend gegen das Licht gehalten. Die Fettfleckprobe ist positiv, wenn auf dem Löschpapier (oder Filterpapier) nach dem Trocknen ein durchscheinender Fleck zurückbleibt.

Nachweis von Kohlenhydraten mit der Fehlingprobe: In einem Reagenzglas werden jeweils 2 ml der Fehling-I- und Fehling-II-Lösung gemischt. Dazu wird ein zerkleinertes Stück der Probe gegeben. Das Reagenzglas wird geschüttelt und dann im Wasserbad erhitzt. Die Fehlingprobe ist positiv, wenn sich die zuvor blaue Lösung rot färbt (es entsteht ein Niederschlag von rotem Kupferoxid).

Stärkenachweis: Einige Tropfen Iod-Kaliumiodid-Lösung werden auf die Probe geträufelt. Der Nachweis ist positiv, wenn sich die Iod-Kaliumiodid-Lösung blau färbt.

Nachweis von Proteinen mit der Biuret-Probe: In ein Becherglas werden 150 ml Wasser, 3 Teelöffel Kochsalz und ein Probenstück gegeben. Ein Reagenzglas wird etwa 1–2 cm mit dieser Lösung befüllt und mit einigen Tropfen Kupfersulfatlösung versetzt. Nach Zugabe von 5 Tropfen Natriumcarbonat wird das Reagenzglas geschüttelt und im Wasserbad erhitzt. Die Biuretprobe ist positiv, wenn sich die Lösung violett färbt.

C Es wird empfohlen, den Gesamtenergiebedarf zu 45–60 % durch die Aufnahme von Kohlenhydraten zu decken. 20–35 % der Energie sollte durch Fette aufgenommen werden und der Rest (etwa 5–35 %) durch Proteine. Bei beiden Frühstücksvarianten liegt die Nährstoffzusammensetzung für Proteine im empfohlenen Bereich. Der Anteil an Kohlenhydraten liegt etwas zu hoch, 7–10 %. Der Fettanteil beim mitgebrachten Frühstück liegt an der Grenze zur Empfehlung, beim eingetauschten Frühstück ist er etwas niedrig.

Allerdings sollten diese Werte nicht allein ausschlaggebend für eine Beurteilung sein, da außer der Nährstoffzusammensetzung auch die Regeln für gesunde Ernährung beachtet werden sollten. Diese beinhalten eine möglichst vielseitige Ernährungsweise mit Getreideprodukten, Obst und Gemüse, Milchprodukten ... Unter Beachtung dieser Regeln entspricht das mitgebrachte Frühstück eher einer ausgewogenen Mahlzeit. Bei einer ausgewogenen Ernährung wird der Körper mit allen drei Nährstoffen ausreichend versorgt und bekommt dabei auch die benötigten Vitamine, Mineralstoffe und Ballaststoffe in ausreichenden Mengen. Der Ernährungskreis stellt die Empfehlungen für eine ausgewogene Ernährung dar. Dabei besteht der Großteil (30 %) aus Getreide, wie Brot, Kartoffeln oder Nudeln. Gemüse (26 %) und Obst (17 %) nehmen ebenfalls einen großen Anteil an der Ernährung ein. 18 % der Nahrung sollten aus Milchprodukten bestehen und 7 % aus tierlichem Eiweiß. Lediglich 2 % der Nahrung sollte aus Fetten und Ölen bestehen.

3 A Die Struktur des Enzyms und seines entsprechenden Substrats sind einzigartig. Enzym und Substrat können sich passgenau aneinanderlagern. Sie passen zusammen wie ein Schlüssel zu seinem Schloss. Dies bezeichnet man als Schlüssel-Schloss-Prinzip. Ein Enzym kann daher immer nur einen ganz bestimmten Stoff (sein Substrat) spalten. Dieses Phänomen bezeichnet man als Substratspezifität.

B Substrat 1 und Enzym 1 treffen aufeinander. Das passende Substrat, der Mehrfachzucker Stärke, wird vom Enzym, der Amylase, gebunden. Die Amylase spaltet die Stärke in den Zweifachzucker Maltose (Produkt 1). Maltose (Substrat 2) bindet an Enzym 2, die Maltase, und wird in den Einfachzucker Glucose (Produkt 2) gespalten.

4 Kompartimentierung bedeutet die Einteilung in verschiedene Reaktionsräume. So können zur selben Zeit verschiedene Vorgänge ablaufen, ohne sich gegenseitig zu beeinflussen. Die Einteilung des Verdauungssystems in Kompartimente gewährleistet diese unterschiedlichen Bedingungen: Im Mund beginnt bereits die Verdauung der Kohlenhydrate durch das Enzym Amylase. Im Magen und im Dünndarm befinden sich unterschiedliche Enzyme, die Fette in Fettsäuren und Glycerin sowie Proteine in Aminosäuren spalten. Im Magen ist dafür eine saure Umgebung notwendig, die durch die Magensäure hergestellt wird. Im Dünndarm finden Verdauungsvorgänge statt, die bei einer sauren Umgebung nicht ablaufen könnten.

5 Der Blutkreislauf des Menschen besteht aus dem Körperkreislauf und dem Lungenkreislauf. Im Lungenkreislauf gelangt das sauerstoffarme Blut aus der rechten Herzkammer zur Lunge. Dort findet der Gasaustausch statt, Kohlenstoffdioxid wird abgegeben und Sauerstoff aufgenommen. Anschließend strömt das sauerstoffreiche Blut in den linken Vorhof des Herzens und wird durch die linke Herzkammer in den Körperkreislauf gepumpt. In den Kapillaren findet nun ein weiterer Gasaustausch statt, Sauerstoff wird in die Körperzellen abgegeben und Kohlenstoffdioxid wird vom Blut aufgenommen. Das nun sauerstoffarme Blut fließt zurück zum Herzen und gelangt über den rechten Vorhof und die rechte Herzkammer wieder in den Lungenkreislauf.

6 A Die Atemluft gelangt durch die Luftröhre in die Bronchien und Bronchiolen und schließlich in die winzig kleinen Lungenbläschen. Hier findet der Gasaustausch statt: Über die Oberfläche der Lungenbläschen gelangt Sauerstoff aus der eingeatmeten Luft in das Blut und Kohlenstoffdioxid aus dem Blut in die Lunge. Da die Lungenbläschen dünnwandig sind, kann Sauerstoff leicht durch die Wand der Lungenbläschen hindurchtreten. Die mit Kohlenstoffdioxid angereicherte Luft wird wieder ausgeatmet.

B Wenn man einen Körper, z. B. einen Würfel, mehrfach teilt, entsteht ein Haufen kleinerer Würfel. Bestimmt man deren gesamte Oberfläche, wird deutlich, dass sie wesentlich größer ist als die des ursprünglichen Würfels. Dieses Prinzip der Oberflächenvergrößerung spiegelt sich auch bei der Lunge wider.
Durch die immer stärkere Verzweigung der Bronchien in die Bronchiolen und schließlich in die winzig kleinen Lungenbläschen ist die Oberfläche der Lunge stark vergrößert. Beide Lungenflügel haben zusammen aufgrund der Anzahl und Größe der Lungenbläschen eine Gesamtoberfläche von 200 m². Diese begünstigt den Gasaustausch, da zur selben Zeit zahlreiche Sauerstoff- und Kohlenstoffdioxidteilchen an den Lungenbläschen ausgetauscht werden können.

C Das Prinzip der Oberflächenvergrößerung findet man auch im Dünndarm. Die Innenwand des Dünndarms besitzt zahlreiche Falten. Schaut man sich diese unter einem Mikroskop an, erkennt man in den Falten kleine Ausstülpungen, die Darmzotten. Durch die Falten und Zotten wird die Oberfläche der Dünndarmschleimhaut stark vergrößert. Betrachtet man weiter eine einzelne Dünndarmschleimhautzelle, so findet man auch hier wiederum Ausstülpungen, sodass sogar die Oberfläche der einzelnen Dünndarmzellen stark vergrößert ist. Stoffe aus dem Darminnern können so effektiver aufgenommen werden.

Lebewesen bestehen aus Zellen

1 A 1 Zellplasma; 2 Zellkern; 3 Zellmembran

B Die Abbildung zeigt eine tierliche Zelle, da keine Chloroplasten, keine Zellwand und keine Vakuole zu sehen sind.

2 Modelle sind vereinfachte Abbilder der Wirklichkeit und bilden immer nur ausgewählte Eigenschaften des Originals ab. Anhand des Zellmodells kann man mikroskopische Strukturen sichtbar machen, indem man sie vergrößert und dreidimensional nachbildet. Dabei sollte auf die richtigen Größenverhältnisse der Zellbestandteile geachtet werden. Bei dieser Art von Modell kann man allerdings keine Funktionen darstellen.

3 **A** 1 Okular; 2 Tubus; 3 Tragbügel; 4 Objektivrevolver; 5 Objektive; 6 Objekttisch; 7 Blende (und Kondensator); 8 Beleuchtung; 9 Grobtrieb und Feintrieb

B 1. Ich bereite das Präparat nach Anleitung vor. 2. Ich bringe den Objekttisch mithilfe des Grobtriebs ganz nach unten. 3. Ich lege das vorbereitete Präparat auf den Objekttisch. 4. Ich beginne mit dem schwächsten Objektiv und drehe am Objektivrevolver, bis das schwächste Objektiv eingeschwenkt ist. 5. Ich suche das Präparat und stelle das Objekt scharf, indem ich am Grobtrieb drehe. Sehe ich das Präparat, reguliere ich mit dem Feintrieb die optimale Schärfe. 6. Ich schließe und öffne die Blende für einen guten Kontrast. 7. Ich gehe vom kleinsten zum größten Objektiv und stelle gegebenenfalls die Schärfe nach. 8. Ich lasse beim Mikroskopieren möglichst beide Augen geöffnet. 9. Zum Schluss fertige ich Skizzen an und beschrifte sie.

4 **A** Zeichnung individuell; Beispielzeichnung mit Beschriftung:

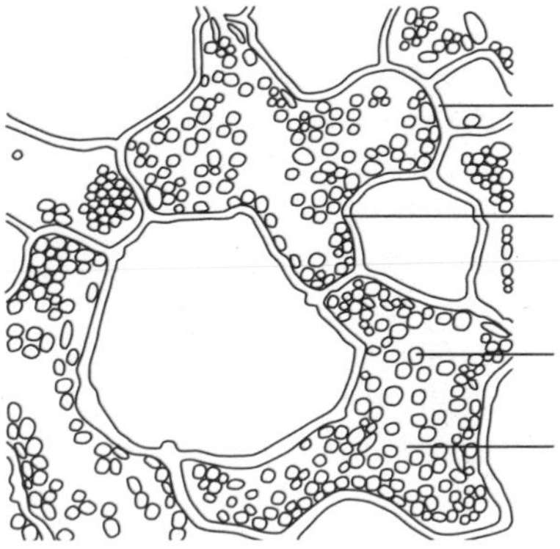

B Diese Zellen müssen von einer Pflanze stammen, da viele Chloroplasten und eine Zellwand zu erkennen sind.

C Da die Zellen Chloroplasten enthalten, können sie Fotosynthese betreiben. Es sind vielleicht Zellen aus einem Blattgewebe. Die grünen Blätter von Pflanzen besitzen Zellen mit Chlorplasten. (Es handelt sich um das Schwammparenchym eines Laubblatts.)

5 **A** Allgemein: Gewebe – Organ – Organismus

Festigungsgewebe – Organ, z. B. Baumstamm – Organismus, z. B. Eiche; Begründung: Der Stamm eines Baumes muss stabil sein, um die Baumkrone zu tragen. Bei Säugetieren dienen die Knochen zur Stabilisierung.

Leitgewebe – Organ, z. B. Blattader – Organismus, z. B. Rose; Begründung: Über die Wurzel muss das Wasser in die Blätter gelangen; der im Blatt gebildete Traubenzucker wird zu den unterirdischen Pflanzenteilen transportiert, die keine Fotosynthese betreiben können. Bei Tieren wird der Stofftransport vom Blut übernommen, das durch die Blutgefäße transportiert wird.

Fotosynthesegewebe – Organ, z. B. Blatt – Organismus, z. B. Sonnenblume; Begründung: In den grünen Teilen der Pflanzen findet Fotosynthese statt.

Muskelgewebe – Organ Skelettmuskel – Organismus, z. B. Mensch; Begründung: Nur Tiere und der Mensch besitzen Muskeln.

B Im Festigungsgewebe sollten die Zellen besonders stabile Zellwände besitzen, da diese für die Stabilität einer Pflanze sorgen. Die Zellwände müssten besonders dick und verstärkt sein.

Die Zellen des Leitgewebes sollten Verbindungen (z. B. Tüpfel) zu den Nachbarzellen haben, sodass Stoffe transportiert werden können.

Die Zellen des Fotosynthesegewebes besitzen Chloroplasten. In diesen Zellorganellen läuft die Fotosynthese ab.

Die Zellen des Muskelgewebes besitzen vermutlich viele Mitochondrien; dies sind die Kraftwerke der Zelle. Bei Bewegungen wird viel Energie benötigt, daher muss im Muskelgewebe viel Energie bereitgestellt werden.

6 Eine tierliche Zelle hat unterschiedliche Kompartimente. Dies sind Reaktionsräume. Ein solches Kompartiment ist der Zellkern, er ist die Steuerzentrale der Zelle. Auch die Mitochondrien sind Reaktionsräume, in ihnen wird Traubenzucker mithilfe von Sauerstoff in Wasser und Kohlenstoffdioxid umgewandelt. Dabei wird Energie bereitgestellt.

Fotosynthese und Zellatmung

1 Grüne Pflanzen nehmen Lichtenergie mithilfe des Blattfarbstoffs Chlorophyll auf. Sie nutzen diese und stellen aus den energiearmen Ausgangsstoffen Kohlenstoffdioxid und Wasser die energiereiche Glucose her. Dabei geben sie Sauerstoff ab.

2 **A** 1 Cuticula; 2 obere Epidermis; 3 Palisadengewebe; 4 Schwammgewebe; 5 untere Epidermis; 6 Spaltöffnung

B

Gewebe	Struktur	Funktion
	Cuticula = Wachsschicht auf oberer Epidermis	Verdunstungsschutz
obere Epidermis	farblose, lückenlos aneinanderliegende Zellen	Schutz vor Verletzungen
Palisadengewebe	unregelmäßige Zellen; Hohlräume dazwischen; wenig Chloroplasten	Durchlüftung des Blattes, Fotosynthese
untere Epidermis mit Spaltöffnungen	bohnenförmige Zellen, die Spaltöffnung zwischen sich freilassen	Transpiration; Gasaustausch (Sauerstoffabgabe, Kohlenstoffdioxidaufnahme)

3 A Das Säulendiagramm zeigt die Sauerstoffabgabe einer Pflanze in relativen Einheiten in Abhängigkeit von der Lichtstärke in relativen Einheiten. Die Sauerstoffabgabe nimmt mit zunehmender Lichtintensität zu.

B Vier Reagenzgläser werden mit Leitungswasser gleicher Temperatur befüllt. In jedes Reagenzglas wird ein Wasserpestspross gegeben. Alle Wasserpestsprosse haben die gleiche Länge. Die Schnittstelle der Sprosse zeigt nach oben, ist aber von Wasser bedeckt.

Die vier Versuchsansätze werden in unterschiedlicher Entfernung von einer Lichtquelle aufgestellt. Es werden jeweils die innerhalb von 5 min an der Schnittstelle austretenden Sauerstoffbläschen gezählt.

C Im Dunkeln wird kein Sauerstoff an der Schnittstelle des Sprosses austreten. Sauerstoff ist ein Produkt der Fotosynthese. Die Fotosynthese kann aber nur im Licht stattfinden. Deshalb werden im Dunkeln keine Sauerstoffbläschen aufsteigen.

4 Glucose + Sauerstoff → Kohlenstoffdioxid + Wasser
Energie wird frei.

5 A Beim Austreiben betreibt das Schneeglöckchen Zellatmung. Bei dieser Stoffwechselreaktion wird ein Teil der freigesetzten Energie in Form von Wärme abgegeben. Dadurch schmilzt der Schnee an der Stelle, an der das Schneeglöckchen austreibt.

B Das Schneeglöckchen bezieht die Energie zum Schmelzen des Schnees für den Zellaufbau und das Wachstum aus dem Abbau des Speicherstoffs Stärke in der Zwiebel.

Bei der Zellatmung werden die energiereichen Speicherstoffe unter Sauerstoffverbrauch zu den energiearmen Stoffen Kohlenstoffdioxid und Wasser abgebaut. Ein Teil der Energie wird in Form von Wärme frei. Die übrige Energie wird für den Aufbau von Zellen und das Wachstum verwendet.

6 Die Mitochondrien sind die Kraftwerke der Zellen. In ihnen läuft die Zellatmung ab. Keimlinge benötigen viel Energie für ihr Wachstum. Diese wird in den Mitochondrien bereitgestellt.

7 Grüne Pflanzen sind Produzenten. Sie sind autotroph, d. h., sie stellen die Nährstoffe, die sie benötigen, selbst im Prozess der Fotosynthese her. In diesen Nährstoffen ist Energie gespeichert. Die von den Produzenten hergestellten Nährstoffe dienen als Nahrungsgrundlage für alle anderen Lebewesen. Somit erzeugen die Pflanzen die Nahrungsgrundlage für alle übrigen Organismen. Außerdem geben Pflanzen bei der Fotosynthese Sauerstoff ab. Dieser ist für die Zellatmung der Tiere und Pflanzen notwendig.

Die von den Pflanzen erzeugten Stoffe können auch zur Herstellung von Kraftstoffen wie Biodiesel für Autos verwendet werden.

8 Kompartimente sind Reaktionsräume. In einer pflanzlichen Zelle können verschiedene Stoffwechselreaktionen gleichzeitig ablaufen. In den Chloroplasten findet die Fotosynthese statt. Hier wird Lichtenergie in chemische Energie umgewandelt, die in Form von Nährstoffen gespeichert wird. Gleichzeitig erfolgt in den Mitochondrien Zellatmung. Unter Verbrauch von Sauerstoff werden energiereiche Nährstoffe abgebaut. Die frei werdende Energie steht den Pflanzen für andere Lebensprozesse zur Verfügung.

Ökologie

1 A Der Marderhund wird mit dem Fuchs und dem Dachs in zwischenartliche Konkurrenz treten. Das Nahrungsspektrum des Marderhunds ist dem Nahrungsspektrum dieser Waldtiere ähnlich. Auch in seiner Größe ähnelt der Marderhund dem Fuchs. Da er auch Baue bewohnt, wird er diesen Lebensraum dem Fuchs oder Dachs streitig machen.

B

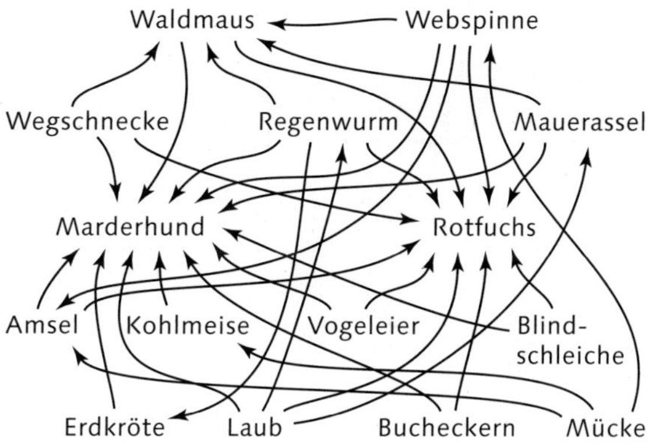

C Da der Marderhund mit dem Fuchs in Konkurrenz treten kann, ist zu vermuten, dass die Anzahl der von Jägern erlegten Füchse in den Gebieten sinkt, wo der Marderhund vorkommt. Jäger werden dann auch Marderhunde erlegen. Da die Fressfeinde des Marderhundes in unseren Wäldern gar nicht oder selten vorkommen, das Futterangebot aber groß ist, wird er sich gut vermehren. Aufgrund der Konkurrenz mit dem Fuchs wird er diesen verdrängen und im Ökosystem ersetzen. Deswegen wird die Anzahl der erlegten Füchse sinken und die der erlegten Marderhunde steigen.

2 A Bild 4 zeigt ein Liniendiagramm zur Wechselbeziehung zwischen Räubern und Beutetieren. Auf der y-Achse ist die Größe der Populationen in relativen Einheiten, auf der x-Achse die Zeit aufgetragen. Die rote Linie stellt die Größe der Population der Räuber dar, die blaue Linie die Größe der Beutetierpopulation. Zu Beginn der Aufzeichnung ist die Anzahl der Beutetiere groß, die der Räuber deutlich geringer. Nach kurzer

Zeit erreicht die Beutetierpopulation ein Maximum, dann sinkt ihre Anzahl wieder. Die der Räuber steigt auf ein Maximum, das jedoch nicht das der Beutetierpopulation übersteigt. Zum Zeitpunkt des Maximums der Räuberpopulation gibt es weniger Beutetiere als Räuber. Im weiteren Verlauf sinkt die Anzahl der Räuber wieder auf ein Minimum. Die Population der Beutetiere erholt sich und es werden wieder mehr, bis die Kurve ein weiteres Maximum erreicht hat. Zeitversetzt erholt sich auch die Population der Räuber und die rote Kurve strebt ein Maximum an. Daraufhin nimmt die Zahl der Beutetiere ab. Die beiden Kurven zeigen diesen Wechsel von Maximum und Minimum drei Mal, dann endet die Dokumentation der Werte.

B

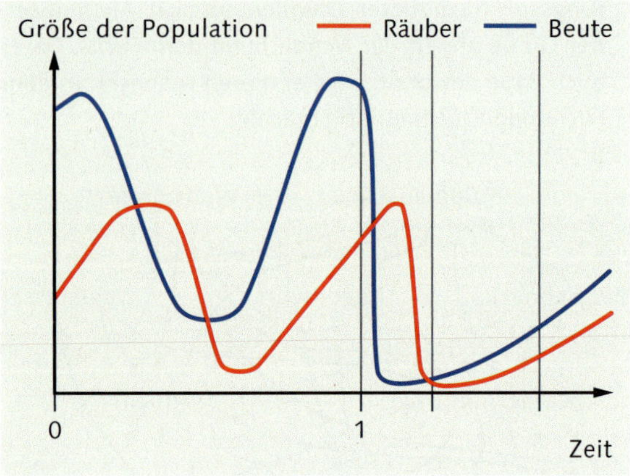

C

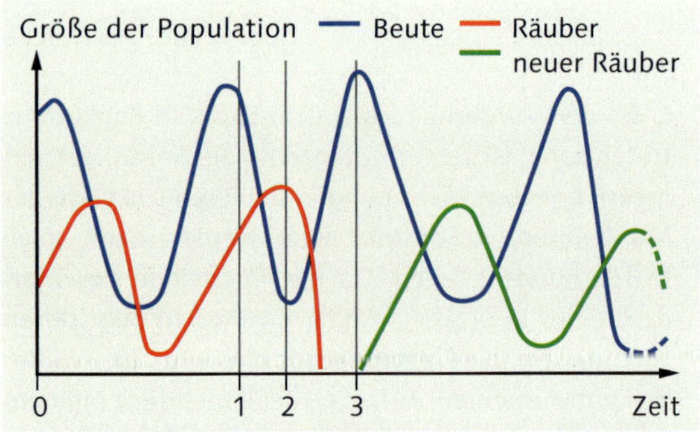

3 Als Metamorphose bezeichnet man den Gestaltwandel eines Lebewesens im Laufe seiner Entwicklung. Bei den Insekten gibt es mehrere Larvenstadien. Zwischen den einzelnen Stadien finden Häutungen statt. Nur die Imago kann sich fortpflanzen.

Bei der vollständigen Metamorphose sehen Larve und Imago völlig unterschiedlich aus. Im Puppenstadium verwandelt sich das Insekt vollständig und es schlüpft die Imago. Schmetterlinge und Käfer sind Insektenordnungen mit vollständiger Metamorphose.

Bei der unvollständigen Metamorphose sehen sich Larve und Imago schon sehr ähnlich. Die Larven sind meist kleiner als die Imago und bestimmte Strukturen wie Flügel sind noch nicht ausgebildet. Nach mehreren Häutungen und Larvenstadien schlüpft die Imago. Beispiel für Insektenordnungen mit unvollständiger Metamorphose sind Wanzen und Heuschrecken.

4 *Gemeinsamkeiten:* Insekten und Spinnentiere gehören zu den Gliedertieren. Sie haben ein Außenskelett und ihr Körper ist in mehrere Abschnitte gegliedert. Im Hinterleib liegen jeweils die inneren Organe.

Unterschiede: Der Insektenkörper ist in drei Abschnitte gegliedert: Kopf, Brust und Hinterleib. An der Brust setzen drei Beinpaare an sowie ein oder zwei Flügelpaare. (Sie besitzen Facettenaugen und atmen über Tracheen.)

Bei Spinnentieren besteht der Körper aus zwei Abschnitten: dem Kopfbruststück (aus Kopf und Brust verschmolzen) und dem Hinterleib. Am Kopfbruststück setzen vier Beinpaare an; es gibt keine geflügelten Arten. (Sie besitzen Punktaugen; als Atmungsorgane dienen Fächerlungen und Tracheen.)

5 **A** Legende der Zonen: 1 Bruchwaldzone; 2 Flachwasser- und Sumpfzone; 3 Röhrichtzone; 4 Schwimmblattzone; 5 Tauchblattzone; 6 Freiwasserzone

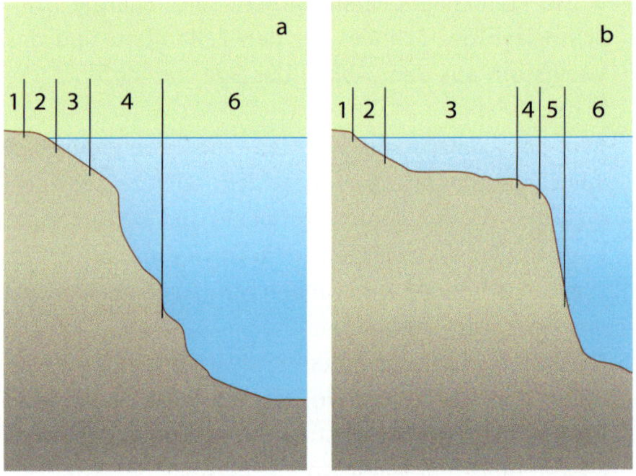

B In Bild a fällt das Ufer schnell steil ab. Eine Flachwasser- und Sumpfzone ist nur minimal (oder gar nicht) ausgeprägt, Röhrichtzone und Schwimmblattzone sind nicht sehr breit, eine Tauchblattzone ist aufgrund des Steilhangs eher unwahrscheinlich. Die Freiwasserzone beginnt schon sehr früh nach dem Uferrand.

In Bild b ist der Uferbereich sehr seicht und fällt erst dann steil ab. Auch hier folgt nach der Bruchwaldzone eine schmale Flachwasser- und Sumpfzone, die Röhrichtzone ist sehr ausgeprägt. Schwimmblatt- und Tauchblattzone können wegen des Steilhangs nur wenig Raum einnehmen, danach beginnt die Freiwasserzone.

Einstufung von Gefahrstoffen nach der GHS-Verordnung

Mit dem neuen GHS (*Globally Harmonised System of Classification and Labelling of Chemicals*) werden die Kriterien für die Einstufung der Gefahrstoffe neu festgelegt und mit international einheitlichen Piktogrammen versehen. Neu ist auch die Verwendung der Signalwörter **Gefahr** und **Achtung** für das Ausmaß der Gefahr: „Gefahr“ bei hoher Gefährdung oder „Achtung“ bei geringerer Gefährdung. Das GHS gilt seit 2009; für die bisherige Verordnung gelten Übergangsfristen.

Gefahrenpiktogramm und Piktogrammcode	Mit dem Gefahrenpiktogramm gekennzeichnete Stoffe und Gemische	Signalwort	Kennzeichnung nach bisheriger Gefahrstoffverordnung	
			Gefahrensymbol	Gefahrenhinweise
 GHS01	explosive und sehr gefährliche selbstzersetzliche Stoffe und Gemische sowie sehr gefährliche organische Peroxide	Gefahr oder Achtung		R2, R3
 GHS02	entzündbare, selbsterhitzungsfähige und gefährliche selbstzersetzliche Stoffe und Gemische, pyrophore Stoffe sowie Stoffe und Gemische, die bei Berührung mit Wasser entzündbare Gase entwickeln	Gefahr oder Achtung	 oder  oder –	R12, R11 oder R10; R17; R15
 GHS02	gefährliche organische Peroxide	Gefahr oder Achtung		R7
 GHS03	Stoffe und Gemische mit oxidierender Wirkung	Gefahr oder Achtung		R8, R9
 GHS04*	Gase unter Druck	Achtung	–	
 GHS05	Stoffe und Gemische, die korrosiv auf Metalle wirken	Achtung	–	
 GHS05	Stoffe und Gemische, die schwere Verätzungen der Haut und/oder schwere Augenschäden verursachen	Gefahr	 oder 	R34, R35; R41
 GHS06	lebensgefährliche und giftige Stoffe und Gemische	Gefahr	 oder 	R26, R27, R28 oder R23, R24, R25
 GHS07	gesundheitsschädliche Stoffe und Gemische	Achtung		R20, R21, R22
 GHS07	Stoffe und Gemische, die Haut- und/oder Augenreizungen verursachen und/oder allergische Hautreaktionen, Reizungen der Atemwege und/oder Schläfrigkeit und Benommenheit verursachen können	Achtung		R36, R37, R38; R43; R67
 GHS08	Stoffe und Gemische, die bei Verschlucken und Eindringen in die Atemwege tödlich sein können und/oder eine Gefahr für die Gesundheit darstellen. Diese Stoffe und Gemische schädigen bestimmte Organe und/oder können Krebs erzeugen, die Fruchtbarkeit beeinträchtigen, das Kind im Mutterleib schädigen und/oder genetische Defekte und/oder beim Einatmen Allergien, asthmaartige Symptome oder Atembeschwerden verursachen.	Gefahr oder Achtung	  oder 	R45, R49, R40; R60, R62; R61, R63; R46; R39/…; R68/…; R48/…; R42; R33; R65
 GHS09	Stoffe und Gemische, die sehr giftig oder giftig für Wasserorganismen sind	Achtung oder –		R50, R50/53 R51/53

* Die in den Experimenten verwendeten Gase stehen meist nicht unter Druck, daher wird dort in der Regel auf diese Kennzeichnung verzichtet.

Glossar

Abiotische Umweltfaktoren: Faktoren der unbelebten Umwelt, die maßgeblich Einfluss auf das Vorkommen bestimmter Pflanzen und Tiere nehmen (z. B. Licht, Temperatur, Sauerstoff)

Allesfresser: Omnivoren; Tiere, die sich von Pflanzen und von anderen Tieren ernähren

Arterien: Blutgefäße, die vom Herzen wegführen

Atemfrequenz: Anzahl der Atemzüge innerhalb einer bestimmten Zeiteinheit, meist pro Minute

autotroph: selbsternährend; Ernährungsweise, bei der energiereiche Substanz selbst hergestellt werden können, z. B. durch die ► Fotosynthese. Pflanzen sind autotroph.

Ballaststoffe: Stoffe, die von unserem Körper nicht verdaut werden können, aber unerlässlich für die Verdauung sind, weil sie den Transport der Nahrung durch den Darm unterstützen

Baustoffwechsel: Teil des ► Stoffwechsels von Lebewesen, bei dem Stoffe aufgebaut werden. So sind Wachstum und Aufbau neuer Zellen möglich.

biotische Umweltfaktoren: Faktoren der belebten Umwelt; umfassen alle Wechselwirkungen zwischen den Lebewesen in einem ► Ökosystem (z. B. Nahrung, Feinde, Konkurrenten)

Blutkreislauf: Blutgefäßsystem, in dem das Blut durch den Körper transportiert wird. Es dient unter anderem der Versorgung des Körpers mit ► Sauerstoff und ► Nährstoffen sowie dem Abtransport der Abfallprodukte (z. B. ► Kohlenstoffdioxid). Der menschliche Blutkreislauf besteht aus dem ► Körperkreislauf und dem ► Lungenkreislauf. Beide Kreisläufe zusammen ergeben einen doppelten Blutkreislauf.

Blutplättchen: Thrombocyten; fester Blutbestandteil. Sie haben eine wichtige Funktion bei der Blutgerinnung und besitzen keinen Zellkern.

Chlorophyll: grüner Farbstoff der ► Chloroplasten, der Lichtenergie aufnehmen kann

Chloroplast: Zellbestandteil (► Zellorganell) pflanzlicher Zellen, in dem die ► Fotosynthese abläuft; enthält ► Chlorophyll

Cuticula: wasserabweisende Wachsschicht, meist auf der oberen ► Epidermis von Laubblättern; Verdunstungsschutz

Destruenten: Zersetzer; Lebewesen, z. B. kleine Wirbellose, Bakterien und Pilze, die sich von toten Tieren oder Pflanzen ernähren. Dabei zerkleinern sie organische Substanz oder bauen diese vollständig in die energiearmen Stoffe Wasser, ► Kohlenstoffdioxid und ► Mineralstoffe ab.

Diastole: Entspannungs- und Füllungsphase des Herzens

Energiestoffwechsel: Teil des ► Stoffwechsels bei Lebewesen, in dem ► Nährstoffe abgebaut werden, um den eigenen Energiebedarf zu decken

Enzyme: Biokatalysatoren; Hilfsstoffe, die chemische Reaktionen im Körper beschleunigen

Epidermis: Abschlussgewebe aus lückenlos aneinanderliegenden ► Zellen; beim Laubblatt aus einer Schicht dickwandiger Zellen, schützt das Blattinnere

Erosion: Abtragung des Bodens durch Wind und Wasser

Fleischfresser: Carnivoren; Tiere, die sich von anderen Tieren ernähren

Forst: Wirtschaftswald; vom Menschen genutzter Wald

fossile Brennstoffe: Brennstoffe, die vor Jahrmillionen aus Abbauprodukten von toten Kleinstlebewesen und abgestorbenen Pflanzen entstanden sind, z. B. Kohle, Erdöl und Erdgas

Fotosynthese: Vorgang, bei dem Pflanzen unter Nutzung von Lichtenergie aus den energiearmen Ausgangsstoffen ► Kohlenstoffdioxid und Wasser energiereichen Traubenzucker (Glucose) herstellen und ► Sauerstoff abgeben

Gesamtumsatz: Summe von ► Grundumsatz und Leistungsumsatz; gibt an, wie viel Energie ein Mensch innerhalb von 24 Stunden benötigt

Gewebe: Verband von Zellen, die eine bestimmte Funktion erfüllen (z. B. ► Schwammgewebe bei Pflanzen; Darmschleimhaut bei Menschen)

Grundumsatz: Energie, die der Mensch bei völliger körperlicher Ruhe benötigt, z. B. zur Aufrechterhaltung lebenswichtiger Körperfunktionen wie Herzschlag oder Atmung

Herzinfarkt: Herzerkrankung, bei der Bereiche des Herzmuskels wegen mangelnder Durchblutung absterben

Herzklappen: Strukturen zwischen Vorhöfen und Herzkammern (► Segelklappen) sowie an den Austrittsstellen der Blutgefäße am Herzen (► Taschenklappen). Sie verhindern bei der Kontraktion des Herzens, dass das Blut zurückfließt.

Herzkranzgefäße: ► Arterien, die das Herz kranzförmig umgeben und den Herzmuskel mit nährstoff- und sauerstoffreichem Blut versorgen

heterotroph: Ernährungsweise, bei der ein Lebewesen Stoffe aufnehmen muss, die von ► autotrophen Lebewesen, z. B. Pflanzen, produziert wurden. Tiere und Menschen sind heterotroph.

Imago: geschlechtsreifes, erwachsenes Insekt

Interzellularen: Hohlräume zwischen ► Zellen, vor allem in pflanzlichen ► Geweben. Sie sind meist mit Luft gefüllt, für den Stoffaustausch mit der Umgebung wichtig und sorgen für die Durchlüftung, z. B. im ► Schwammgewebe von Laubblättern.

Kalkwasserprobe: Nachweis für ► Kohlenstoffdioxid. Kalkwasser trübt sich milchig weiß bei Einleitung von Kohlenstoffdioxid.

Kapillaren: Röhrchen mit sehr feinem Durchmesser; im Körper feinste Verzweigungen der Blutgefäße. Über sie erfolgt der Stoffaustausch mit den benachbarten ► Geweben.

Kohlenstoffdioxid: Luftbestandteil; gasförmiger Ausgangsstoff der ► Fotosynthese. Kohlenstoffdioxid wird bei der Atmung von Lebewesen abgegeben. Es entsteht auch bei der Verbrennung von ► fossilen Brennstoffen wie Erdöl, Kohle und Erdgas, reichert sich in der Atmosphäre an und verstärkt den natürlichen Treibhauseffekt.

Kompartimente: voneinander abgegrenzte Reaktionsräume, in denen unterschiedliche Stoffwechselvorgänge ablaufen können

Konkurrenz: besteht zwischen Lebewesen, wenn sie dieselbe begrenzte ► Ressource nutzen (z. B. Nahrung). Es gibt innerartliche (zwischen Individuen einer Art) und zwischenartliche Konkurrenz (zwischen Individuen verschiedener Arten).

Konsumenten: alle Lebewesen, die energiereiche ► Nährstoffe mit der Nahrung aufnehmen müssen.

Körperkreislauf: Abschnitt des ► Blutkreislaufs, bei dem das sauerstoffreiche Blut vom Herzen zu den Organen, in den Kopf, die Arme und Beine gepumpt wird und von dort wieder zum Herzen zurückfließt

Lebensgemeinschaft: Gesamtheit aller Lebewesen, die in einem gemeinsamen Lebensraum leben. Zwischen den einzelnen Arten bestehen zahlreiche Wechselwirkungen.

Leistungsumsatz: Energie, die der Mensch bei körperlicher oder geistiger Anstrengung zusätzlich zum ► Grundumsatz benötigt

Lungenbläschen: winzige, dünnwandige Strukturen in der Lunge, in die die Bronchien münden. Sie sind traubenförmig angeordnet und von einem Netz von ► Kapillaren umsponnen. In den Lungenbläschen findet der Gasaustausch statt.

Lungenkreislauf: Teil des ► Blutkreislaufs, bei dem das sauerstoffarme Blut vom Herzen über die Lungenarterie zur Lunge gelangt, dort mit ► Sauerstoff angereichert wird und über ein anderes großes Blutgefäß zum Herzen zurückfließt.

Metamorphose: Gestaltwandel eines Lebewesens im Laufe seiner Entwicklung

Mineralstoffe: Stoffe, die der Körper nur in kleinsten Mengen benötigt, z. B. Eisen, Calcium, Magnesium. Pflanzen benötigen Mineralstoffe für das Wachstum.

Mitochondrien: Bestandteile (Zellorganellen) tierlicher und pflanzlicher ► Zellen. In ihnen findet die ► Zellatmung statt, durch die Energie bereitgestellt wird. Daher werden sie auch als „Kraftwerke der Zelle" bezeichnet.

Nährstoffe: energiereiche Bestandteile in der Nahrung; Kohlenhydrate, Fette und Eiweiße (Proteine). Sie enthalten chemische Energie, die der Körper nutzen kann.

Nahrungskette: Nahrungsbeziehung aus mehreren Gliedern in einem ► Ökosystem. Eine Nahrungskette umfasst Lebewesen, die sich voneinander ernähren (z. B. Schlehe → Waldmaus → Rotfuchs). In der Regel sind mehrere Nahrungsketten zu einem ► Nahrungsnetz verknüpft.

Nahrungsnetz: Netz aus verschiedenen, untereinander verknüpften ► Nahrungsketten

Ökologie: Wissenschaft von den Wechselbeziehungen zwischen ► Organismen untereinander und zu ihrer Umwelt

ökologische Nische: Gesamtheit der Beziehungen zwischen einer Art und ihrer Umwelt; umfasst alle Bedürfnisse eines Lebewesens. Dabei sind Angepasstheiten im Körperbau, Art der Nahrung, aber auch angeborene Verhaltensweisen von Bedeutung. Indem Lebewesen unterschiedliche ökologische Nischen besetzen, verringern sie die zwischenartliche ► Konkurrenz.

Ökosystem: abgrenzbare Einheit aus Lebensräumen und ihrer ► Lebensgemeinschaft aus Pflanzen und Tieren

Organ: spezialisierter Teil eines Lebewesens, der aus unterschiedlichen ► Geweben besteht. Jedes Organ bildet ein ► Kompartiment.

Organismus: Gesamtheit des Lebewesens; aus allen ► Organen gebildeter Körper eines Lebewesens

Palisadengewebe: Gewebe in Laubblättern aus eng aneinanderliegenden, schmalen ► Zellen mit vielen ► Chloroplasten

Pflanzenfresser: Herbivoren; Tiere, die sich von Pflanzen oder Pflanzenteilen ernähren

Phloem: Leitungsbahnen für den Stofftransport in Pflanzen

Phytoplankton: mikroskopisch kleine pflanzliche Lebewesen, die im Wasser schweben und ► Fotosynthese betreiben (z. B. Algen)

Population: alle Individuen einer Art, die zur gleichen Zeit ein bestimmtes Gebiet besiedeln und eine Fortpflanzungsgemeinschaft bilden

Präparat: für die mikroskopische Untersuchung vorbereitetes Objekt. Es muss dünn und lichtdurchlässig sein (z. B. Zupfpräparat, Abziehpräparat, Quetschpräparat).

Produzenten: ► autotrophe Lebewesen, die aus energiearmen Ausgangsstoffen energiereiche Stoffe herstellen. Pflanzen sind die wichtigsten Produzenten.

psychosomatische Krankheit: Erkrankung, bei der körperliche Symptome auftreten, die aber psychische Ursachen hat

Pulsfrequenz: Anzahl der Herzschläge pro Minute

Resorption: Aufnahme der Nahrungsbausteine in den Körper. Die Resorption findet beim Menschen im Dünndarm statt.

Ressource: begrenzter Faktor im ► Ökosystem (z. B. Nahrung, Reviere, Nistplätze, Verstecke, Paarungspartner)

rote Blutzellen: Erythrocyten; enthalten Hämoglobin und transportieren Atemgase, vor allem ► Sauerstoff. Sie besitzen keinen Zellkern.

Sauerstoff: farbloses und geruchloses Gas, Ausgangsstoff der Atmung; entsteht bei der Fotosynthese als Abfallprodukt. Als Nachweis für Sauerstoff dient die Glimmspanprobe.

Schlüssel-Schloss-Prinzip: biologisches Prinzip, welches die Passgenauigkeit zwischen zwei Strukturen beschreibt, deren Passung eine bestimmte Funktion ermöglicht (z. B. Enzym-Substrat-Bindung)

Schwammgewebe: Gewebe in Laubblättern mit vielen ► Interzellularen. Die Zellen des ► Schwammgewebes enthalten ► Chloroplasten.

Segelklappen: ► Herzklappen, die Vorhöfe und Herzkammern voneinander trennen

Segmente: bei Wirbellosen gleichartig aufgebaute Körperabschnitte, die eine deutliche Körpergliederung hervorrufen

Spaltöffnungen: Poren an den Laubblättern von Pflanzen; meist an der Blattunterseite gelegen; ihre Öffnungsweite kann von der Pflanze reguliert werden. Sie ermöglichen den Gasaustausch und die Wasserdampfabgabe.

Stoffwechsel: Gesamtheit der in den ► Zellen eines ► Organismus ablaufenden chemischen Prozesse (Aufbau-, Abbau- und Umbauprozesse)

Systole: Phase der Herzaktion; Anspannungs- und Auswurfphase

Taschenklappen: ► Herzklappen zwischen den Herzkammern und den Blutgefäßen

Totholz: abgestorbene Bäume oder Äste sowie die Baumstümpfe gefällter Bäume; Lebensraum für zahlreiche Arten

Transpiration: Vorgang, bei dem Pflanzen Wasserdampf durch die ► Spaltöffnungen an die Umgebung abgeben

Tüpfel: Aussparungen in der Zellwand von Pflanzenzellen. Durch sie können ► Zellen Stoffe untereinander austauschen.

Venen: Blutgefäße, die zum Herzen hinführen

Verdauung: Vorgang, bei dem die ► Nährstoffe schrittweise in ihre Bausteine zerlegt werden, sodass diese in die Körperzellen aufgenommen werden können

Vitamine: Gruppe von sehr unterschiedlichen Stoffen, die der menschliche Körper in kleinen Mengen benötigt. Sie werden vom Körper nicht oder nur in geringem Umfang selbst aufgebaut und müssen deshalb mit der Nahrung zugeführt werden.

Weiße Blutzellen: Leukocyten; Zellen unterschiedlicher Gestalt; besitzen einen Zellkern. Sie dienen der Krankheitsabwehr.

Xylem: Wasserleitungsbahnen in der Sprossachse von Pflanzen

Zellatmung: Stoffwechselreaktion, bei der energiereiche Stoffe mithilfe von ► Sauerstoff in die energiearmen Endprodukte ► Kohlenstoffdioxid und Wasser abgebaut werden. Dabei wird Energie bereitgestellt, die für die verschiedenen Lebensvorgänge genutzt wird. Die Zellatmung findet in den ► Mitochondrien statt.

Zelle: Grundeinheit aller Lebewesen; kann mit dem Lichtmikroskop sichtbar gemacht werden. Sie besteht aus verschiedenen ► Zellorganellen. In ihrem Aufbau unterscheiden sich Pflanzenzellen und Tierzellen voneinander.

Zellorganellen: Funktionseinheiten der ► Zelle; ► Kompartimente. Zu den Zellorganellen gehören z. B. der Zellkern, die ► Chloroplasten und die ► Mitochondrien.

Register

Der Stern * verweist auf eine Abbildung, f. nach der Seitenzahl bedeutet „folgende Seite" und ff. „folgende Seiten"

Bildnachweis

Titelfoto: imago

A1 Pix/YourPhotoToday/PM: 8.1, 19.2; Allimages/Garden World Images/Chris Harris: 73.3; Buff, W., Biberach: 69.3; Clip Dealer/ Achim Prill: 129.5, /Bo Valentino: hint. Vorsatz; Colourbox: 88.1a, colourbox.com/hjschneider: 94.1a; Corbis: 50.1, Corbis/Keren Su: 10. 1 u. li., Corbis/Tetra images: 10. 1 o. l., Corbis/Visuals Unlimited/Carolina Biological: 56, hint. Vorsatz (Wasserpestzellen), Corbis/Visuals Unlimited/Kevin & Betty Collins: 53.2a; doc-stock: hint. Vorsatz (Lungenbläschen); dpa/picture-alliance/Klett G: 65.4; Dr. Max Seyfried, Botanisches Institut, KIT: 65.6; F1 online: 67.3, 15.2; 27.4; 51.4; 74, Zuckerrüben, Raps, Sonnenblumen, Erbsen, Sojabohnen; 102.2, 105.9b, 112.1, 115.3, hint. Vorsatz (Kind mit Apfel), F1online/F. Rauschenbach: hint. Vorsatz (Schwalbenschwanz); Fotolia: hint. Vorsatz (Buchenkeimling, Buschwindröschen gr. Bild); Fotolia/Aleksandr Ugorenkov: 93.5a, /Bo Valentino: 99.2, /Christian Jung: 82.1, /contrastwerkstatt: 10. 1 u. re., /Darren Pullman: 93.5d, /FrankU: 9.2, /Joerg Mikus/TAP: 173C, /kyslynskyy: 95.4, /Photodisc/CSV: 17.4, /Photographee.eu: 15.3, /Pim Leijen: 94.1c, /R+R: 93.5c, /rcfotostock: 111.3 li. u., /RioPatuca: 18.1, /Sebastian Krauleidis: 81.4, /Undine Aust: 111.3 re. o., /Vitaly Korovin: 93.5b; Glow Images /ImageBROKER RM: 87.4, 102.1, hint. Vorsatz (Torso), /imagebroker.com: 88.1b; imago: 36.3, 96.1, 96.3, 102.7, 104.6, 124.1b, 125.3a, 125, hint. Vorsatz (Wespen), 9.4, 86.1, 91.4; imago/blickwinkel: 89.3, 89.5, 89.6b, 89.6, 124.2a, 128.2, imago/ imago/blickwinkel: 85.5, 104.5, /imago/Caro: 74, Kartoffeln; imago/Steffen Schellhorn: 81.3; laif/Polaris: 33.4; mauritius images/Alamy: 91.3, 56.1a, 57.2, 57.3, hint. Vorsatz (Seerosenblätter, Seerose und Teichrose), 101.5, mauritius images/Raimund Linke: 87.3, /imageBROKER/Kevin Prönnecke: 87.2, /mauritius images/Alamy: 10.1 o.r., /Minden Pictures: 80.1, /Phototake: 39.3, /Raimund Linke: 66.1, /Science Source: 60.1, /Ulrich Kerth: 68.1, /Wolfgang Filser: 10.3; Okapia/Ingo Arndt/OKAPIA: 102.3, Okapia/© NAS/Pat & Tom Leeson/OKAPIA: 97.5, OKAPIA/FLPA/Richard Becker: 27.5, hint. Vorsatz (Maikäfer), /Holt Studios/Nigel Cattlin: 27.3, /Kage Mikrofotografie/OKAPIA: 51.2, /Michael Dietrich/imageBROKER/OKAPIA: 92.1, /blickwinkel/ David & Micha Sheldon: 92.3, /blickwinkel/Wouter Pattyn: 94.1b, /Mary Evans Pi: 124.1a, /WILDLIFE: 101.3, 89.9, 896a, 105.9a, /G/blickwinkel: 74 Holz, /Herbert Lehmann: 17, /HOCH ZWEI: 44.1; picture-alliance: 67.2: 67.4, hint. Vorsatz, Wasserpest, picture alliance/Anka Angency: 124.2b, /Foodcollectio: 17.3B, /maxppp: 77.3, /OKAPIA KG/Eric A. Soder: 90.2; SCIENCE PHOTO LIBRARY/ ROBERT MARKUS: 47.4, /ALFRED PASIEKA: 561b, /CLAUDE NURIDSANY/MARIE PERENNOU: 53.2b, /CLAUDE NURIDSANY/MARIE PERENNOU: 64.3, /POWER AND SYRED: 61.4; Shutterstock: 29.4, Shutterstock/ Menno Schaefer: hint. Vorsatz (Fuchs), /PetrP: hint. Vorsatz, Buntspecht, /Shutterstock / Henrik Larsson: 111. 3 li. o., /Sokolov Alexey: hint. Vorsatz (Grünspecht), /Dimarion: hint. Vorsatz (Spaltöffnung), 69.4, /Hasloo Group Production Studio: 51.3, /Shutterstock /troika: 88.1c, /Shutterstock/Lebendkulturen.de: 1113. re. u., /Shutterstock/Olga Miltsova: 9.3, /wavebreakmedia: 23.3; Volker Döring, Hohen Neuendorf: 55.3, 58.1 li., 58.1 re., 72.1, 78.2, 78.3, 78.3, 88.2, 126.2, www.conatex.com-1044212: 42.2a, 42.2b; Your_Photo_ Today: 125.3b; Johannes Walter, Darmstadt: 32.1; Astrid Wolf, Hanau: 55.2, hint. Vorsatz, Zellmodell

Basiskonzepte in der Biologie

STRUKTUR UND FUNKTION

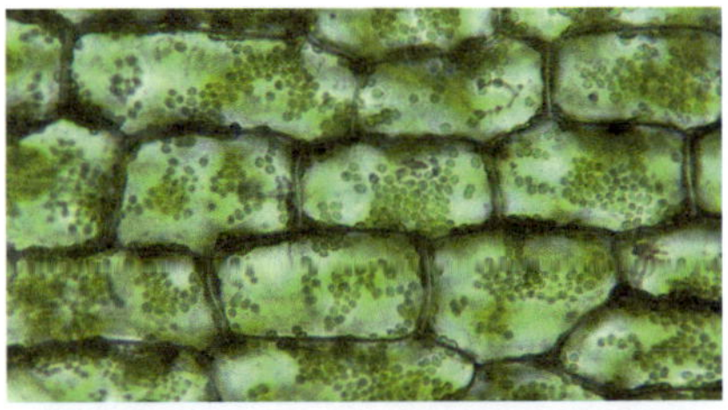

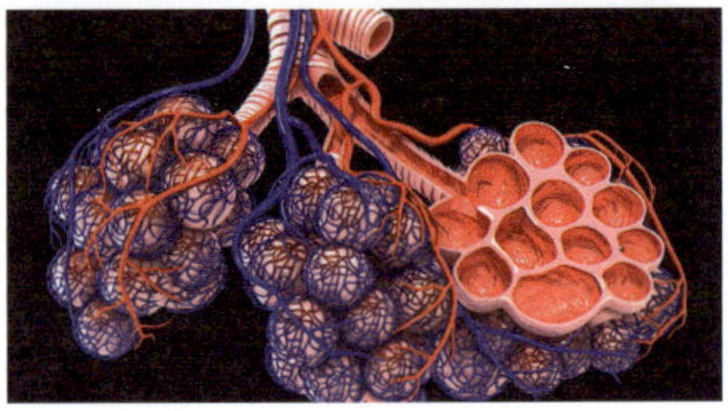

Die Strukturen der Organe, Gewebe und Zellen eines Lebewesens hängen eng mit den Funktionen zusammen, die sie erfüllen.

VARIABILITÄT UND ANGEPASSTHEIT

Lebewesen sind in ihren Merkmalen an ihre Umwelt angepasst. Sie vermeiden Konkurrenz, weil sie aufgrund ihrer besonderen Merkmale die Ressourcen in ihrem Lebensraum unterschiedlich nutzen.

GESCHICHTE UND VERWANDTSCHAFT

Pflanzen und Tiere ordnet man nach Ähnlichkeiten in Verwandtschaftsgruppen. Dabei entsteht ein System: Jede Art wird einer Gattung, Familie, Ordnung und Klasse sowie einem Stamm und Reich zugeordnet.

INFORMATION UND KOMMUNIKATION

Lebewesen nehmen Informationen aus der Umwelt auf. Sie tauschen über Signale Informationen untereinander aus. Jede Form der Verständigung ist Kommunikation.